KB127979

한민족과 북방-북국

대 북국론

(Against the Northern Countries)

저자 손동완 (Son, Dong-wan)

2000년 이래 저자는 우리가 살고 있는 한반도(the Korean Peninsula)를 그 주변 지역 특히 '북방-북국'과의 교섭이란 틀 속에서 바라보는 연구를 진행해 왔다. "한민족과 북방-기원"(2021 b)(2021 c)은 그 일부라 할 수 있다. 그 이전에는 역사학, 고고학, 인류학, 언어학, 유전학 등을 활용한 다-학문적(multi-disciplinary)인 방법을 사용해서 한민족 집단(Koreans)의 형성 유형을 연구한 저작(2018)(2019)(2020 a)(2020 b)(2021 a)을 내놓았다. 더 이전에는 20세기의 사회와 가치에 관한 여러 문제를 강의(고려대 법대와 경영대의 교양과정)하고 동아시아의 정치/ 사회사상에 관한 논문(1991)(1992)(1993)을 쓰고 서구권의 중국 연구 동향을 소개하는 편역(1984) 작업에 참가하기도 했다.

한민족과 북방-북국

대 북국론
(Against the Northern Countries)

손동완 지음

민족 담론	중국
대 북국론	한반도
양계	해양
북국	북방
발해 문제	시베리아

바른북스

한민족 관련 연구에서 북방은 오랫동안 키워드 역할을 해왔다. 북방설, 북방 기원, 북방 문화, 북방 유전자 등의 용어는 그 진실 여부와는 상관없이 일종의 논의의 시작이자 전제 같은 것이기도 했다. 특히 일반 대중과 아마추어 수준의 연구자들에게 북방은 하나의 신화이자 신앙이었다고도 할 수 있다. 하지만 한반도의 한민족이란 집단에게 그 북방(시베리아)은 일부에 불과하다. 도리어 그 집단은 다른 북방(비-시베리아)과의 관련 속에서 보아야 제대로 볼 수가 있을 듯하다. 특히 '북방-북국'이란 개념이 더 핵심적인 것이라 해야 한다. 왜냐하면 한민족 집단은 '대 북국'이란 시각에서 볼 때 훨씬 더 많은 것을 설명할 수 있을 것이기 때문이다.

목차

서설

한민족 집단, 더 정확히 말해서, 현재 남한과 북한으로 나누어져 있는 한반도의 두 집단(Peninsula Koreans) 및 19세기 후반 이래 한반도에서 이주한 한반도 밖의 소수 민족 집단(ethnic Koreans)은 어디에서 와서 어떻게 형성된 것일까? 그들이 어떤 과정을 통해서 형성이 되는가, 라는 문제는 복잡한 논의를 수반할 수밖에 없다. 무엇보다 지구상의 다양한 민족 집단(Winston 2004)은 각자 그 형성 과정이 다르기 때문에 일괄적으로 어떻게 형성이 된다고 할 수도 없다. 그렇다면 한민족 집단은 어떤 유형에 속하는가, 가 문제가 된다. 현재까지의 연구를 종합하면 어떤 모태 집단이 있고 그것을 바탕으로 한민족 집단이 형성이 된다(아래)는 것이 가장 진실에 가까운 것일 듯하다.

한반도의 한민족 집단은 적어도 고려 조선 양조(935~1910)를 통해서 형성이 된다는 것이 합리적인 해석일 것이다. 20세기 후반 북한에서 나온 "조선전사"도 고려 리조(조선조) 양조를 현재의 북한의 앞 단계로 파악하고 있다. 남한에서도 그 부분에 대해서 전면적으로 부인하는 경우는 예외적인 것에 속한다. 예를 들면 절충론(B/ 3)을 주장하는 연구자와 유사역사학 추종자들이 그들인데 앞의 경우는 기원전 1000년대에 발해연안(요녕) 지역에서 한민족 집단이 성립한다는 견해를 피력하고(김정학 1990) 뒤의 경우는 그보다도 더 이전에 어디선가 한민족 집단이 형성된다는 애매한 입장을 보인다(신채호 1948).

일단 고려 조선 양조를 통해서 현재의 한민족 집단이 형성된다고 전제할 경우 과연 그 앞의 어떤 집단이 양조를 거쳐서 현재의 집단이 되는가, 가 초미의 관심사가 될 수밖에 없다. 북한은 한반도 북부와 만주(Manchuria) 지역의 민족 집단인 부여계의 고구려(기원전후~668)와 말갈계의 발해(698~926) 국가를 그 대상으로 지목하고 있다. 그런데 다시 "조선전사"를 보면 '발해와 후기-신라/ '발해와 고려사' 1/ '발해와 고려사' 2 란 세 개의 장이 잘 말해주듯이 그 두 국가 가운데서도 발해 를 연결 고리로 파악하고 있는 듯하다. 고구려사(그 세 개의 장 앞에는 각각 '고구려사/ '백제, 전기-신라 및 가야사'가 들어가 있다) 는 발해사의 전 단계로 들어가 있는 셈이다.

무엇보다 현재의 한민족 집단의 추축이 부여계(고구려)와 말갈계(발해)라는 것은 선뜻 이해가 되지 않는다. 특히 북한 의 "조선전사"에서 핵심적인 부분인 발해(말갈 발해)는 어떤 논리를 끌어 붙인다고 해도 고려조와의 관계는 부차적인 것 일 수밖에 없다. 정체성이란 면에서도 내-아시아(Inner Asia) 특히 만주의 읍루계(숙신계라 부르기도 한다)의 후신인 말갈이 현재 한민족 집단의 주축일 수가 없다. 북한은 이른바 단혈 성론을 주장하는데 '읍루계 단혈성'론은 모순적인 입론일 수 밖에 없다. 더구나 고구려와 발해의 관계도 역사적 주권(C)을 주장하는 논리(일종의 역사 기획이라 할 수 있다)가 작용할 뿐이 고 민족 집단이란 측면에서 연관성은 희미하다.

한편 남한은 이렇다 할 만한 역사 체계를 구성하지 못하고 있다. 기존의 3국설과 북한에서 수입한 남-북국설을 대충 엮은 한국사는 어떤 집단이 고려 조선 양조를 통해서 현재의 집단으로 가는가, 란 문제에 대해서 어떤 대답을 내놓지 못한다. 다만 3한 일관론자(김한규 2004; 임지현 2004; 이전 2005; 이종욱 2006; 손동완 2018)들이 한반도 중남부인 3한 지역을 한민족 집단 형성의 핵심으로 보는 접근이 특기할 만하다. 그 지역과 그 지역의 역사를 현재의 한민족 집단의 중핵으로 파악하는 견해는 3한 복합체(C)론으로 구체화된다. 그 지역에서 오랜 기간에 걸쳐서 성립하는 그 지역-역사 복합체가 일종의 모태(위) 집단이 된다.

동아시아에서 중심 문명권인 중국을 제외한 주변 지역에서는 어떤 지역에서 모태 집단이 나온 후에 그 지역의 왕조 또는 국가를 통해서 민족 집단이 형성되는 경우가 일반적이다. 일본 열도에서는 고훈 시대(300~600)까지 죠몬인과 야요이인과 기타 집단이 혼합된 모태 집단이 나오고 그 후에 아스카, 나라, 헤이안과 가마쿠라, 무로마치 등의 고대와 중세의 여러 국가를 거치면서 일본 민족이란 집단이 형성된다. 베트남(월남)도 오랜 기간 중국의 지배를 받던 홍강 유역(현재의 하노이 지역이다)의 집단들이 모태가 되어 이후 그 지역의 여러 독립 왕조를 거치면서 민족 집단이 형성되고 점차 남쪽으로 확산한다.

그동안 한민족 집단의 기원 이론은 전통설(C)을 제외하면 근대에 와서 나온 당대설이 주요 이론인데 먼저 북방설(부록 1)이 그 포문을 연다. 그 이론은 '시베리아 대 해양'(김병모 1992)이란 도식의 '북방설 대 남방설'이란 구성으로 회자되기도 한다. 그동안 북방설에 대항하는 학설인 발해연안설과 본토설(C)이 나와서 북방설의 일방적인 독주는 멈추지만 아직까지도 한민족 집단의 기원 이론은 북방설의 그림자를 완전히 벗어나진 못하고 있다. 그러한 상황에서는 일단 북방설에 관한 심도 있는 비판이 이루어지고 나서 다시 북방(시베리아)이란 신화를 뒤집어 볼 수 있는 어떤 전환이 나와야 할 듯하다.

앞서 언급한 바처럼 3한 복합체(C)를 모태로 해서 한반도 3조(C) 특히 고려 조선 양조를 통해서 형성이 되는 한민족 집단은 '대 북국'의 관점에서 보아야 그 진면목을 볼 수 있다. 이하에서는 이전의 북방설(부록 1)을 넘어서서 북방과 북국에 관한 개념을 재정립하고 한반도와 한민족 집단의 형성을 '대 북국'이란 시각에서 보는 논의를 열어가려고 한다. 이어지는 열 개의 글이 새로운 논의의 장을 여는 밑거름이 되길 기대한다. 마지막으로 그 글들은 2018년 이래 출간한 7권의 저작(양국중, 고명옥, 손동목, 손동락의 오랜 기간의 재정적인 후원이 있었다)에 실린 여러 글들이 기초가 되었고 세 개의 부록도 마찬가지다.

1 민족 담론

남한에서는 한동안 이른바 '민족은 없다'는 담론이 유행한다. 1990년대를 풍미한 그 담론은 네이션(nation)이란 개념을 둘러싸고 진행이 되는데 그것이 '민족'이란 용어(진태원 2011)로 소개되는 바람에 적지 않은 혼란을 야기했다. 예를 들면 네이션과 에스니(인종, 종족과 친연 관계가 있는 그 개념은 일상적 의미의 민족이란 개념에 훨씬 더 가깝다)의 관련을 논의한 저작(Smith 1986)이 "네이션의 민족적 기원"이 아니라 "민족의 종족적 기원"이란 도무지 알 수 없는 책명으로 번역이 된 바 있다. 또 하나 트랜스-내셔널(trans-national)이란 용어도 '초국(초국민)'이라 번역되는 경우는 그나마 어느 정도 감을 잡을 수 있지만 '탈-민족'이라 번역이 될 때는 모호한 의미로 남을 수밖에 없다.

(그 담론의 문제점)

무엇보다 남한 학계의 그 논쟁의 참여자가 인류학/ 사회학의 민족 집단(아래)에 대한 기본적인 인식이 결여되어 있다는 것이 가장 큰 문제인 듯이 보인다. 현재 현실적으로 존재하는 지구상의 여러 민족 집단과 과거에 존재했던 여러 민족 집단의 존재에 대한 인식조차 전혀 없는 듯한 그들의 태도는 문제가 많았다고 할 수밖에 없다. 물론 다-민족 국가는 좀 더 복잡한 구조를 보이고 각 집단은 시대에 따라 지역에 따라 구분되는 하위 집단이 있다. 그렇다 하더라도 그들에게 그 부분에 대한 선-이해가 상당히 아쉬운 상황이었다. 그래서 서구에서 나온 '민족에 관한 여러 이론을 전체적으로 볼 역량이 부족했다고 할 수 있다.

1990년대의 민족 담론에 대해서는 이미 상당한 수준의 비판적인 분석이 나온 바 있다. '민족은 없다'는 담론은 무엇보다 일본(8)과 서양의 이론을 맥락 없이 수입한 것에서 기인한다(이삼성 2009). 20세기 초반 동아시아 지역에서 식민 통치를 한 일본은 자국 제국주의의 민족주의 성향을 비판하는 역사적 반성을 바탕에 깔고 있고 그 과정에서 지식 사회가 민족이란 개념의 해체를 시도하는 것은 그만한 이유가 있다. 서양은 그 나름대로의 역사적 배경 속에서 네이션 스테이트(nation state)가 성립하고 그 기초 위에서 여러 가지 이론이 모색되고 거기에 대한 반론도 나온다. 그러한 맥락이 배제된 이른바 '수입'학의 폐해는 예견된 것이라 할 수도 있다.

남한 학계에서는 민족(국민)은 '상상의 공동체'(Anderson 1983)란 이론을 극단적으로 받아들여서 동아시아 또는 한반도(7)에서 민족이란 개념이 존재하지 않았다는 것을 넘어서서 그 지역의 민족 집단(아래)에 대해서 논의하는 것조차 금기인 듯 여기는 분위기가 있었다. 그들은 서양에서 1500년 전후해서 포르투갈을 필두로 네이션 스테이트(nation state)가 등장하고 그 이후에야 민족(국민)이란 개념이 나온다는 견해를 묵수해서 서양을 제외한 타 지역은 제대로 된 민족 개념이 없었고 그 지역의 민족 집단에 대해서 논의할 수도 없다는 인식을 보이기까지 한다. 민족은 민족 의식 또는 민족주의와 상관없이 존재한다는 말(이삼성 2009)을 새겨들을 필요가 있다.

한반도의 경우는 한반도 3조(C)가 마지막에 일본의 식민지로 편입되는 바람에 일본(8) 열도와는 달리 국가와 민족이 유리된다. 식민지 시대에는 '무국'인 상태에서 민족이 부각될 수밖에 없었고 그 이후에 두 나라로 분단이 된 상태에서 국가보다 민족이 상위에 선다는 것도 어쩔 수 없는 것이긴 하다. 하지만 그러한 시대에 대체재의 역할을 하던 민족이란 개념의 비중이 이후 상황의 변화로 인해서 급격히 줄어드는 과정이 뒤따른다. 여하튼 그런 저간의 사정과는 상관없이 민족 집단(아래)은 분명히 있다. 그리고 어떤 특정한 방식으로 민족이란 용어의 해체를 시도한다고 해도 민족 집단은 여전히 실존한다. 민족 집단은 역사의 어느 순간이든 존재한다.

1990년대 남한 학계에서는 현실적인 민족 집단(아래)과는 상관없이 민족이란 개념(위)의 해체를 시도하고 그것이 정치적으로 올바른 것이란 인식이 팽배했다. 물론 20, 21세기의 급격한 변화(2)에 따른 혼란이란 면에서 볼 때 전혀 이해가 가지 않는 것은 아니지만 여러 가지 내외의 복잡한 상황과 얽혀서 상식적인 선을 넘어서는 극단적인 주장이 나온 것도 사실이다. 물론 특정 시기의 민족 의식을 연구한 작업은 그 나름의 의미가 없지는 않겠지만(Schmid 2002) 남한 학계의 저간의 논쟁은 근본적인 부분에 대해서 어떤 대안을 제시하는지 잘 알 수가 없다. 어쩌면 현실적인 한민족 집단(7)이란 존재를 넘어선 그 이상의 복잡한 논쟁은 사족에 불과할지도 모른다.

결국 민족이란 개념을 해체한 결과가 20, 21세기의 한반도와 한민족 집단(7)에 관한 생산적인 논의로 이어진다면 그나마 의미 없는 논쟁이 아니었다고 할 수도 있겠지만 지금까지 그 집단에 관한 심도 있는 논의를 틀어막는 역할을 한 것이 사실이다. 민족(국민)이란 개념이 허구적인 것이고 서양 근대에서 비로소 나오는 것이라서 동아시아 또는 한반도의 민족 집단(아래)에 관한 연구 자체가 성립되지 않는다는 듯한 자세는 문제가 많았다. 민족은 없지 않다. 다만 각 민족 집단은 그 집단이 형성되는 유형이 다르고 그러한 집단들이 어떻게 과거의 또는 현재의 국가와 관련이 되는가, 가 다를 뿐이다.

(민족 집단 1)

지구상에는 아마존의 부족 단위의 집단부터 중국 대륙의 한족(6) 같은 최대 규모의 집단까지 다양한 민족 집단이 있다 (Winston 2004). 그 가운데는 다-민족 국가의 일원인 경우도 많다. 미국(8), 중국(6), 러시아, 인도, 브라질 같은 큰 규모의 국가는 물론이고 영국도 여러 민족 집단이 그 구성원이 된다 (2). 심지어는 싱가포르 같은 도시 국가도 다양한 민족 집단으로 이루어져 있다. 다-민족 국가의 구성원인 각개의 민족 집단은 두 가지의 정체성을 가진다. 물론 두 가지 이상의 정체성을 가진 경우도 있다. 어떤 집단이 두 가지 또는 그 이상의 민족적 정체성을 가진다고 해서 민족 집단이 부정될 수 있는 것도 아니다.

그동안 민족이란 용어를 둘러싸고 여러 가지 불필요한 논쟁이 있었지만(위) 현실적인 민족 집단이 존재한다는 것은 더 이상 논의의 대상이 아닐 것이다. 어떤 집단이든 간에 각개의 민족 집단은 그 집단을 이루어 온 역사가 있다. 현재의 민족 집단만이 그 집단을 이루어 온 역사가 있는 것은 아니다. 과거에 존재했던 민족 집단도 마찬가지로 그 집단을 이루어 간 역사가 있었다. 과거에 존재했던 민족 집단이 다른 민족 집단의 역사로 편입이 된 경우도 있다. 양계(3) 지역 특히 동계 지역의 여진 집단이 현재의 한민족 집단(7)으로 편입이 된 것이 그 예다. 여하튼 각개의 민족 집단은 역사가 다르고 형성이 되는 유형도 다르다.

우선 이른 시기 고도의 문명(C)을 배경으로 형성된 민족 집단도 있다. 이집트 문명을 배경으로 형성되는 이집트 민족, 그리스/ 로마 문명을 배경으로 하는 그리스/ 이탈리아 민족, 중국의 황하 문명이 그 배경인 중국의 한족(6)이 대표적인 경우에 속한다. 그 가운데 이집트는 이미 기원전에 3000년간 왕조의 역사를 통해서 민족 집단이 형성되고 이후 오랜 기간 이민족의 지배를 받고도 그 정체성을 잃지 않고 있다. 기원전 1000년대 이래 중국의 한족도 상당 기간 북방 이민족의 지배를 받지만 정체성이 유지가 된다. 적어도 그러한 유형의 민족 집단은 그리스/ 이탈리아를 포함해서 민족 집단의 형성(C/ 형성론)이란 면에서 그 과정은 분명한 편이다.

　한편 정복자 기원(C) 유형으로 형성되는 민족 집단도 있다. 기원전의 이른 시기 현재의 시베리아(10) 남부의 초원 지대(현재의 러시아 연방 우랄 연방관구 지역이다)에서 북인도로 들어가는 아리안족은 현지의 드라비다 계통의 선주민을 정복하고 그들과 혼합해서 현재의 인도 아-대륙의 문화와 민족 집단을 이룬다. 기원후의 유럽에서는 북쪽의 여러 계통의 게르만족이 지속적으로 서유럽에 정복자로 들어가서 켈트(골)족을 비롯한 그곳의 집단과 민족 혼합을 이룬다. 특히 바이킹의 일부는 동유럽으로 들어가서 그곳의 슬라브족과 결합해서 현재의 러시아 등등의 기원이 된다. 한참 뒤인 10세기에도 중앙아시아 초원의 유목민인 마자르족이 동유럽(헝가리)으로 들어간다.

　7세기 아라비아 반도를 넘어서 북아프리카까지 석권한 넓은 의미의 아랍 세계의 아랍 민족도 대표적인 정복자 기원의 민족 집단에 해당한다. 또한 투르크족(C/ TMT)처럼 아무르강 주변에서 몽골 고원을 거쳐 중앙아시아와 아나톨리아 반도

(터키)까지 들어가서 기존의 이란(페르시아)계와 아나톨리아인과 혼합이 되는 예도 있다. 그 외에도 중국 남부에서 인도차이나 반도로 들어가는 태족(태국)도 전형적인 정복자 기원의 민족 형성 유형을 보인다. 이상의 유형은 정복자로 들어간 후 유전자적 소수화(투르크족, 마자르족, 태족) 혹은 문화적 역-정복(게르만계) 등의 요인에도 불구하고 그 기원과 형성 과정이 비교적 분명하게 드러나는 편이다.

한반도(7)/ 일본 열도(8)/ 베트남 지역은 중국과는 달리 문명의 중심권이 아닌 까닭에 중국의 한족과는 다른 유형의 민족 형성 유형을 보인다. 그 세 지역은 상대적으로 늦은 시기에 그 지역에서 모태가 되는 집단이 나온 후에 그 지역의 국가 또는 왕조를 거쳐서 민족 집단이 형성(C/ 형성론)이 된다. 일본 열도는 대략 고훈 시대를 거치면서 7세기에 모태 집단이 나오고 아스카, 나라, 헤이안과 가마쿠라, 무로마치 등의 국가를 통해서 일본 민족(8)이 형성이 된다. 베트남은 10세기까지 중국의 지배를 받던 홍강 유역의 모태 집단이 이후의 독립 왕조(다이 비엣)를 통해서 베트남 민족으로 형성이 되고 이후 남진

해서 몽-크메르 계통의 집단을 동화시킨다.

그 가운데 한반도 지역은 7세기에 3한 복합체(C)란 모태 집단이 형성되고 이후 한반도 3조(C)를 거치면서 현재의 한민족 집단(7)이 형성이 된다. 그 기간 동안 남국(C/ 동국 한국 남국)인 한반도 3조는 북국(4, 5)인 발해, 요, 금, 원과 이후의 청과 대치하고 그들 집단과의 대립과 전쟁 등을 통해서 정체성을 확보해 왔다고 할 수 있다. 그러한 '대 북국(2)'의 요인이 특히 제도적인 면까지 이어지면서 그것을 '대 북국 체제'라 할 만하다. 그 기간이 현재의 한민족 집단의 형성기(676~1910)라 할 수 있다. 그 기간 중의 어떤 특정한 시점에 한민족 집단이 형성된다고 보는 시점론(2)은 그다지 바람직하지 않다.

(민족 집단 2)

동아시아에는 한반도(7)/ 일본 열도/ 중국 대륙/ 몽골 고원 같은 민족 집단(위)의 이름이 들어간 지역이 있다. 그 가운데 중국 대륙은 이른 시기 고도의 문명(C)을 배경으로 성립해서 주변의 여러 집단을 흡수해 가는 한족(6)이 주축 집단을 이룬다. 몽골 고원은 원래는 투르크계(T)가 활동하던 지역이었는데 그들 집단은 이후 중앙아시아를 거쳐 아나톨리아 반도까지 이동한다. 그 덕분에 그들 집단이 이동한 후에 들어가는 다른 집단인 몽골계(M)(원래는 서부 만주의 동호계와 관련이 있는 집단이다)가 '몽골 고원'이란 이름을 차지한다. 투르크계와 몽골계는 모두 알타이언어(C) 사용 집단인데 아무르강 주변에서 다른 지역으로 흩어진 것으로 보인다(b).

퉁구스(만주-퉁구스)계(T)는 원래의 아무르강 주변에서 가까운 극동 러시아와 중국 동북(만주)에 자리 잡는데 그 두 국가에서 소수 민족 집단을 이루고 있다. 대부분 그 지역의 삼림과 하천에서 수렵 또는 어로 생활을 하는 소규모의 집단이다. 그들 가운데 최대의 인구 집단은 만주족인데 읍루계(숙신계라고 부르기도 한다)의 후신인 여진이 이름을 바꾼 것이다. 퉁구스계는 만주-퉁구스계라고 부르기도 하는데 퉁구스계 내에서의 그 집단의 비중을 엿볼 수 있다. 청제국(4)을 세운 그 집단은 중국 사상 최대의 영토를 차지하지만 이후 문화적으로 동화되고 현재는 만주어도 거의 사어가 된 상황이다.

중국 대륙에서 한족과 같은 계통의 소수 민족 집단은 장, 태/ 동, 수/ 묘, 요 계통이 대표적인데 '중국(대륙) 기원'의 소수 민족 집단이라 할 수 있다. (광서의) 장(壯/ 주앙)족이 최대의 인구 집단이다. (운남의) 태족은 일부가 동남아시아로 들어가서 그곳의 몽-크메르 계통의 민족 집단을 정복해서 현재의 태국을 이룬다. 다음으로 동, 수/ 묘, 요 계통은 주로 중국 남부의 산간 지역으로 밀려나서 명맥을 유지하고 있는데 특히 묘, 요 계통은 동남아시아의 고산 지대에도 분포하고 있다(몽족이 많이 알려져 있다). 한편 티베트의 장(藏/ 짱)족은 티베트와 그 주변의 고산 지대에서 특유의 생활 방식을 영위해왔는데 시노-티베탄(한-장어)의 장어(티베탄) 사용 집단이다.

앞서 나온 한족(6)에 대해서 좀 더 부연 설명하면 그들 집단은 기원전 또는 기원전후에 이미 형성이 된다고 할 수 있다. 그 집단은 중국 대륙에서 기원전 1000년대에 황하 문명을 바탕으로 성립해서 이후 정복자 기원(C) 유형으로 화중/ 화남 지역으로 확산되고 진 한제국을 거치면서 확고한 역사 공동체(C)가 확립되기 때문이다. 그 이후에는 오랜 기간 이민족의 지배를 받으면서도 정체성을 유지한다. 그 과정에서 송과 명의 성리학을 기반으로 강화된 민족주의도 어느 정도 역할을 한다고 볼 수도 있다. 북조(420~581)와 그 이후의 요, 금, 원(4) 그리고 마지막의 청제국(4)의 지배자들도 대부분 중국(중원)에 문화적으로 동화가 된다.

한반도(7)와 일본(8) 열도는 동아시아에서 문명의 중심권에서 벗어난 지역이고 그 중심부인 중국(6)과는 다른 유형의 민족 형성 유형을 보인다(위). 중국은 고도의 문명(C)을 바탕으로 비교적 이른 시기에 민족 집단이 형성되지만 거의 바다 건너라 할 수 있는 한반도와 바다 건너의 일본 열도는 상당한 기간에 걸쳐 모태 집단이 이뤄지고 그것을 바탕으로 오랜 기간 그 지역의 국가(왕조)를 통해서 민족 집단이 형성이 되기 때문이다. 중국과 비교적 가까운 지역의 민족 집단들은 대부분 중국에 흡수되는데 내-아시아 특히 만주(9)의 집단들도 대부분 같은 경로를 밟는다. 중국 문화의 영향권 하의 한반도는 오랜 기간의 대 북국(2) 체제를 통해서 집단의 정체성을 확보한다.

2 대 북국론

7세기 이후 한반도 주변의 동아시아 지역은 대체로 '중국 (중원)/ 만주/ 한반도'(김한규 2004; 이삼성 2009; 손동완 2021 b, c) 세 지역의 집단을 중심으로 역사가 진행된다고 할 수도 있다. 그 세 지역은 역사 공동체(C)란 측면에서는 각각 중국 대륙의 중국/ 만주 지역의 북국/ 한반도의 남국(C/ 동국 한국 남국)에 해당한다. 현재의 한반도 지역의 한민족이란 집단(7)도 그러한 구조 속에서 형성이 된다고 보아야 한다. 그 기간 동안 한반도에는 중국(6)보다는 만주(9)와의 정치-군사적 대립이 더 결정적으로 작용한다고 해야 한다. 한민족이란 집단 또한 만주의 북국(4, 5)과 관련해서 볼 때 훨씬 더 분명히 다가올 것이다.

〈대 북국과 그 체제〉

어떤 민족 집단(1)이 형성되는 데에는 여러 가지 다양한 요인이 전제가 된다. 그 가운데는 문화란 측면도 중요하지만 정치-군사적 측면도 절대 도외시할 수 없다. 어떤 한 집단이 하나의 민족 집단으로 형성되는 데는 상당 기간 하나의 집단을 유지한다는 것이 무엇보다 중요하기 때문이다. 아마존은 물론 중국 대륙의 소수 민족(1) 집단처럼 오지로 밀려나서 부족 단위의 민족 집단을 유지한 경우가 아니라면 대부분 어느 정도의 영토를 확보하고 상당한 역사를 공유하는 것이 필수적이다. 한반도의 한민족 집단(7)도 오랜 기간 한 지역에서 영토를 유지한 바탕 위에서 언어와 전통(종교)과 역사를 공유 (Winston 2004) 하면서 형성된 것이라고 보아야 한다.

현재의 한민족 집단(7)은 한반도 3조(C) 특히 고려 조선 양조를 거치면서 형성이 된다(서설). 그 기간 동안 무엇보다 인접한 북국(4, 5)과의 관계는 집단의 명운이 걸린 실질적이고 치명적인 것이었다고 할 수 있다. 그것은 바다 건너의 중국(6)처럼 문화적인 관련이나 형식적인 정치적 관련(일종의 평화적 안보 체제인 조공 책봉이 그것을 대표한다) 정도가 아니기 때문이다. 한반도의 남국(C/ 동국 한국 남국)은 만주(9) 지역의 북국(특히 요, 금, 원과 그 후의 후금 즉 청)과 대치하는 과정에서 그 지역 국가의 정체성이 확립된다고 보는 것이 더 정확할 것이다. 그 기간 동안의 '대 북국'의 대립과 전쟁(이삼성 2009)은 더 평가를 받아야 한다.

 '3한과 북국지간'이라 할 수 있는 양계(3) 지역은 '대 북국' 관련을 잘 보여준다. 요, 금, 원(4)과 상대해야 하는 고려조는 양계 지역을 '대 북국' 방어 지역으로 특별히 관리한다. 그리고 그러한 체제는 조선조로 상당 부분 그대로 이어진다. 그런 면에서 고려 조선 양조의 양계 경영은 상당한 일관성을 지닌다고 할 수 있다. 역사학계에서는 고려조와 조선조의 관련에 대해서 그동안 역성 혁명이란 용어에 매몰되어 그 단절성을 확보하는 데 치중했지만 현재는 그 연속성에 주목하는 이론이 나오고 있다(Duncon 2000; Deuchler 2015). 유교적 관료제는 고려조와 조선조가 거의 별다른 차이는 없고 제도사란 면에서는 상당한 연속성을 보여주고 있다.

요, 금, 원 이전의 북국인 발해(5)도 한반도 3조(C)의 시작인 대-신라(이종욱 2002)(남한에서는 통일-신라 그리고 북한에서는 후기-신라라 불린다)와 대치한 국가다. 양국은 평양에서 원산까지 국경을 확정 짓고 양국 간 그리고 양국과 당제국과 사이의 세력 균형을 이루면서 군사적인 긴장을 유지한다. 다만 요, 금, 원에 비해서 상대적으로 평화적인 관계가 지속되어 그 사실이 덜 부각될 뿐이다. 발해의 영역이던 대동강 이북 지역은 거란 요(4)로 넘어간 후 오랜 기간을 걸쳐서 고려조로 넘어온다. 먼저 고려조 전기에 청천강 유역까지 편입되고 그 후기에는 압록강 하류까지 들어오고 또다시 조선조에 와서 그 북쪽인 압록강 상류의 4군 지역(3)까지 넘어온다.

발해(5)는 '대 북국'보다는 이른바 남-북국 이란 인식이 강하지만 그것은 진실과는 관계가 멀다. 조선조 후기의 유득공(1748~1807)이 갑자기 남-북국의 남-북국사(A/ 4)를 언급하기 이전에는 '대 북국'이 당연한 인식이었다. 그 인물은 "발해고"(1784)란 책의 '서'에서 고려조가 발해의 역사를 기록했더라면 당시의 북국인 거란 요(4)와 여진 금(4)한테서 발해에 대한 일종의 역사적 주권(C)을 주장할 수 있었을 것이라고 한탄한다. 하지만 고려조는 대-신라(676~935) 말기의 이른바 후-3국을 통합한 국가이지 발해까지 통합한 국가는 아니고 당연히 발해의 역사를 기록하지 않는다. 고려조는 3국(A/ 3) 소급설을 채택하는데 그 체계에도 발해는 존재 자체가 아예 없다.

현대의 북한(조선민주주의인민공화국)은 남한(대한민국)에 대한 우위를 확보하기 위해서 북국 중심의 역사를 기획한다. 북한은 "조선전사"(1979~1983)에서 '고구려 → 발해 → 고려조'로 이어지는 역사를 구성하고 있다. 그 과정에서 유득공의 이른바 남-북국사(A/ 4)론을 받아들여서 7, 8, 9세기를 '발해와 후기-신라사'(5권)로 규정하고 그 이후는 '발해 및 고려사'(6~7권)로 설명하고 있다. 하지만 말갈(읍루계 계통이다)이 주축이 되는 국가인 발해("삼국유사" 말갈 발해 조)를 중심으로 10세기 이후의 한반도 역사를 설명하는 것은 어떤 논리를 구사하더라도 어색하다는 것이 너무도 분명하다(서설).

그 이전인 고구려(5)도 현재의 한민족 집단(7)의 형성과는 큰 관련이 없다고 보는 것이 맞을 것이다. 400년을 전후해서 부여계의 고구려는 그 이전의 국, 초기 국가 단계를 완전히 벗어나서 만주 지역의 통합국가를 이룩한다. 고구려는 한반도 중남부인 3한(7) 지역의 신라와 동맹을 맺고 백제를 압박하는 남하 정책을 추진하지만 그 지역을 차지하진 못한다. 이후 한때 동맹이었던 신라가 도리어 세력을 확장해서 중국의 당제국과 함께 고구려를 멸망시킨다. 한말의 신채호는 부여와 고구려 중심의 역사를 구성하고 있지만(신채호 1948)(A/ 4) 그것은 북국(4, 5) 역사의 일부일 뿐 남국(C/ 동국 한국 남국)의 역사와 절대적인 관련은 없다.

3한 복합체(C)를 모태로 해서 한반도 3조(C)를 거치면서 형성이 되는 한민족 집단(7)은 만주 외곽의 민족 집단인 부여계와는 결정적인 관련은 없다. 3국(A/ 3)설이란 역사 기획(A/ 4)이 진실을 가리고 있었을 뿐이다. 신채호는 만주 지역 최초의 통합국가인 고구려가 수 당제국과 투쟁한 사실을 높이 사고 있지만 그것은 만주 지역 이른 시기의 부여계 국가가 중국(중원) 세력과 대치한 것이지 한반도의 한민족 집단(7) 특히 그 민족적인 영광과는 별 상관이 없다는 것이 팩트일 것이다. 거듭 말하지만 부여계(고구려)와 말갈(발해)은 역사 기획(A/ 4)으로 엮였을 뿐 실제로는 한민족 집단 형성의 주축 집단은 결코 아니다.

(전환)

20세기의 한반도는 새로운 국면을 맞는다. 19세기를 거쳐 .
서 20세기에 와서는 기존의 문법 즉 '중국(중원)/ 만주/ 한반
도'란 세 지역의 관련 속에서 주로 이루어지던 교섭 또는 국
제 관계(이삼성 2009)에서 완전히 벗어나게 되기 때문이다. 그
시기는 한반도의 한민족 집단(7)이란 면에서 볼 때는 선-형성
기(676년 이전)/ 형성기(676~1910)에 이은 형성기 이후라 할 만
하다. 그러한 변화는 명제국을 다시 대체한 북국 제국(4) 청이
와해되고 난 뒤(명은 앞선 북국 제국인 원을 대체한 국가다) 이른
바 해양 세력(8)이 대두하는 것과 직접적인 관련이 있다. 그
과정에서 중국은 신-중국(6)으로 거듭나게 되고 동아시아 지
역은 이른바 대-분단 체제(아래)로 가게 된다.

20, 21세기는 한반도(7)가 대륙의 영향권에서 벗어나서 해
양 세력(8)의 영향권으로 들어간 시대에 해당한다. 20세기에
한반도가 남한(대한민국)과 북한(조선민주주의인민공화국)이란
두 국가로 분단된 것도 해양 세력 즉 일본(8)과 미국(8)이 그

지역으로 들어가면서 벌어지는 사태라 할 수 있다. 그 이전의 16세기의 일본 침략도 한반도를 두 지역으로 분할할 뻔한 일이 있었지만 현실화되진 않았다. 결국 20세기 초반 일본이 다시 한반도로 들어가서 그 지역은 일본의 식민 지배(1910~1945)를 받게 된다. 제2차 세계 대전에서 일본이 패망하고 나서 한반도는 미국/ 구 소련이 각각 분할 점령하고 남/ 북에서 서로 다른 체제가 들어서게 된다.

20세기 이전의 '중국(중원)/ 만주/ 한반도'란 세 지역의 역학 관계가 주로 대륙 방향으로 초점이 맞추어진 것이라고 하면 19세기에서 20세기로 접어들면서 이루어진 전환은 일단 대륙과 해양 모두에 걸친 광범위한 것이라 할 만하다. 이른바 대-분단(이삼성 2018) 체제다. 그 용어는 원래 20세기 후반 남한 학계에서 나온 분단 체제(강만길 1978)란 용어를 더 확대해서 '북한과 그 배후의 중국과 러시아' 대 '남한과 그 배후의 미국과 일본'의 대립을 그 용어로 정의한 데서 나온 것이다. 그 용어는 그 이전의 동아시아 역사의 시대구분이 전제된 용어이지만 여기서는 그 맥락을 떠나서 20, 21세기의 동아시아의 역학 관계를 상징하는 용어로 축소해서 사용하기로 한다.

  이른바 대-분단 체제는 물론 20세기의 냉전이란 시대적 특성이 고스란히 반영되어 있다. 동아시아의 최일선에 북한/ 남한이 대치하고 위로는 공산 진영을 대표하는 중국(신-중국)과 러시아가 버티고 있고 아래로는 자유 진영을 대표하는 미국과 일본이 자리 잡고 있다. 한국 전쟁(1950~1953)이란 대리전이 끝난 후에 두 진영은 오랜 기간 동맹이나 준 동맹의 형식으로 대립한다. 이후 미/ 중 수교(1979) 이후에 한때 유화 분위기도 없지 않았지만 신-중국이 G2로 부상하고 미국이 그것을 견제하는 상황에서 거의 신-냉전에 가까운 대립이 지속되고 있다. 그런 의미에서는 대-분단은 아직까지 유효한 개념인 셈이다. 여기서는 통일 문제(도진순, 2001)는 다루지 않는다.

  20, 21세기의 한반도의 한민족 집단(7)은 상당한 변화를 겪는다. 여기서는 19세기 후반 이래 한반도를 떠난 '한반도 밖'의 집단은 논의하지 않는다. 그들 집단도 한반도 3조(ⓒ)를 거치면서 형성된 현재 우리가 논의하고 있는 한민족 집단

에 속하는 집단인데 지구상의 각 지역에서 소수 민족 집단을 이루고 있다(ethnic Koreans). 그들은 한반도의 한민족 집단(Peninsula Koreans)과는 구분되는 집단이지만 현재 이 책에서 다루고 있는 한민족 집단의 범위에 들어간다. 그들은 7세기 한반도의 모태 집단이 형성되기 이전의 여러 집단과는 물론 다르고 한반도 3조 특히 이른 시기의 여러 집단(예를 들면 대-신라 기 중국 산동의 신라방)과도 구분이 된다.

북한(조선민주주의인민공화국)에 대해서는 다시 한번 언급이 될 예정이다(3). 어떻게 보면 그 지역은 양계(3) 지역이 다시 분리된 양상이다. 역사적으로 오랜 기간에 걸쳐서 남국(C/ 동국 한국 남국)으로 편입되어 동화된 그 지역의 집단은 현재 다시 남한과는 다른 지역적 정체성(regional identity)을 형성 중이라 할 수도 있다. 그 집단은 사회주의와 주체 사상뿐 아니라 새로운 형태의 역사 기획을 통해서(A/ 4) 그 집단의 기원에 대한 다른 이론을 제시하고 다른 종류의 정체성을 모색하고 있다. 그 집단은 고려 조선 양조와의 연속성(위)을 인정하지만 그 이전은 발해(5)와의 관련성을 더 강조하고 있다(서설).

남한(대한민국)은 이전의 3한(7) 지역인 한반도의 중심부를 차지하고 있는데 북한보다 더 급격한 현대화의 길을 밟아 왔다. 그래서 정치적으로 서구형의 자유 민주주의가 도입되고 경제적으로는 비교적 이른 시기에 산업화가 이루어지고 사회적으로는 사회 전반에 자본주의적인 시스템이 작동하고 문화적으로도 미국 대중 문화의 직접적인 영향권 아래 들어간 지 오래다. 기본적으로 아직까지 사회 전반에 유교적인 규범이 상당히 작용하고 있고 불교도 어느 정도 세를 유지하지만 민족주의 계열의 종교는 큰 세를 얻지는 못하고 있다. 근대 이래 기독교인의 비율도 상당히 늘어나서 다-종교 사회로 가고 있다.

(시점론 비판)

한민족이란 민족 집단⑺은 정복자 기원ⓒ 방식으로 또는
고도의 문명ⓒ을 기반으로 성립되는 민족 형성 유형과는 상
당히 다른 면을 보여준다. 그 집단은 무엇보다 한반도 남부(중
남부) 지역에서 일종의 모태 집단이 나온 이후에 상대적으로
오랜 기간을 통해서 형성이 되기 때문이다(서설). 그러한 유형
은 한반도⑺뿐 아니라 일본⑻ 열도와 베트남에서도 보인다
(아래). 한민족 집단은 정확히 말하자면 7세기에 한반도의 3한
⑺ 지역이 통합되어 모태 집단이 생겨난 이후에 형성ⓒ/ 형성
론)이 된 것이라고 해야 한다. 그 지역에서 모태 집단이 나오
기까지의 기간(기원전 1000년대에서 7세기까지)은 선-형성기(손
동완 2021 b)라고 구분한 바 있다.

한반도 3조ⓒ(대-신라, 고려조, 조선조)는 본격적으로 한민족
집단이 형성되는 시기인데 이른바 형성기(676~1910)에 해당한
다. 3한 지역의 모태 집단을 중심으로 그 지역의 국가(왕조)를
거치면서 형성이 되는 한반도의 한민족이란 집단은 동아시아

에서 중국(6)을 제외한 주변 지역에서 볼 수 있는 유형과도 유사한 측면이 있다. 예를 들면 일본 열도도 죠몬인과 야요이인이 혼합되고 고훈 시대를 거치고 난 다음 여러 고대 국가와 그 뒤를 잇는 중세 국가를 통해서 일본 민족이 형성된다. 베트남 지역도 10세기까지 중국의 영향 아래 있던(북속) 홍강 유역 집단이 이후의 여러 독립 왕조(다이 비엣)를 통해서 베트남 민족이 형성이 된다.

한반도의 한민족이란 집단이 기원전에 발해연안(요녕) 지역에서 이미 성립이 된다(김정학 1990)(B/ 3)는 주장은 말할 것도 없고 7세기 이전(3국 기) 또는 7세기 통일 전쟁(노태돈 2009 b) 후 성립이 된다는 주장은 결코 진실이 아니다. 그보다는 7세기 이후 그 지역의 여러 국가 또는 왕조를 통해서 형성된다는 것이 훨씬 더 진실에 가까울 것이기 때문이다. 앞서 말한 바처럼 그것은 한반도 3조(C)를 거치는 기간인데 정확히 어느 시점이란 것은 큰 의미가 없을 듯하다. 다만 크게 봐서 '대 북국'의 관점에서 형성을 설명하는 것이 본서의 입장이다. 그런데 어느 특점 시점을 제시하는 이론도 있다. 예를 들면 임진왜란 기를 그 시점으로 보는 이론(김자현 2019)이다.

　그 이론은 북국(4, 5)보다 일본(8)을 더 부각시킨다는 면에
서 독창적인 부분이 없지 않다. 하지만 오랜 기간 대 북국 체
제(위)에서 형성되어 온 한반도(7)의 민족 집단의 정체성을 갑
자기 튀어나온 일본이 별안간 형성시킨다는 것은 큰 설득력
이 없다고 할 수밖에 없다. 그것은 잘해야 큰 틀을 간과한 단
발성의 이론이라고 평가할 수 있을 듯하다. 한반도 3조(C)란
오랜 기간의 역사에서 볼 때는 바다 건너 해양 지역인 일본은
부차적이라 할 수밖에 없다. 심지어는 일본처럼 바다 건너라
할 수도 있는 중국(6)도 그럴진대 일본은 말할 것도 없다. 중
국은 문화적인 측면이 과도하게 부각되어 정치-군사적 측면
이 간과된 면이 있다.

　앞의 이론과는 조금 각도가 다른 접근도 있다. 이른바 '한
국 사람 만들기'(함재봉 2017)론이다. 그 이론은 20세기 후반에
그 이전의 조선 사람과는 다른 한국 사람이 만들어지고(일종
의 시점론이다) 다섯 종류의 한국 사람이 있다는 취지다. 구체

적으로는 친중 위정 척사파, 친일 개화파, 친미 기독교파, 친소 공산주의파, 인종적 민족주의파의 정체성을 가진다는 주장이다. 그 이론은 한반도 지역의 고려 조선 양조와 현재의 한민족과의 연속성이란 부분에 대한 인식이 결여되어 있고 조선과 그 이후의 이른바 한국 사람의 단절성에 초점을 맞추고 있는데 그런 방식은 한민족 집단만이 아니라 어떤 민족 집단이든 상관없이 전혀 바람직하지 않다.

어떤 민족 집단(1)이란 것은 그 같음(공통점) 또는 다른 집단과의 다름(차이점)을 전제로 하는 것이지 그 집단 내의 다름을 전제하는 것이 아니다. 어떤 민족 집단의 시대에 따른 또는 지역에 따른 또는 계층에 따른 다름을 논하는 것은 수백 가지로 가능한 것이고 그것은 다른 문제일 뿐이다. 영국(UK)을 예로 들자면 다-민족 국가인 그 국가의 영국인은 잉글랜드인, 스코틀랜드인, 웨일스인, 북 아일랜드인과 그 후에 유입된 아프리카계, 아시아계 등으로 구성되어 있고 각 집단도 현재의 지역과 계층에 따라 여러 집단으로 나뉘고 그 이전의 역사까지 따진다면 더 다양한 집단으로 구분이 될 수 있다.

현재의 한반도의 한민족 집단('한국 사람')도 현재의 지역과 계층은 물론이고 과거의 역사로 따진다면 얼마든지 다양하게 분류가 될 수 있다. '한국 사람 만들기'도 그 이면에 1990년대 의 민족 담론(1)의 '민족은 없다' 또는 '민족은 근대의 산물이 다'는 전제를 깔고 있고 그래서 그 앞의 전-근대(조선)와는 다 른 제대로 된 민족이 근대에 와서 형성된다고 보고 있는 듯 하다. 위에서 말한 친중, 친일, 친미, 친소 등의 정체성을 가진 집단이 등장하면서 한민족 집단('한국 사람')이 형성된다는 것 은 상당히 이해하기 힘든 논리다. 그 책은 다양한 자료를 잘 활용해서 '책 만들기'에는 성공한지 모르지만 한민족 집단 연 구라는 본래의 취지에서 볼 때는 아쉬움이 너무 많다.

한반도(the Korean Peninsula)란 지역은 그 이름이 말하듯이 역사 공동체(C) 한국(Korea)의 한민족 집단(7)과 관련 있는 곳 이다. 그 지역은 유럽의 포르투갈과 함께 지구상에서 가장 동질적인 민족적 구성을 보인 곳이다(2000년 이전 자료). 포르 투갈은 대항해 시대 이래 다른 유럽 국가보다 더 오랜 기간 국민 국가(민족 국가)(nation state)를 이루어 온 지역이라 민족적 구성이 상대적으로 동질적이다. 반면 한국은 7세기 이래 한반도 3조(C)란 오랜 기간을 통해서 민족 집단이 형성되어 온것이 동질성의 결정적인 요인일 듯하다. 더구나 그 기간 동안 민족적 구성에 영향을 줄 만한 대규모의 이동(유입)이 없었다는 것도 중요하다.

한민족이란 집단은 한반도(7)란 지역에서 오랜 기간에 거쳐서 형성이 된다(C/ 형성론). 그 과정에서 일본(8)처럼 바다 건너라고 할 수도 있는 중국(6)보다는 한반도 바로 위에서 경계를 접한 북국(4, 5)과의 대립과 전쟁(이삼성 2009)이 훨씬 더 중요한 요인이라 할 수 있다. 중국과는 한반도 3조(C)가 시작되는 대-신라(676~935) 직전에 동맹 관계의 당제국과 약간의 직접적인 충돌이 있는 이래 서로 대치하면서 집단의 존망을 다투던 상황은 없었다고 할 수 있다(유일하게 국경을 접한 조선조 전기도 마찬가지다). 한반도 3조(C)란 기간 동안 북국과의 교섭과 대립은 더 조명이 되어야 할 듯하다.

3 양계

양계는 고려조의 북계(서북면)와 동계(동북면) 또는 조선조의 평안도와 함경도 또는 현재의 북한(조선민주주의인민공화국)에 해당한다. 그 지역은 기본적으로 3한(7)과 북국(4, 5) 사이에 자리한다. 말하자면 '3한과 북국지간'(손동완 2021 a)이라고 정의할 수 있을 듯하다. 그 지역은 원래는 북국의 영역이었다가 이후 오랜 기간에 걸쳐서 3한을 기반으로 하는 국가인 남국(C/ 동국 한국 남국)으로 편입이 된다. 양계 지역은 한반도 또는 한반도의 한민족 집단(7)이란 견지에서는 변방 지역인 것은 분명하다. 하지만 그 지역도 오랜 기간의 역사를 가진 만큼 몇 가지 측면에서 좀 더 자세히 살펴볼 필요가 있을 것이다.

〈북계와 동계〉

북계(서북면/ 현재의 평안도) 지역은 현재의 북한(조선민주주의인민공화국)의 핵심 지역을 이루고 있다. 그 가운데서도 평양은 정치 및 문화의 중심지 역할을 한다. 또한 평양은 한민족 집단의 기원에 관한 이론(기원 이론) 가운데 내재론(내재적 발전론)의 한 축을 이루는 평양설(e)의 주 무대이기도 하다. 이전에 평양은 장수왕 이래의 북국 즉 고구려(5)의 수도였고 더이전에는 조선, 위만-조선, 한 4군의 중심지였다. 하지만 고려 조선 양조에서 평양은 북계의 중심지 역할을 할 정도였고 그이전인 대-신라 기에는 상당 기간 신라(대-신라)와 발해 사이의 변방 지역의 일부에 지나지 않았다.

평양 이북인 청천강 유역은 고려조에 주 방어선 역할을 한 지역이다(동계 지역은 용흥강 유역이 주 방어선 역할을 한다). 청천강 수계는 대략 정주에서 희천까지에 해당하고 주변에 안주/ 박천 평야와 운산/ 영변 분지가 자리하고 있다. 그 지역은 일찍부터 여러 진영 취락이 발달한 곳인데 고려조 전기에 거란 요(4)와 대치하던 때 많은 행정 구역이 설치가 된다. 삭주, 위주, 인주, 태주, 용주, 선주, 곽주, 구주, 운주, 염주, 박주, 가주, 영주 등(1018) 이다. 천리장성은 대략 압록강 입구에서 희천을 지나간다. 이른바 청북 8읍은 박천(박주), 가산(가주), 정주, 곽산(곽주), 선천(선주), 철산, 용천(용주), 태천(태주)인데 홍경래의 난(1811) 때에 거의 다 반란군의 손에 들어간 지역이다.

다시 그 이북은 압록강의 강변 7읍이다. 강변 7읍은 압록강 하구인 의주(그 다음이 삭주다) 위로 압록강을 끼고 있는 창성, 벽동, 초산, 위원, 강계, 자성, 후창의 7읍을 일컫는 용어다. 그 지역에서 가장 큰 고을은 강계인데 원래 천리장성 이북이었다가 공민왕 10년(1368)에 고려조의 영토가 된다(만호부가 설치된다). 조선조 전기에 강계부/ 강계도호부(1413)가 설치되고 조선조 후기에는 도호부사(강계진 병마첨절제사를 겸한다)가 강변우방어사/ 청북우방어사 직위를 겸임한다. 현재의 국경 도시 만포시(만포진)는 그 5진의 하나였다. 그 바로 건너편이 고구려의 수도였던 집안(중국 동북 길림성 통화시)이다.

한편 동계(동북면/ 현재의 함경도) 지역은 고려조를 기준으로는 교주도(삭방도)(현재의 영서 지역이다) 밖의 지역이라 할 수 있다. 원래 동계는 현재 기준으로 강원도의 영동 지방과 경상북도의 해안 지역과 함경남도의 영흥(금야)까지 포괄하던 지역이었다(그 지역은 이전에는 동예 지역에 해당하는데 상당 기간 독립적인 영역을 유지한 바 있다). 그러다가 고려조 말(특히 공민왕 대)에서 조선조 초로 가면서 영흥 이북 지역(천리장성의 바깥이다)으로 급속하게 확장되어 현재의 평안도의 북계(서북면)/ 함경도의 동계(동북면)란 개념이 가능하게 된다. 양계 가운데 당연히 북계보다는 동계가 훨씬 더 늦게 고려조의 영토로 들어간다.

고려조에는 북계의 청천강과 함께 동계의 용흥강이 주 방어선 역할을 한 바 있다. 현재의 함경남도인 용흥강 유역에서 정평이 천리장성의 끝에 해당하는 지역이다(그 앞이 동한만에 해당하는 지역인데 서해의 서한만과 대칭되고 엄밀한 의미의 반도 지형은 양 만의 아래인 셈이다). 고려조의 천리장성(1033~1044 축조)은 북계에서 동계로 이어지는 최단거리의 여러 요새 또는 관문을 이은 것인데 대략 압록강 입구에서 청천강 상류의 희천을 거쳐서 용흥강 유역의 정평(구 안변도호부인 화주 즉 영흥 바로 위다)으로 이어진다. 그 장성은 그 이북의 거란 또는 여진 등의 이민족과의 국경선이자 문화적 구분선에 해당한다.

용흥강 유역은 이전의 남옥저 또는 동예 지역인데 고구려가 장령진을 두었고 한참 뒤인 고려조에 그 지역에 화주안변도호부(995)가 설치된다. 고려조에 5도호부(안동, 안서, 안남, 안북, 안변)의 하나였던 안변도호부는 화주(영흥/ 현재의 금야) 또는 등주(현재의 안변)에 있던 군사적 지방 통치 기구다(고려조에서는 경/ 목/ 도호부가 지역 중심지 역할을 한다). 이전에는 용흥강 일대의 화주(영흥)가 중요한 지역이었는데 쌍성총관부(1258) 화주목(1356)을 거쳐서 조선조에 영흥대도호부(1426)로 바뀌었다. 함경도는 영길도, 함길도, 영안도, 함경도로 여러 번 이름이 바뀌는데 영길도, 영안도의 영은 바로 영흥(화주)에서 딴 명칭이다.

조선조 함경도는 남-북 두 병영(절도사영)으로 관할이 나뉘는데 혜산~단천이 경계선이다. 그 하나가 남병영(북청) 관할 지역인데 갑산이 그 북단이다(남단은 원산이고 그 바로 위가 바로 위에서 언급한 용흥강 유역이다). 삼수갑산의 그 갑산은 고구려 → 발해(압록부) → 요 → 금 → 원(쌍성총관부)을 거쳐서 갑주만호부(1391), 갑산군을 거쳐 갑산도호부(1461)로 승격해서 부사가 병마첨절제사를 겸하는 등 요충지 역할을 한다. 그 일부가 북계(평안도)로 넘어가는데 바로 4군 지역이 된다(아래). 갑산도호부 아래 혜산진(병마첨절제사) 운총(병마만호) 등이 소속되어 있었는데 혜산진은 현재 북한 양강도의 도청 소재지다. 양강은 물론 압록강, 두만강 두 강이다.

다른 하나인 북병영(경성) 관할 지역은 한반도의 최북단이자 최고의 군사 방어 지역이었는데 조선조에 최고의 무관들이 배치되는 곳이고 이순신 장군도 그 지역에서 경력을 쌓는다. 그 지역은 동부 만주의 읍루계(숙신계)(9)의 초기 집단 읍루("삼국지" '오환선비동이전')와 예맥계(C)의 북옥저가 있었던 지역이자 기원전후 현도군 관할 지역이었다. 이후 고구려, 발해(남해부)를 거쳐서 여진 지역이 된다. 남병영의 북청에서도 한참을 위로 올라가는 하는 그 지역은 오랜 기간 여진 지역이었고 조선조 6진 개척 이후에야 한반도 국가로 완전히 편입이 된다. 현재 그 지역은 러시아와도 일부 국경을 맞대고 있다.

(병마사와 도병마사)

고려조의 여타 5도와는 달리 양계는 군사적인 면이 아주 강하다. 우선 그 수장의 이름이 안찰사 또는 안렴사가 아니라 병마사(3품)란 군사적인 명칭을 사용한다. 여타 5도에 비해서 속현도 매우 적은 편이고 조세도 현지에서 충당하는 방식이다. 그리고 분도(分道)/ 분대(分臺) 등의 제도가 시행된다. 그리고 그 산하에는 주/ 현이 아니라 군사적인 단위인 방어진/ 진이 설치된다. 양계에는 병마사를 비롯해서 지병마사, 병마부사(2인), 병마판관(3인), 병마녹사(4인) 등 상당히 많은 인원이 내려간다. 방어진도 방어사(5품)를 비롯해서 방어부사, 판관, 법조까지 적지 않은 인원이 배치가 된다.

고려조 양계의 군사적인 특색은 조선조의 함경도 그 가운데서도 북병영(경성) 관할 지역에 강하게 남아 있다. 그 지역은 북병영의 북병사 아래 여러 거진(巨鎭)으로 구성되어 있다. 경성에 주둔하는 북병사(병마절도사)(종2품)는 경성군(이후 도호부가 된다)의 수령과 수군 절도사를 겸임하는데 통상 조선 최고의 무관이 파견된다. 그 관할 지역은 거의 다 거진인데 경원진, 경흥진, 온성진, 종성진, 회령진, 부령진, 훈융진, 동관진, 고령진, 유원진, 미전진, 조산포(수군) 등이 그것이다. 여타 6도를 비롯한 다른 지역은 지역 중심지만 거진이고 다른 고을은 제진(諸鎭)으로 편성되어 있는 것과는 아주 다르다.

조선조에 양계(함경도와 평안도)의 거진은 모두 서른한 개에 달한다(여타 6도의 거진은 다 합해서 스물네 개일 정도다). 그 지역에는 독진(獨鎭)도 열두 개나 된다. 참고로 조선조에 그 양 지역 외의 다른 6도는 부윤 또는 목사(C/ 계수관)가 파견되는 지역 중심지에만 거진이 설치된다. 그 외의 고을은 제진(대부분이 군 또는 현이다)으로 편제되어 거진의 지휘를 받는다. 6도의 유명무실한 방어체계는 임진왜란 때 큰 오점을 남긴다. 조선조의 병영(병마절도사영)에는 병사(병마절도사)와 아관(우후/종3품) 정도만 내려가는데 함경도의 북병영에는 예외적으로 문관인 평사(정6품)가 한 사람 더 내려가는데 북평사라고 부르기도 한다.

고려조는 대-신라에 비해서 유교적인 관료 제도가 훨씬 더 많이 채택이 되는데 중국 당제국의 3성/ 송나라의 중추원 두 가지 제도가 도입되어 이른바 '재/ 추 양부'의 조직을 갖춘다. 다만 3성(중서성, 문하성, 상서성)은 중서문하성과 상서 6부로 운영되는데 재신과 성랑(省郎)이 양립하고 중추원은 추신과 승선(承宣)이 양립해서 서로 견제하는 시스템을 구축하고 있다. 조선조 기준으로는 성랑은 언론 기관인 3사에 해당하고 승선은 왕명을 출납하는 승정원에 해당한다. 하지만 고려조는 후기로 가면서 도당(도평의사사)이라는 특유의 기관이 국정을 담당하는 체제로 간다. 도당은 기본적으로 위의 양부의 재신과 추신이 합좌하는 기관이긴 하지만 그 양상이 다르다.

사실상 고려조의 국정을 전담한 도당(도평의사사)은 '도병마사'란 기관에서 시작이 되는데 도병마사는 물론 앞서 언급한 양계의 수장인 병마사(위)와 관련이 있다. '도병마사'는 원래 양계의 병마사를 지휘하는 병마판사에서 기원한다. 고려 조선 양조에서 판사는 재판 업무를 담당하는 직위가 아니라 영사처럼 특정한 기관을 감독하는 최고위직을 말한다(예를 들면 조선조의 영의정은 경연/ 홍문관/ 예문관/ 춘추관/ 관상감 다섯 기관의 영사를 겸직한다). 다시 말해서 중앙에서 양계의 병마사를 지휘하는 기관인 '도병마사'(병마판사)가 이후 확대되어 군사와 민사를 모두 총괄하는 도당으로 발전하게 된다.

고려조 후기 국정을 전담하던 도당이 바로 도병마사가 발전해서 나온 기관이란 것은 고려조에서 '대 북국'(2)의 방어 지역인 양계의 비중이 어느 정도인지 잘 보여준다. 고려조는 그 존속 기간 내내 북방의 북국(4)인 요, 금, 원과 대치하면서 집단의 사활을 걸어온 만큼 양계와 병마사와 도병마사가 중시된 것은 당연한 일일지도 모른다. 조선조로 와서 도당은 의정부로 개편되는데 1500년을 전후한 시점에는 국방 관련 기관인 비변사가 성립하고 임진왜란을 거치면서 그 기능이 확대되어 조선조 후기에는 사실상 비변사가 군사와 민사를 모두 총괄하는 기관이 되고 의정부는 유명무실해진다. 고려조 후기의 도당과 조선조 후기의 비변사는 닮은 점이 적지 않다.

병마사의 지휘를 받는 고려조 양계의 방어진과 방어사는

고려조의 '대-북국' 방어에서 핵심적인 역할을 한다. 고려조 전기의 '10도 12주'의 절도사제(C/ 계수관) 하에서 도단련사/ 단련사가 차례로 폐지되고(1005) 방어사도 점차 폐지된다. 하지만 양계 지역 특히 관내도, 삭방도(강원도), 패서도(평안도)의 방어사는 그대로 존속하는데 염주, 안주, 봉주, 신주, 평주, 동주, 곡주(이상 관내도) 고주, 용주, 문주(이상 삭방도) 운주, 연주, 박주, 가주, 무주, 순주, 태주, 은주, 숙주(이상 패서도)가 대표적이다. 이후 양계 지역의 방어사는 증가하는 추세였다. 의주 부근의 정주방어사(1033)가 신설된 것이 그 예다.

조선조가 되어서도 일부 지역에서는 고려조의 방어진의 흔적이 보인다. 압록강의 이른바 강변 7읍의 하나인 강계(강계부/ 강계도호부)는 조선조 후기에는 도호부사(강계진 병마첨절제사를 겸임한다)가 '강변우방어사' 또는 '청북우방어사'라는 직함을 가진 것에서도 알 수 있다. 강변의 강은 물론 압록강이고 청북의 청은 청천강이다. 국경 부근의 고을은 사실상 방어진의 역할을 한다. 앞서 말한 바의 조선조 함경도 북병영(북병사) 관할 지역인 6진 지역의 경원부, 경흥부, 온성부, 종성부,

회령부, 부령부는 사실상 경원진, 경흥진, 온성진, 종성진, 회령진, 부령진이란 거진인데 고려조의 방어진에 더 가깝다.

(북한)

북한(조선민주주의인민공화국)의 영토는 이전의 양계 지역에 걸쳐 있다. 현재 북한은 도 → 시군 → 읍리(북한의 리는 우리의 면에 해당한다)의 행정 구역으로 구분되어 있다. 광역 행정 구역인 도(직할시, 특별시도 동급이다)는 황해북도, 황해남도를 제외하고는 동계 지역의 함경북도, 나선 특별시, 양강도, 함경남도, 강원도/ 북계 지역의 자강도, 평안북도, 평안남도, 평양직할시, 남포특별시로 되어 있다. 그 가운데 양강도와 자강도가 우리에게 비교적 낯선 이름인데 양강도는 1895년 실시된 23부제(이때의 부는 광역 행정 구역이다) 하의 갑산부에 해당하고 자강도는 강계부에 해당한다. 국경 지역인 양강도와 자강도는 조선조의 4군 지역(아래)과도 관련이 있다.

먼저 북계 지역의 자강도, 평안북도, 평안남도, 평양직할시, 남포특별시 가운데 자강도(자성/ 강계의 앞글자를 딴 것이다)는 앞서 말한 바처럼 23부제 하의 강계부에 해당하고 평안북도와 평안남도는 각각 23부제 하의 의주부와 평양부에 해당한다. 평양직할시와 남포특별시는 평양부에 포함되는 지역이다. 20세기에 와서 북한을 오랜 기간 지배한 김일성가(김일성, 김정일, 김정은)는 평안남도 출신이다. 김일성(1912~1994)은 평남 대동에서 태어나서 이후 만주로 들어가는데 백두산에서 항일투쟁을 했다고도 한다. 그 인물은 일본 패망 때 소련군과 함께 북한으로 들어가서 조선민주주의인민공화국을 세우고 3대에 걸쳐서 북한을 강권 통치하고 있다.

다음으로 동계 지역의 함경북도, 나선특별시, 양강도, 함경남도, 강원도 가운데 함경북도는 23부제 하의 경성부와 거의 일치하는데 과거의 북병영(위) 지역이다. 다만 함경북도의 두만강 하류 일부가 나선특별시로 구분되어 있다(북한에서 특별시는 남포특별시가 하나 더 있다). 양강도는 앞서 말한 대로 23부제의 갑산부에 해당한다. 북한의 함경남도는 이전의 함경남도에서 북쪽의 양강도(갑산부)를 빼고 남쪽의 원산 일대를 제외한 지역이다. 금강산이 있는 북부 강원도 지역과 바로 위에서 말한 이전의 함경남도 원산 일대를 합한 것이 현재 북한의 강원도다. 현재 북한과 남한 모두 강원도란 광역 행정 구역이 있다.

현재의 북한 영토는 대부분이 이전의 양계 지역이고 상당 기간 북국(4, 5)의 영역에 속해 있었다는 것을 이미 말한 바와 같다. 그 가운데서 이른바 '4군 6진' 지역이 가장 늦게 한반도 국가로 편입이 된다. 6진 지역은 조선조의 북병영(경성) 관할 지역 가운데서 최북단 지역이라 상대적으로 인식하기 쉬운 편이다. 6진은 두만강 하류 남안의 6개의 요충지(경원, 경흥, 온성, 종성, 회령, 부령)인데 이른바 6진 개척은 대략 조선조 초인 세종 때 본격화된다. 그 지역은 현재 북한의 함경북도에 속한다(앞서 말한 바처럼 북한의 함경북도는 조선조의 북병영 지역 또는 23부제의 경성부와 거의 일치한다).

두만강 하류인 경원(이전의 공주)은 일찍이 무역소(1406)가 있었고 비교적 이른 시기에 경원부가 되지만 중심지를 여러 번 옮긴 끝에 현재 위치가 되고 더 아래쪽(바다 쪽)은 경흥부로 분리된다(현재의 나선 특별시는 경흥부의 일부다). 현재 북한에서 경원은 새별군 그리고 경흥은 은덕군으로 이름이 바뀌었다. 경원의 위쪽(백두산 쪽)이 한반도 최북단인 온성이고 조금 더 두만강을 거슬러 올라가면 종성이다. 그 두 지역은 군이 되고 이어서 도호부(1441)가 된다. 두만강의 더 위쪽은 회령인데 조금 더 일찍 회령부가 되었다. 거기서 남으로 관통하면 북병영이 있던 경성이다. 부령부(1449)는 회령부와 경성부 중간쯤에 있었다.

위의 두만강 하류 지역은 이성계 가계의 출신 지역이다. 그의 조상들은 고려조 후기 원제국 쌍성총관부에 속한 그 지역에서 다루가치 또는 천호로 여진을 다스렸다. 고려조 말에 이성계는 조상들의 지역적인 배경과 자신의 군사적인 재능을 바탕으로 여진족, 홍건적, 왜구 등과의 수많은 전투에서 승리하면서 점차 실권을 장악해서 결국은 위화도 회군을 감행하고 조선조를 건국한다. 함흥차사란 용어에서 볼 수 있듯이 이성계는 함흥에 머무른 때가 있었는데 그곳은 정확히 말해서 이성계의 외가 지역이다. 원래의 6진 지역에서 여진 세력이 득세하자 이성계가는 조상들의 묘소를 함흥으로 옮겨온다.

한편 4군은 조선조 기준으로 대략 평안도 강계와 함경도 갑산 위쪽 압록강 남안의 여러 지역이다. 그 지역은 당연히 고려조 천리장성 바깥인데 강계까지 포함해서 거란 또는 여진 지역이었다. 공민왕 때 강계는 물론 창성, 벽동, 초산(그 셋은 압록강 강변에 있다)까지 고려조의 영토가 되지만 4군 지역은 여전히 여진 지역으로 남아 있다가 조선조에 4군을 거쳐서 한반도 국가로 편입이 된다. 4군 지역 위쪽은 현재의 중국 동북 길림성 백산시('지급')다. 우리에게 한반도에서 가장 추운 지역이라고 알려진 중강진(여연)도 이전의 4군 지역이었다. 중강진은 북한에서 중강군이 되어 있다.

조선조에 중강진이 갑산군에서 분리되어 여연군(1416)이 설치되고 그 후에 중강진(여연)과 강계 사이에 자성군(자강도의 '자' 자는 자성의 '자'다)이 들어선다. 중강진 동쪽에는 무창군(1442)이 설치되고 이후 중강진과 자성 사이에 우예군(1443)도 생긴다. 이것이 바로 4군이다. 하지만 4군은 여연/ 무창/ 우예군이 먼저 폐지되고(1445) 이후 자성군도 폐지된다(1459). 이른바 폐 4군 지역은 거주가 금지되다 자성군과 후창군(후주진+무창진)(1664년 이후)으로 살아난다. 현재는 자성은 자강도에/ 후창(김형직)은 양강도에 소속되어 있다. 김형직은 김일성의 부친인데 양강도 후창은 김형직군으로 이름이 바뀌었다. 4군 지역은 최근까지도 변동을 겪은 셈이다.

4 북국

북국은 남국(C/ 동국 한국 남국)과 대비되는 용어라는 것은 이미 언급한 바와 같다(2). 북국이 학술적인 용어로 사용되려면 당연히 그 범위와 맥락이 정해지지 않으면 안 된다. 그 용어는 북방 특히 비-시베리아 가운데서 만주 지역의 민족 집단(아래)이 세운 그 지역의 통합국가를 말한다. (광개토대왕 이후의)고구려와 발해, 요, 금, 원, 청이 그 범주에 들어간다. 그 가운데 발해(5)부터가 한반도 3조(C)와 대치하는 북국이다. 발해 다음의 요, 금, 원(아래)은 고려조와 대치한다. 그런데 원은 동부 만주의 동호계(9)에서 시작해서 몽골로 들어가고 다시 만주와 북중국과 남중국을 정복한 국가다.

(북방-북국)

서부 만주의 동호계/ 중부 만주의 예맥계/ 동부 만주의 읍
루계 는 이전의 만주(Manchuria) 지역을 대표하는 집단인데 3
북(N 3)이란 용어로도 규정이 된다(9). 그 지역에서 통합국가
인 북국을 세운 앞의 세 민족 집단 즉 3북의 북은 두 겹의 의
미를 담고 있는데 하나는 북방(비-시베리아)(9)이고 다른 하나
는 북국인 셈이다. 3북은 민족 집단이란 면에서는 '북방-북
국'계라 정의할 수도 있을 듯하다. 그 용어는 이전의 동북계
(아래)나 직전의 범 동이(북적)계(아래)를 대체하는 말이다. 물
론 그 용어에는 '북'이란 방위칭(아래)이 들어간 것은 사실이
지만 한반도 또는 한민족 집단(7) 기준의 용어로는 큰 문제는
없다고 할 수 있다.

중국(6)에서 민국(1912~1949) 시기에 나온 동북계(Jinyufu
1941)란 용어는 동북 민족/ 동북사처럼 사용되기도 한다. 그
것은 일본(8)이 만주를 점거하고 만주국을 세운 상황에서 만
주(9)는 역사적으로 중국이 역사적 주권(C)을 가지고 있는 지

역이란 것을 강조하는 입장에서 쓰인 것이다. 말하자면 중국의 중심부인 중원을 기준으로 해서 만주 지역에 그 방위칭인 동북이란 용어를 붙인 것인데 그것이 지역 명인 동시에 민족 명이 되는 셈이다. 당시의 만주는 만주족이 가장 큰 집단이고 몽골족을 비롯한 기타 소수 민족 집단이 분포한다. 이른바 동북사를 지방사로 보는 입장은 현대의 동북 공정의 원조라는 평가를 받는다.

한편 범 동이계 또는 범 동이-북적계(손동완 2021 b, c)란 용어는 "삼국지" 또는 "구당서"(5대 후진)/ "신당서"(북송)에 근거해서 위의 세 집단을 대략적으로 분류한 것이다. 범 동이계는 동호계(오환, 선비)와 비-동호계(동이)를 합한 개념이다. 범 동이-북적계는 동호계(거란, 해, 실위 등)와 읍루계(말갈, 말갈 발해)를 북적으로 본 "구당서"/ "신당서"(열전 149 하/ 열전 144)를 감안한 것이다. 참고로 "삼국지"(오환선비동이전)의 동이는 부여계(예맥계), 읍루계 뿐 아니라 한(3한) 왜인(일본)까지 망라한다. "구당서"/ "신당서"(열전 149 상/ 열전 145)의 동이는 고려(고구려), 백제, 신라, 왜, 일본이 포함된다. '이하동서'(Fusinian 1935)

설의 동이는 다르다(C/ 발해연안의 신석기 문화).

물론 "구당서"/ "신당서"에서 서부 만주의 동호계에 속하는 집단(철륵, 거란, 해, 실위, 습, 오라흔)이 북적으로 분류되는 것은 그럴 수 있다고 하더라도 동부 만주의 읍루계(아래)에 속하는 말갈, 말갈 발해가 북적으로 분류되는 것은 좀 그렇다. 왜냐하면 그들 집단은 "삼국지"에서는 동이로 분류되기 때문이다. 말갈, 말갈 발해가 북적으로 분류된 것은 민족 집단에 대한 이해가 문제될 수도 있지만 그것보다 방위칭(아래)의 분류가 가진 근본적인 문제점이라 할 수도 있다. 여하튼 중국(중원)(6) 북방의 민족 집단이 반드시 동, 북, 동북이란 방위칭으로 불려야 하는 것은 아닐 것이다. 그것이 동이든 북적이든 동북계(위)든 마찬가지다.

방위칭은 그 중심이 되는 집단 또는 지역이 전제된다. 특히 방위칭을 국제적인 명칭으로 하는 것은 문제가 없을 수가 없다. 동해란 말도 한국과 중국(6)과 일본(8)의 동해가 다 다르다. 각각 자국을 중심으로 붙인 방위칭이기 때문이다. 중국의 동해는 황해 남쪽의 바다인데 우리의 남해에 해당하고 일본의 동해(동해도란 이전의 '광역' 지역 명칭도 있다)는 혼슈 가운데 대략 도쿄 앞바다(태평양)에 해당한다. 한국의 동해는 현재 명칭 문제 때문에 많은 논란에 사로잡혀 있다. 또한 중국의 이른바 6대구의 하나인 동북(9)은 중국 중심의 방위칭이 들어간 지역 이름이고 그것을 만주 지역 연구에 사용할 때는 앞서 지적한 바와 같은 '공정'의 요소가 들어가기 마련이다.

(요 금 원)

한반도 지역에서 대-신라(676~935)를 이어서 오랜 기간 존속한 고려조(918 또는 935~1392)는 전기에는 북쪽의 요, 금 그리고 후기에는 원과 대치한다. 결국 원제국의 지배를 받게 되지만 대외 관계란 면에서 북국(위)과의 관련이 매우 선명하게 드러나는 시기라 할 만하다. 다시 말해서 고려조 당시의 북국(요, 금, 원)이 고려조 이전의 북국보다 훨씬 더 분명하게 다가온다. 그 이전인 대-신라 당시의 북국(발해)(5)은 고려조의 북국(요, 금, 원)에 비해서 그 남쪽과 상대적으로 평화로운 관계를 유지한다. 참고로 더 이전의 북국(3~400년 이후의 고구려)(5)은 한반도 3조(대-신라, 고려조, 조선조)와 맞물리는 북국은 아니다.

고구려(5)와 발해(5) 이후의 만주 지역 통합국가인 요, 금, 원(아래)은 본격적인 정복 왕조로 분류된다. 그 세 국가는 고구려, 발해와는 달리 중국 정사에도 올라가서 이른바 24사의 일부분을 구성한다. 물론 요, 금, 원은 한반도(7)의 역사에도 자주 등장하는데 그것은 앞서 언급한 바처럼 고려조가 그 존속 기간 동안 그 세 북국과 대치했기 때문이다. 그러한 정치-군사적 상황이 현재의 한민족 집단(7)의 형성(C/ 형성론)과도 관련이 있다(2). 명제국 때는 여진 세력의 약화로 그 지역의 통합국가가 나오지 못하지만 임란 이후 후금(청제국)이 다시 등장한다. 결국 고려 조선 양조는 그 북방의 요, 금, 원, 청과 대치한다.

  요, 금, 원은 고구려(5), 발해(5)와는 달리 본격적인 정복 왕조로 북중국을 지배하고 특히 원은 남중국까지 지배한다. 4세기 이후 북중국을 지배한 북조와 마찬가지로 요, 금, 원은 중국의 역사에도 편입이 되는 국가다. 야율(耶律)씨의 거란 요(907~1125)와 완안(完顔)씨의 여진 금(1115~1234)와 패아지근(孛兒只斤)씨의 몽골 원(1206~1368)은 중국의 정사인 24사에 올라가 있다. 1206년에 건국한 인물은 우리에게 징기스칸(成吉思汗)으로 잘 알려져 있지만 원래의 이름은 보르지긴 테무진이다. 그래서 그 이전의 북조의 탁발(拓跋)씨, 요의 야율씨, 금의 완안씨와 함께 원의 패아지근(보르지긴/ 孛兒只斤)씨도 중국에서 왕조를 연 성씨가 된다.

24사는 "사기", "한서", "후한서", "삼국지", "진서", "송서", "남제서", "양서", "진서", "위서", "북제서", "주서", "수서", "남사", "북사", "구당서", "신당서", "구오대사", "신오대사", "송사", "요사", "금사", "원사", "명사"인데 "신원사" 또는 "청사고"를 넣어서 25사라고 부르기도 한다. 그 가운데 앞의 "진서"(晉書)는 3국을 통일한 진의 역사이고 뒤의 "진서"(陳書)는 남북조의 남조인 송제량진(C/ 정통상전송)의 진이다. 한편 앞의 "송서"는 남조의 송제량진의 송이고 뒤의 송서는 당송(팔대가) 송명(이학)의 송이다. 요, 금, 원 가운데 원(4)은 24사 가운데 송사, 요사, 금사를 편찬해서 그 자신이 역사 공동체(C) 중국(China)의 일원임을 과시한다.

원의 역사인 "원사"는 그 후속 왕조인 명이 기록하는데 중화민국에서 "신원사"가 다시 나온다. 고려조와 대치한 북국인 요, 금, 원 가운데 북중국과 남중국을 다 아우르는 그야말로 제국의 반열에 오른 것은 바로 원(1206~1368)이다. 어떤 면에서는 몽골 원은 그 이전의 어떤 역대 중국의 국가보다 더 광범위한 제국을 이룬다고 할 수 있다. 그것도 이른바 울루스의 연합인 세계 제국 급인 몽골 제국 가운데 서쪽의 킵차크 한국/ 일 한국을 제외하고 다시 현재의 신강 위구르 자치구의 차가타이 한국을 빼고도 원제국은 중국(6)과 몽골과 티베트와 만주(9)와 그 주변 지역을 아우르는 엄청난 규모를 자랑한다. 한반도(7)도 물론 그 영향권 하에 들어간다.

(북국 제국)

한반도 지역(7)과 관련해서는 북국 가운데서 고구려, 발해, 요, 금에 비해서 원과 청이 더 특별한 방식의 영향을 미친다. 왜냐하면 그 두 국가가 한반도 지역 국가를 완전히 굴복시킨 것뿐만이 아니라 그 이상의 의미가 있기 때문이다. 그것은 그들이 '중국(중원)/ 만주(북국)/ 한반도(남국)'(김한규 2004; 이삼성 2009; 손동완 2021 b, c)의 세 지역의 균형을 넘어서서 '중국(중원) 더하기 만주(북국)'의 막강한 영향력을 행사했기 때문이다. 고려조가 요, 금(위)과도 책봉 조공의 관계를 맺은 적도 있지만 그것은 그 구조 안에서의 일시적인 현상이고 조선조가 명제국과 책봉 조공 관계를 지속하지만 그것도 원제국/ 청제국(중원 더하기 만주)과는 다르다(아래).

물론 우리의 기억 속에는 조선조 당시의 명제국이 책봉 조공 체제의 전형으로 남아 있다. 하지만 그것은 고려조 말기의 공민왕이 반원의 일환으로 시작해서(1370) 이성계의 회군과 조선조의 건국(1392)으로 이어지고 마침 당시 여진 세력 약화로 북국에 해당하는 국가가 없었던 데서 오는 일시적인 상황으로 인해서 과장되어 보이는 것일 뿐이다. 사실상 명과의 관계는 원/ 청 같은 '중원 더하기 만주'의 제국과는 비교할 수 없고 그 관계도 형식적이고 사실상 동맹의 관계에 가까운 것이라고 보아야 할 것이다(6). 대체로 중원 제국의 천하 체제는 상당히 형식적인 것이고 사실상의 동맹의 역할을 한 것이라 해석해야 한다.

몽골 원(위)은 몽골 고원에서 출발해서 만주(9)의 여진 금(위)을 정복하고 배후의 고려조를 굴복시키고 북중국으로 들어가고 이어서 남중국까지 정벌해서 전 중국을 지배한다. 칭기즈칸이 1206년 대-몽골 울루스를 세운 이래 1368년 대도(북경)를 버리고 초원으로 돌아갈 때까지(북원이 된다) 동아시아 지역은 몽골 원의 영향력 아래 있었다. 그 후 명제국 때는 북국에 해당하는 정치체가 없었지만(당시 여진은 명과 조선조의 통제 아래 있었다) 이후 여진 후금(청)이 부상하면서 북국의 계보는 '요, 금, 원, 청'이 되는 셈이다. 그 가운데 원과 청(청의 황제는 몽골의 대칸을 겸했다)은 중국 대륙 전체를 지배한 정복

국가다.

'요, 금, 원, 청' 가운데 몽골 원은 원래 서부 만주의 동호계 (9)에서 기원하는데 몽올-실위란 집단이 몽골 고원의 세력 공백을 틈타서 그곳으로 들어가서 그 지역의 여러 집단을 통합해서 대-몽골 울루스를 세우고 이후 유라시아에 걸친 여러 울루스의 연합(김호동 2016)인 세계 제국을 세운다. 유라시아 서쪽은 러시아 연방 지역의 킵차크 한국/ 이란 지역의 일 한국이 있지만 동쪽은 현재 신강 지역인 차가타이(오구데이는 차가타이로 통합된다)를 제외하면 거의 원제국의 영향권 하에 있었다고 할 수 있다. 몽골 원은 여진 금을 정복하고 고려조를 굴복시키고 중국으로 들어가면서 동아시아 전체의 지배자가 된다.

적어도 원제국/ 청제국은 한반도에 중국(중원) 제국 같은 형식적인 체제가 아니라 실질적인 체제를 부과했다 할 수 있다. 한반도 국가는 그 두 집단과 국가의 명운을 건 전쟁을 불사했지만 결국 굴복해서 형식적인 책봉 조공 체제 그 이상으로 들어간다. 특히 고려조는 원과의 항전(1231~1259)의 국면을 거쳐서 조공 책봉 관계를 맺는데 원제국은 왕실의 통혼을 통해서 혈연적 일체화를 도모해서 그 이전의 형식적인 책봉이 아니라 실제적인 권한 행사를 했다는 평가를 받기도 한다(이삼성 2009). 청제국은 삼전도와 그 이후의 상황이 말해주듯이 명제국과는 전혀 다른 모습을 보여주고 그 기억은 치욕적이기까지 하다.

청제국(애신각라 愛新覺羅 씨)은 1616년 여진 후금으로 시작해서 1636년에 청으로 국호를 바꾸고 배후의 조선조를 굴복시킨 이후 1644년에 산해관을 넘어서 '중원 더하기 만주'의 북국 제국(손동완 2021 c)의 반열에 오른다. 초반부터 유교적 교양을 바탕으로 한 지배를 추구해서 겉으로는 잘 드러나지는 않지만 청의 황제가 공식적으로 몽골의 대칸을 겸하는 것에서 볼 수 있듯이 그 앞의 몽골 원과의 보이지 않는 유대를 구현하고 있다. 청제국은 그 이전의 몽골 원의 영역이던 티베트와 신강까지 복속시킨다. 성리학적 사유가 지배하던 조선조 후기의 소중화 의식에도 불구하고 대략 100년이 지난 다음에는 북학

파가 보여주듯 청제국에 대한 이미지는 상당히 달라진다.

전형적인 북국 제국(위)인 원/ 청은 한반도 국가에게는 상당히 이례적인 존재이기도 하다. '중국(중원)/ 만주(북국)/ 한반도(남국)'의 균형이 깨진 시기에 동아시아의 지배자가 된 그 두 국가는 처음에는 한반도 국가인 고려 조선 양조와 상당한 갈등을 일으키고 전쟁으로 치닫고 굴복을 시키고 엄청난 고통을 준다. 하지만 그들이 '중원 더하기 만주'의 반열에 오른 뒤에는 이전의 중원 제국과 같은 지위를 가지고 중국 역사의 일부가 된다. 그리고 한반도 국가는 그들 국가와 책봉 조공 관계를 맺고 시간이 어느 정도 지난 다음에는 그 질서의 일부가 되고 어떤 면에서는 평화기가 상당 기간 계속이 된다.

중국의 역대 왕조 가운데 제국이란 이름에 합당한 국가는 진 한제국과 수 당제국과 원제국과 청제국 정도라고 할 수 있다. 그 가운데 진(秦)과 수는 각각 바로 뒤의 한제국과 당제국에 그 길을 열어주고 단명한 경우에 속한다. 수 당제국은 순수한 한족 왕조라기보다는 북조(386~581)의 이민족 왕조의 한화(漢化)된 지배층의 후속 세력이라고 할 수 있고 그만큼 더 포용적인 제국을 꾸려 갔다고 할 수도 있다. 한편 원제국과 청제국은 북국 제국(위)의 범주에 들어간다. 원제국은 그 이전의 투르크계(T)의 유목 제국(흉노/ 돌궐)과 유사한 측면이 많다는 것도 사실이지만 요, 금, 원(위)으로 묶이는 데서도 알 수 있듯이 '북국'적인 면도 많이 있다.

원제국(1206~1368)은 앞서 말한 유목 제국(흉노/ 돌궐)보다는 전형적인 북국 제국(위)인 청제국(1616~1911)과 더 유사한 면이 있다고 할 수도 있다. 특히 중국 대륙으로 들어가서 그 지역의 지배자로 중국 정사에 남았다는 측면에서는 유목 제국들과는 비교할 수 없는 큰 차이가 있다. 물론 원제국은 마지막에 초원 지역으로 돌아가면서(북원이 된다) 그 덕분에 정체성을 유지하고 아직도 역사 공동체(C)를 유지하고 있는 반면 청제국은 중국(6)을 상대적으로 더 오랜 기간 지배하면서 도리어 동화되어 버린 차이가 있긴 하다. 물론 몽골 가운데 중국이 지배하고 있는 내-몽골은 현재 상당 부분 동화가 진행되고 있다.

5 발해 문제

고려 조선 양조(935~1910)는 북방의 요, 금, 원 그리고 청과 대치한다. 한반도 지역에서 한민족 집단(7)이 그 정체성을 형성하는 데는 그들 집단이 적지 않은 영향을 미친다(2). 한편 그 양조 바로 앞의 대-신라(667~935)는 그 시기의 대부분을 발해(698~926)와 정치-군사적으로 대치한다. 말갈 발해("삼국유사" '기이제일)는 대-신라와는 문화적으로도 엄연히 구분되는 존재다. 말갈이 이후 이민족 집단을 통칭하는 용어로 사용된 것도 우연이 아니다(C/ 예 맥 또는 예맥). 발해란 북국은 정체성이란 면에서 한반도 지역의 남국(C/ 동국 한국 남국)과는 일찌감치 멀어진다(김한규 2004; 이삼성 2009)는 것이 팩트일 것이다.

(발해)

  "삼국유사"('기이제일')의 말갈(물길) 발해 조란 이름이 말해 주듯이 발해(698~926)는 부여계의 국가가 아니라 엄연히 말갈 특히 속말 말갈이 주축이 되는 국가다(그 외에 백산 말갈도 주요 그룹이다). 발해는 영주(요녕성 조양시)로 사민(徙民)된 말갈 집단이 도주해서 당제국의 추격을 벗어나서 세운 국가이고 이후 당제국으로부터 '발해군왕'(713) '발해국왕'(762) '해동성국'(831~857 사이)이란 칭호를 받는다. 말갈은 "북제서"에서 563년 처음 나오는 용어인데 읍루, 물길에서 이어지고 이후 여진, 만주족으로 연결되는 동부 만주의 읍루계(숙신계)(9) 집단이다. 무엇보다 여러 사서에서 발해는 '말갈 별종'으로 인식되고 있는 것이 사실이다.

  수 당제국 때의 말갈은 대체로 7부족으로 구분되는 것으로 나와 있다. 그 가운데 송화강 유역의 속말 말갈과 두만강 유역의 백산 말갈이 비교적 잘 알려져 있고 발해 국가도 그들 집단과 연관성이 높다. 기타 백돌/ 안거골/ 불녈/ 호실/ 흑수의 5부족은 동부 만주의 삼림 지역에서 수렵 생활을 하는 단계였던 것으로 보인다. 대조영은 속말 말갈("오대사"/ "삼국유사") 또는 백산 말갈 출신으로 간주된다. 그 인물은 바로 위에서 말한 바처럼 요동의 영주로 사민된 말갈 집단의 후예다. 그의 아버지인 걸걸중상이 걸비사우란 인물과 함께 696년 그 지역의 거란계인 이진충/ 손만영의 반란을 틈타서 동쪽으로 도주한다.

말갈계의 고구려 유민에 해당하는 두 사람은 세력을 규합해서 동으로 가는 도중 당제국의 회유와 토벌 양면 작전에 맞서다 죽는다. 그 세력은 현재의 요녕/ 길림성 경계 부근의 천문령에서 벌어진 전투에서 승리하면서 당의 추격을 벗어나서 드디어 아버지를 이은 대조영(고왕)이 동모성(홀한주/ 중경현덕부)에서 698년 진단국을 세우고 713년에는 당제국으로부터 인정을 받는다('발해군왕'으로 봉해진다). 이후 무왕과 문왕을 거치면서 북쪽의 흑룡강/ 남쪽의 대동강~원산만의 경계를 확정하고 762년에는 다시 '발해국왕'에 봉해지고 이후 831~857년 사이에 '해동성국'이란 평가를 받는다.

여하튼 발해란 국가가 말갈이란 동부 만주의 읍루계(숙신계)(9) 민족 집단과 일차적 관련이 있다는 것은 부인할 수 없는 사실이다. "삼국유사" '기이제일' 말갈 발해 조(6개 기사로 되어 있다)의 첫 번째 기사는 발해는 본래 속말 말갈인데 추장 대조영이 진단이란 국가를 세운다는 내용으로 시작한다. 다만 713년(당제국으로부터 '발해군왕'에 봉해진 해인데 '발해국왕'보다는 낮은 지위다) 말갈이란 호칭을 버리고 발해로 부르게 된다는 내용이 더해진다. 두 번째 기사에서 그 집단을 '고려잔얼'(고구려의 잔여 세력)이라고 규정하지만 마지막에는 '말갈의 별종'이라 결론을 짓고 있다. 참고로 여섯 번째 기사에서는 읍루 물길 집단은 숙신이란 이름으로도 부른다고 나와 있다.

바로 위에서 본 바처럼 발해 국가(698~926)는 고구려(아래)와 함께 거론되는 경우도 있다. 고려조 후기의 "삼국유사"/"제왕운기" 두 책에서 발해는 고구려와 관련지어서 논의되고 있다. 하지만 그 두 책에서는 발해와 신라(대-신라)란 구도는 아예 없다(아래). 참고로 "삼국유사"('기이제일'의 말갈 발해 조)에서는 발해 국가를 '고려잔얼'(위)로 파악하고 발해를 세운 대조영을 '고려구장' 즉 이전에 고구려의 장수였던 인물로 규정하고 있다. "제왕운기"(권하)는 고구려, 후-고구려, 백제, 후-백제, 발해 순으로 기술하고 있다. 하지만 기본적으로는 고려조가 후-3국을 통합하고 발해 유민 일부를 흡수한다는 것 이상은 말하고 있지 않다.

고려조 후기의 역사서에서 발해 국가를 고구려(아래)와 관련지어서 논의한 것은 말하자면 고구려가 발해에 대해서 역사적 주권(C)이 있다는 유의 주장이다. 현재는 중국(6)이 발해 국가 심지어는 고구려에 대한 역사적 주권을 주장하고 있고 러시아(이전의 동부 만주의 상당 부분을 차지하는 연해주를 현재 지배하고 있다)도 은연중에 말갈의 역사에 대한 역사적 주권을 주장하고 있기도 하다. 중국은 현대뿐 아니라 이전에도 고구려 영토에 대한 역사적 주권을 주장한 바 있다("구당서" 권 63 열전 13). 하지만 그 압권은 바로 "삼국사기"인데 고려조는 후-3국 3국 소급설(A/ 3)을 통해 고구려를 확실히 차지한다.

발해 국가가 신라(대-신라 즉 통일-신라 또는 후기-신라)와 발해의 이른바 남-북국으로 자리매김하는 것은 한참 뒤의 일이다. 고려조 후기에는 단순히 북쪽의 고구려와 발해의 관계가 언급될 뿐 남쪽의 국가와의 관련은 논의되지 않고 있다(위). 조선조 후기에 유득공이란 인물이 "발해고"란 책을 짓는데 '군고/ 신고/ 지리고/ 직관고/ 의장고/ 물산고/ 국어고/ 국서고/ 속국고'의 아홉 개의 주제를 중심으로 발해에 대한 기술을 한 것이다. 그런데 유득공은 그 책의 '서'에서 역사에 대한 단상을 말하는데 고려조가 '발해의 역사'를 기록하지 않은 것을 한탄한다. 그래서 북쪽의 거란(요), 여진(금)에 대해서 '발해의 역사'에 대한 역사적 주권(C)을 주장하지 못하게 되었다는 게 그 요지다.

유득공이 제기한 신라와 발해의 남-북국의 '남-북국사'란 도식은 이후 북한(3)에서 '발해와 후기-신라'의 '남-북국사'로 편제된다(아래). 북한에서 그들이 구성한 북국 계보론(A/ 4)의 한 부분으로 들어간 발해 역사(사회과학원 1979~1983)는 남한 학계가 그대로 수입해서 교과서에 올린다. 참고로 북한은 남한에 대한 우위를 확립하기 위해서 평양과 양계(3) 중심의 '고조선 → 고구려 → 발해 → 고려 → 리조 → 북한'이란 계보를 제시한다. 이전의 고려조가 고구려(아래)를 끌어 붙인 것은 사실이지만 적어도 '후-3국에서 3국으로'라는 "삼국사기"의 원칙은 확실하게 한 반면 현대의 북한은 그 이상을 설정하는 셈이다 (아래).

(조선사)

역사 연구에서 북한은 독특한 체계를 세우고 있다. 그것은 북국 중심의 역사 체계다. 북한은 한반도 지역에서 역사적으로 변방 지역에 속하는 양계(3) 지역을 그 주요 영토로 하고 있다. 양계는 북계(서북면)와 동계(동북면)인데 현재의 평안도와 함경도에 해당한다. 물론 현재 북한의 수도인 평양도 그 지역 안에 들어간다. 북한은 한반도 3조(ⓒ)의 중심 지역에 해당하는 현재의 남한 지역이 아니라 북한 지역과 한반도의 북쪽인 북국(위)을 중심으로 역사 체계를 수립하고자 한다. 그래서 일찍부터 고구려-발해 중심의 역사를 시도해서 '고조선 → 고구려 → 발해 → 고려 → 리조(조선조) → 북한'의 계보론을 구성한다.

남한의 한국사도 여러 가지 복잡한 문제를 안고 있지만 북한의 조선사('조선전사'가 그것을 대표한다)는 우리의 상상을 초월하는 부분이 있다. 북한의 역사인 조선사는 기본적으로 유물 사관에 입각해서 이른바 사회 발전 5단계설을 적용해서 쓴 것인데 지배와 피지배의 계급 투쟁사라는 관점에서 쓰여진 것이라는 것은 잘 알려져 있는 바와 같다. 그것은 신-중국(중화인민공화국)과 마찬가지로 북한이 공산당(노동당)이 '영도'하는 국가이고 역사 분야도 사회주의 사상에 입각해서 쓰여지기 때문이다. 특히 사상과 철학 분야가 중시되고 역사 서술에도 그러한 부분이 많이 반영되어 있다.

무엇보다 '조선전사'의 시대구분(C)은 북한의 역사 해석을 잘 보여주고 있다. 원시 공동 사회(50만 년 전부터 기원전 1000년까지), 고대 노예 소유제 사회(이른바 고조선에 해당한다), 중세 봉건 사회(삼국에서 조선조 말까지), 근대 자본주의 사회(1860년대에서 1920년대까지), 현대 공산주의 사회(1920년대에서 현재까지)의 5단계로 이루어져 있다. 북한의 시대구분은 상당히 어지러운 양상을 보여주는 남한의 시대구분(C)에 비해서는 선명한 측면이 있는 것은 사실이지만 서양 사회를 기준으로 만든 5단계설을 동아시아 그것도 한반도(7) 지역에 적용한 것인 만큼 무리한 부분이 적지 않다.

인류학적 단일성을 가지고 있다(이른바 본토설의 주장이다)는 원시 공동 사회는 넘어가기로 하고 고대 노예 소유제 사회의 설정도 문제가 적지 않다. 5단계설에서 빠뜨릴 수 없는 그 단계를 만들어 넣기 위해서 기원전 1000년대를 고조선이란 이름으로 규정하고 여러 가지 설명을 하지만 생경한 부분이 너무 많다. 중세 봉건 사회도 기원전후에서 1860년대까지 엄청나게 오랜 기간이 부여된다. 근대 자본주의 사회도 1860년대에서 1920년대까지 설정되지만 남한의 식민지 근대화론을 둘러싼 논쟁이 보여주듯 그 시대의 해석은 만만치가 않다. 여하튼 현대 공산주의 사회의 전 단계가 필요한 북한에게 그 시기는 빠뜨릴 수가 없다.

북한은 그러한 방식의 시대구분에 입각해서 원시 편, 고대 편을 거쳐서 중세 편을 고구려사부터 시작한다(3권). 이어서 백제와 신라(전기-신라)와 가야사가 다루어진다(4권). 그다음이 특징적인데 '발해 및 후기 신라사(5권)라는 이름으로 북국(위)과 남국을 통합한 이른바 남-북국사를 제시하고 있다. 그것은 앞서 말한 바대로 조선조 후기의 유득공이 내놓은 남-

북국의 남-북국사(위)를 적용한 것인데 그 이론의 문제점에 대해서는 이미 언급한 바 있다. 전체적으로 보면 중세 봉건 사회의 앞부분에 해당하는 시기를 북국(4)인 고구려와 발해를 중심으로 틀을 짜고 서술하고 있는데 철저한 북국 중심의 이론이다.

그다음의 두 권은 의외로 '발해 및 고려사 1'(6권), '발해 및 고려사 2'(7권)란 이름이 붙어 있다. 한반도 지역에서 당연히 고려 조선 양조가 현재의 한민족(조선 민족)이란 집단을 형성(C/ 형성론)시키는 데 결정적인 역할을 하는 국가다(서설). 그런데 북한은 리조사(8권에서 12권까지) 바로 앞의 고려사를 대-신라(통일-신라 또는 후기-신라)와의 관련 속에서 보지 않고 발해와의 관련 속에서 보고자 하는 의도를 강하게 내비친다. 물론 북국 중심으로 가야 하는 북한의 입장이 있는 것은 사실이지만 '발해 및 고려사'는 어떤 근거를 끌어댄다 하더라도 그 연관 관계는 약할 수밖에 없고 북한 조선사의 결정적인 약점일 수밖에 없을 듯하다.

바로 앞에서 본 바처럼 북한의 조선사는 '발해 및 후기 신라사'(5권)/ '발해 및 고려사 1'(6권)/ '발해 및 고려사 2'(7권)를 중세 중반의 핵심으로 하고 있다. 하지만 정작 고려조는 그 자신이 발해의 계승자라고 전혀 생각하지 않고 그렇게 주장하지도 않는다. 오히려 "삼국사기"의 찬술을 통하여 신라, 고구려, 백제("삼국사기" 본기에 실린 순이다)의 계승자라고 주장한다. 다시 말해서 고려조가 자신의 기원을 설정한 "삼국사기"에서 발해는 완전히 제외되고 '발해 역사'는 기록조차 되지 않는다. 물론 고려조 후기의 역사서에서 발해에 대한 고려조의 역사적 주권(C)을 주장하는 견해가 들어가 있긴 하지만 (위) 그것은 다른 문제다.

한민족(조선 민족) 집단의 기원이란 측면에서 볼 때 북한 조선사는 한민족 집단(7)이 알타이언어(C) 사용 집단의 하나인 퉁구스계(T) 그 가운데서도 만주-퉁구스계(C/ TMT)의 한 집단인 말갈 집단에서 기원한다고 해석이 될 여지가 충분하다. 어떻게 말하면 북한은 무리하게 5단계설에 맞추어 역사를 재단하는 것을 넘어서 발해 중심의 한민족 집단의 역사라는 아주 특이한 역사 해석과 역사 기획(A/ 4)을 감행한다고 볼 수도 있다. 물론 북한은 고구려 국가를 계승하는 발해 국가란 면을 강조하면서 이리저리 핵심을 피해가겠지만 북국 중심의 계보론을 만든 만큼 관련 논의에도 책임을 회피하지 말고 솔직해져야 할 필요가 있어 보인다.

6세기 이후의 읍루계(9) 집단인 말갈이 한민족 집단(7)과 관련이 있다는 주장도 말갈이 직접적으로 한민족 집단의 기원이 된다는 방식은 물론 아니다. 그보다는 그 집단이 주축이 되는 국가인 발해(698~926)가 한반도 남부의 신라(대-신라)와 함께 이른바 남-북국을 이룬다는 일종의 역사 기획(A/ 4)에서 나오는 간접적인 기원 이론인 셈이다(위). 어떤 면에서는 말갈보다는 그 이후 시대의 여진 집단이 한반도의 한민족 집단과 더 직접적인 관련이 있다고 할 수 있다(c). 물론 여진의 주력은 금과 후금을 세운 집단이고 금은 고려조와/ 후금은 조선조와 대치한다(9). 후금 즉 청(1616~1911)은 전형적인 북국 제국(4)이다.

(고구려)

졸본-부여는 그 주변의 비류국, 송양국 등의 소정치체를 병합해서 점차로 국가 단계로 발전하고 이후 국내성으로 옮겨간다. 초기 국가 또는 부 체제(노태돈 1975) 등의 이론이 그 단계의 정황을 잘 설명해 준다. 그 지역은 한 4군(한무제의 침공으로 한족 세력이 한반도 서북부로 들어오면서 설치된다)의 하나인 현도군의 지배를 받지만(동쪽의 옥저 방면도 역시 현도군 관할 지역이었다) 평양 부근의 낙랑군과는 달리 현도군은 그 지역을 오랜 기간 지배하지는 못한다. 졸본-부여에서 시작되는 고구려는 400년 전후해서 드디어 만주 지역 최초의 통합국가를 이룬다. 3~400년을 기준으로 그 이전과 그 이후의 고구려는 상당히 다른 단계라 해야 한다.

"삼국사기"(1145)란 책은 기본적으로 고려조의 후-3국 3국 소급(A/ 3)이란 시각에서 쓰여진 것이다. 따라서 10세기의 후-신라(대-신라 말기를 말한다)/ 후-고구려/ 후-백제란 국가의 기원이 기원전 1세기에 건국되는 신라/ 고구려/ 백제라고 설정하는 것이 주목적이다. 그런 만큼 1~300년(또는 1~400년) 사이의 역사가 있는 그대로 기술되지는 않는다. 다시 말해서 기원 전후의 소정치체가 오랜 기간에 걸쳐 국가(신라/ 고구려/ 백제)로 진화한다는 사실이 반영되어 있지 않다. 특히 '신라본기'(권1)/ '백제본기'(권23)의 혁거세 거서간/ 온조왕 부분은 그들 시조 왕을 중심으로 매우 축약된 형태의 기술을 보이고 있다.

'고구려본기'(권13)의 (시조)동명성왕 기사도 '신라본기'/ '백제본기'만큼은 아니지만 어느 정도의 각색은 거친 것으로 보는 것이 맞을 것이다. 물론 한반도 남부인 3한 지역(7)보다는 한반도 북부 또는 만주 지역(여기서는 요서/ 요동과 거기서 상대적으로 가까운 지역을 말한다)은 역사 발전 단계가 빠른 것도 사실이지만 실질적인 의미의 국가가 성립되는 것은 상당히 뒤의 일이라고 보아야 한다. 고구려는 백제보다는 빠르겠지만 낙랑군이 313년까지 존속한 만큼 그 시기는 크게 빠르다고 할 수는 없을 것이다. 백제의 경우는 300년을 기준으로 그보다 조금 빠르고 신라의 경우는 그보다 늦다고 볼 수 있다.

더구나 고구려가 그냥 초기 국가/ 국가 수준이 아니라 만주 지역의 통합국가를 세우는 문자 그대로의 '북국'이 된 것은 훨씬 더 뒤의 일이라고 해야 한다. 대략 그 시기는 광개토왕 (391~413) 이후 또는 장수왕(413~491) 대라고 보는 것이 더 합리적일 듯하다. 당시의 만주에서는 서부 만주 동호계(9)의 강자인 선비족은 북중국으로 들어가서 386년 이래로 북위, 서위, 동위, 북주, 북제, 수 당제국 등을 거치면서 북중국(북조)과 전체 중국(수 당제국)을 지배한다. 그 시기에 고구려는 주변의 여러 민족 집단을 정복하고 만주 지역 최초의 통합국가를 세우는데 이후 발해, 요, 금, 원, 청(4)이 그 뒤를 잇는다.

남쪽의 신라의 지배자가 초기의 이사금이란 칭호에서 마립간이란 칭호로 바뀌던 시기가 내물왕(내물 마립간)(356~402) 때다. 그 기간도 사실상 신라는 고구려의 간섭을 받았다. 356년/ 393년 백제와 왜의 침략을 받았던 신라는 고구려에 도움을 요청하고 이후 광개토왕이 5만의 병력을 동원해서 그들을 몰아낸다(399). 그 사이에 고구려에 볼모로 가 있던 실성이 내물왕의 뒤를 이어 왕위를 계승하기까지 한다(402). 이후 신라는 같은 3한 지역의 백제와 동맹을 맺고(나제동맹 433/ 결혼동 맹 493) 고구려의 남진을 저지한다. 고구려는 장수왕 때 한반 도 서북부인 평양으로 수도를 옮기고 남진 정책을 추진하지 만 한반도 남부를 완전히 장악하지 못하고 불안 요인을 남기 게 된다.

고구려도 일종의 정복 국가이지만 엄밀한 의미의 정복 국가 는 북중국을 지배한 요, 금(4)과 그 이후의 북국 제국(4)이라 고 할 수 있다. 여하튼 고구려는 한반도 북부의 양계(3) 지역 은 지배했지만 3한 지역(7)은 정복하지 못하고 이후 도리어 협 공을 당해서 사라지고 만다. 고구려가 당과 신라의 연합군에 멸망당하고 그곳의 핵심 세력인 부여계 고구려인은 중원 지역 으로 사민(徙民)된다(아래). 당제국은 상당한 규모인 구 고구려 지역(9도독부 42주 100현)을 지배하기 위해서 평양에 안동 도호 부(668)를 설치하지만 요동/ 요서로 철수하고 이후 안동 도독 부(699)로 축소되고 결국은 안녹산의 난 때 폐지된다(758).

수 당 양제국의 정벌을 여러 번 저지한 바 있는 고구려는 중국에게 상당히 두려운 집단이었음이 분명하다. 당제국은 고구려를 정복한 후 적극적인 사민 정책을 써서 그들을 완전히 제압하려고 한다. 그래서 고구려의 핵심 집단인 부여계는 대부분이 중원 지역으로 옮겨진다. 그들은 이후 북중국의 한족(6) 집단과 혼합이 되어 민족적 정체성을 잃게 된다. 당제국의 수도로 옮겨졌던 백제 의자왕 후손들도 비슷한 과정을 밟는데 하남성(낙양시)/ 섬서성에서 발견된 부여융(아들)/ 태비 부여씨(증손녀)의 묘지명이 그것을 잘 말해준다. 그뿐 아니라 북중국에 정복자로 들어간 북방의 여러 정복 왕조의 지배자 집단도 마찬가지 길을 걷는다.

6 중국

한반도(7) 지역은 바로 인접한 북국(4, 5) 지역뿐 아니라 바다 건너 중국과의 교섭도 큰 부분을 차지한다. 동아시아 지역에서 중국(중원)의 존재는 특별하다고 할 수밖에 없다. 좋든 싫든 간에 중국은 과거나 현재나 그 지역의 주요 변수로 작용해왔고 특히 문화적인 면의 비중은 상당하다. 한반도와 일본(8)은 물론이고 베트남(현재는 동남아시아로 분류된다)도 중국의 문화적 영향권 하에 있었던 지역이다. 한족(아래) 집단의 역사 공동체(C)인 중국(China)은 만주(9)와 몽골(9) 지역의 여러 민족 집단에 정복되어 상당 기간 그 지배를 받지만 그들 집단이 도리어 문화적으로 역-정복되어 흡수된 경우도 비일비재하다.

(한족)

한족은 중국 대륙 또는 현재의 중국(중화인민공화국)의 다수 민족인데 지구상의 최대의 인구 집단이다. 그들은 Y-염색체 DNA(C/ 용어 1) 하플로그룹 분석상 O3 유전자를 가진 비율이 높다. 동아시아에 특유한 O(M175) 계열 가운데서 O3(M122) 계통은 빙하기에 동남아시아에서 버마(미얀마)의 이라와디/ 살윈강을 거슬러 올라간 후 중국 서부 고원 지대를 거쳐서 큰 강의 지류를 타고 중국 대륙으로 퍼져 나간 집단으로 추정이 된다. 참고로 O 계열의 다른 집단인 O1(M119) 계통은 대만(원주민)과 인도-말레이 열도에 주로 분포하고 O2(M268) 계통은 인도-차이나 반도 그리고 한반도와 일본 열도에 주로 분포한다(O1, O2, O3는 O1a, O1b, O2a, O2b 로 재-분류되기도 한다).

중국 대륙 특히 황하 유역은 동아시아의 다른 지역에 비해서 일찍이 농경이 시작된다. 기원전 5000년경 앙소 문화가 시작되고 기원전 3000년경에는 용산 문화가 나오고 기원전

2000년경에 하나라(아직은 국가 단계로 인정받진 못한다)가 등장한다. 그리고 기원전 1600년경에는 청동기 문화를 배경으로 국가가 발생하는데 상(은)이 그것이고 기원전 1046년에는 주(서주)로 이어진다. 이후 기원전 1000년대(1000~1) 중 후반의 동주(춘추-전국 시대)를 거치면서 그 당시의 발달한 인문 문화를 기반으로 한족 집단이 형성되기 시작한다. 물론 황하 유역이 아닌 다른 곳에도 여러 문화가 발생하지만 한족의 형성과는 무관하다.

기원전에 이미 한족은 남쪽의 화중/ 화남 지역으로 확산된다. 특히 민월, 백월 계통의 민족 집단을 정복하면서 그 이전의 오와 월을 넘어서서 복건성, 광동성, 해남도까지 팽창한다. 그러한 흐름은 유전자 분석에서도 나타나는데 당시 중국 대륙에서 변방에 해당하는 그 지역에서는 한족 남성과 현지 여성의 혼인이 빈번했기 때문이다(Wen 2004). 화남 지역은 현재도 Y-염색체 DNA 하플로그룹 분석상 O3 유전자형 외에도 O2 특히 O2a 유전자형의 비중이 높은 편이다. 한족은 남쪽뿐 아니라 북쪽으로 연나라 지역(현재의 북경)을 거치고 요서/

요동 지역을 지나서 한반도 서북부까지 진출한다(C/ 위만-조선과 한 4군).

한족은 기원전후의 진 한제국을 거치면서 본격적으로 중국(China)이란 역사 공동체(C)를 수립하는데 이후 3국과 진(晉)을 지나서는 중국 대륙의 북쪽은 선비(동호계) 계열의 북조(386~581)의 지배를 받는다. 다시 (이민족 계열의)수 당제국과 (이민족의)5대(907~960)를 거치고는 북중국은 거란(동호계) 요와 여진(읍루계) 금의 지배를 받고 다시 몽골(동호계) 원(1206~1368)의 지배하에 들어간다(1279년 이후에는 원제국이 전 중국을 지배한다). 이후 한족 왕조인 명(1368~1644)을 거쳐서 1644년 이후에는 다시 여진 후금(청)(1616~1911)의 지배를 받는다. 한족의 중국은 상당 기간 이민족 왕조의 지배를 받지만 그들을 문화적으로 역-정복하면서 정체성을 유지해 나간다.

당연히 한족에 대한 이민족의 영향도 적지 않다. 관화(아래)도 10세기 이후 이민족인 북국(4) 지배하의 북경 지역이란 특수한 상황에서 발생한 언어라고 한다(정광 2010). 그 언어는 한

족 언어와 북방 민족의 언어가 혼합된 일종의 크레올어(혼합
어)로 발전된 것이란 주장이다. 거란 요(4)가 연운 16주를 차
지한 후 설치한 남경/ 여진 금(4)이 상경(흑룡강성)에서 천도한
중도/ 몽골 원(4)의 수도였던 대도가 있었던 현재의 북경에서
'한아(북중국 한인) 언어'(한어 1)로 불리던 공용어가 그것이다
(그 문어체가 '몽문직역체'라 한다). 참고로 '한인'은 남중국의 '남
인'과 대비되는 용어다. 고려조의 한어도감(조선조 사역원의 전
신이다)은 바로 그 '한아 언어'를 교육하던 기관이다.

　현재 중국의 표준어인 '보통화'(푸퉁화)(중국) 또는 '국어'(꾸어
위)(대만)의 모태가 된 언어는 바로 관화다. 한족이 사용하는
언어 가운데서 방언으로 분류되는 오어(상해와 강소), 민어(복
건, 대만, 해남), 월어(광동), 상어(호남), 감어(강서)를 제외한 것
이 바로 관화 계열이다. 관화는 북경을 중심으로 그 주변인
화북 지역뿐 아니라 서북 지역/ 서남 지역(사천, 운남, 귀주)까
지 확산된다. 반면 10세기 이전의 중국의 표준어는 관화 계열
과는 다른 종류의 것이었다고 한다. 이전의 표준어(특히 조정
에서 필요한 언어다)인 '아언'/ '통어'는 기본적으로 중원 지역의

언어인데 문헌어인 한문을 바탕으로 해서 나온 구어에 해당한다.

한족이 사용하는 언어는 분류상 시노-티베탄(중국에서는 '한-장어'라 부른다) 계통이다. 중국 내의 다양한 언어 가운데서 한족이 사용하는 언어는 다음과 같이 정의할 수 있다. 우선 알타이언어(C) 계통의 언어(중국 내에는 현재 알타이언어의 몽골어/ 퉁구스어/ 투르크어 계열의 언어가 다 있다)는 제외하고 다시 티베트어(장어) 계통의 언어를 뺀 것이 한어(한어 2)인데 그 가운데서 중국(대륙) 기원의 소수 민족인 장, 태/ 동, 수/ 묘, 요 계통 등등의 언어를 뺀 것이 바로 그것이다. 현재의 중국 대륙 또는 중국이란 국가의 범위 내에서 쓰이는 다양한 언어 가운데서 한족이 사용하는 언어(방언도 포함된다/ 위)를 가려내는 것조차 쉬운 일이 아닌 듯하다.

(문화와 정치-군사)

동아시아 지역 내에서 중국 문화의 영향은 절대적이다고 해도 지나친 말은 아닐 듯하다. 특히 한반도(7), 일본 열도(8), 베트남 지역이 그렇다. 그 세 지역 언어 어휘의 상당수가 한자어로 되어 있다는 것은 그것을 단적으로 말해준다(베트남은 현재 문자 개혁이 이루어져 서양의 알파벳으로 표기해서 한자어의 존재가 확 드러나지 않을 뿐이다). 그러한 사실은 그 세 지역에서 오랜 기간 한문이 공식적인 언어(문헌어)로 사용되어 온 결과라고 할 수 있다. 그 세 지역은 동아시아 세계(Nishizima 1983), 동아시아 문명권(조동일 2010)이란 용어로 규정되기도 하는데 사실상 중국 문화 영향권이란 것을 의미한다.

상(은)의 갑골 문자에서 시작되는 표의 문자인 한자는 지구상의 여러 문자 가운데 독특한 위상을 점하고 있는데 대다수의 언어가 표음 문자로 기록되는 현재에도 여전히 사용되고 있다. 한문으로 쓰여진 문헌은 서주(-1046~-771)를 거쳐서 동주(춘추-전국)로 가면서 "시경", "서경", "역경"과 역사서인 "춘

115

추"로 정리가 되고 유가를 제외한 다른 제자 백가도 각자의 사상을 문서로 남긴다. 이후 진제국의 분서갱유를 거쳐서 한 제국(-206~220)에 와서 유가는 13경을 확립하고 그것을 바탕으로 국교의 지위로까지 올라간다. 유교 경전과 한문은 앞서 언급한 여러 지역에 수입되고 이후의 동아시아 문명권(위)의 주요 부분이 된다.

  중국은 서주 이래의 전통적인 유교 사상과 동주의 제자백가 특히 노장 사상 또는 황로 사상(이후 도교로 이어진다) 뿐 아니라 인도에서 들어가는 불교를 중국화한 중국 불교까지 이른바 유/ 불/ 도에 이르는 다양한 사상을 발전시킨다. 한반도 지역은 일찍부터 불교가 수입되어 3한의 기존 토착 신앙(천신, 지신, 산천신 또는 신궁) 위에 자리 잡고 대-신라와 고려조를 거치면서 불교는 사상적인 측면을 넘어서서 일반 백성의 기층 문화 수준까지 확산된다. 조선조의 억불 정책에도 불구하고 현재까지 불교는 상당한 영향을 행사해서 한반도 문화의 한 축을 이룬다. 현재 국보급의 문화재 상당수가 불교 관련인 것도 그것을 잘 말해준다.

유교도 한반도 지역에서 큰 영향을 끼친다. 사로국 이래 내려오는 전통적인 사상과 제도에 상대적으로 충실했던 대-신라와는 달리 고려조는 광종 때 과거 제도를 시행(958)한 이래 당과 송의 유교적 관료제를 도입하는 등 여러 가지 유교적 제도를 시행한다. 고려조를 거쳐서 조선조에 와서 완전히 자리 잡는 기자-조선(A/ 2)론도 양조에서 지속된 유교적 제도화와 무관하지 않다. 유교적 정치 제도와 체제는 고려 조선 양조를 지배하는 기본적인 틀이라 할 수 있을 정도이다. 고려조 말에 수입되는 성리학(신-유학)도 조선조 전기를 거치면서 사회적인 예속으로 정착한다(Deuchler 1992). 당쟁 등의 부작용도 적지 않았지만 유교적인 언론과 견제의 정치가 자리 잡는다.

그동안 남한의 중국 연구는 고대의 사상을 중심으로 이루어진 측면이 강하다. 그 이후 시대도 이른바 송명의 성리학(신-유학)을 중심으로 연구가 되어 왔다. 최근에는 '중국' 문화보다는 '동아시아' 문명권이라는 확대된 개념을 가지고 고대 이후의 동아시아(그 시기를 중세라고 규정한다)를 포괄적으로 설명하려는 시도가 나온다(조동일 2010). 이른바 중국적 세계 질서(Chinese world order) 또는 중화 질서의 핵심이라 간주되는 조공 책봉 체제를 긍정적으로 해석해서 동아시아를 하나의 문명권으로 정립하려는 시도는 기존의 중국 연구의 지평을 넓힌다는 측면에서는 상당히 긍정적인 것임에 틀림이 없다.

하지만 적어도 정치-군사적 측면에서는 중국의 영향력이 과대 평가된 면이 없지 않다. 물론 북방의 북국(4, 5)이 만주 (9) 지역을 장악하기 이전인 기원전후 시기에는 한족(위)이 한반도 북부에서 위만-조선과 한 4군(C)을 거치면서 흔적을 남긴다. 또한 이른바 한족계(B/ 1)가 한반도 남부(중남부)로 들어간다는 학설도 있지만 대체로 그 영향은 한반도 북부로 제한된다. 7세기 대-신라 성립 직전에 당제국이 한반도로 들어왔다 물러난 이후 중국과 직접적인 정치-군사적인 대립은 없었다고 할 수 있다. 그 기간 동안 발해(5), 요, 금, 원(4) 그리고 명 이후에는 청(4)이란 북국이 한반도와 직접적인 관계에 있었기 때문이다.

한반도 지역의 민족 형성이란 시각에서 볼 때는 한족의 중

118

국(중원)은 그 영향이 결정적이라고 보이지는 않는다. 왜냐하면 영토를 확보하고 역사를 공유할 수 있는 집단을 유지한다는 면에서는 7세기 이래 중국(중원)보다는 북국(4, 5)이 더 직접적인 관계가 있다고 보아야 하기 때문이다. 물론 동아시아 지역 내에서 문화적인 중심지인 중국을 축으로 주변의 민족 집단(1)을 설명하는 것도 하나의 방법일 수 있을지 모르지만 그 지역 내의 정치 체제를 중국 중심의 개념 예를 들면 책봉 체제 등의 이른바 일종의 중화 질서(위)로만 보는 것(Nishizima 1983; 조동일 2010)은 실제의 역학 관계를 제대로 반영하는 것이 아닐 수도 있다.

동아시아의 정치-군사적인 역학 관계를 중국 중심으로만 보는 시각의 한계는 이미 지적이 된 바 있다(김호동 2016). 더구나 북방의 민족 집단이 중국이란 역사 공동체(C)에 끼친 영향은 상당히 광범위하다(위). 그렇다고 한다면 과거의 동아시아 지역의 정치는 중국(중원) 중심의 책봉 체제보다는 이른바 '중국(중원)/ 만주/ 한반도'(김한규 2004; 이삼성 2009; 손동완 2021 b, c)의 관련 속에서 보는 것이 훨씬 더 현실성이 있다고 할 수 있다. 그 세 지역의 상호 관계 속에서 많은 것을 설명할 수 있을 것이기 때문이다. 참고로 '삼각 구조' '삼각 체제'란 용어(이삼성 2009)는 고려조 전기를 주로 규정하는 용어라서 여기서는 사용하지 않는다.

(신-중국)

1911년 신해혁명은 마지막 북국 제국(4)인 청제국을 무너뜨린다. 이민족인 청제국의 지배가 끝이 나고 중국 대륙에는 중화민국(1912~1949)이 들어선다. 그와 더불어 오랜 기간 지속되던 봉건적인 정치 체제도 해체의 길을 걷는다. 물론 구-중국의 청산은 상당한 혼란기를 거쳐서 중화인민공화국(1949~)이 성립되고 난 이후에 본격적으로 이루어진다고 할 수 있다. 중화민국을 거쳐서 중화인민공화국으로 가는 파란만장한 여정은 한 언론에 오랜 기간 연재한 기사를 통해서 접할 수 있다 (그 기사는 '김명호 중국인 이야기'라는 제목으로 출판이 되고 있는데 '참고 문헌'에는 따로 소개하지 않는다).

여기서 신-중국은 주로 1949년 이래의 중화인민공화국을 말한다. 중국 대륙의 중국은 앞서 언급한 바와 같이 한족(위)뿐 아니라 이른바 내-아시아(9)의 이민족의 역사가 뒤섞인 복잡다기한 모습을 보인다. 중국의 정사인 24사를 보더라도 선비의 북조, 거란 요(4), 여진 금(4), 몽골 원(4)의 역사가 뒤엉켜 있다. 더구나 중국에서 제국의 반열에 들어가는 왕조 가운데 는 이민족의 북국 제국(4, 9)인 원과 청이 포함되어 있다. 사실 상 청제국(1616~1911)의 영토를 그대로 물려받은 신-중국은 이 전의 북국 제국과 비견할 만한 규모의 국가다. 다만 그 주체 가 이전의 '만주 더하기 중원'이 아니라 '중원 더하기 만주'인 것이 다를 뿐이다.

현재 중국이란 용어는 중화인민공화국의 약칭으로 사용되 는 셈이다. 1917년 러시아에서 소비에트 정권이 들어선 이후 중국에서도 지식인 사회를 중심으로 사회주의 사상이 도입 되고 이어서 중국 공산당이 창설된다(1921). 중공(중국 공산당) 은 국-공 내전(1927~49), 대 장정(1934~35) 등을 거치면서 대륙 을 점차로 장악해서 국민당 정부를 대만으로 쫓아내고 1949 년 북경의 천안문 광장에서 인민공화국의 성립을 알린다. 이 후 모택동(1893~1976)을 중심으로 대 약진 운동(1958), 문화 대 혁명(1966~1976)을 거치고 등소평(1904~1997)의 개혁 개방(1978) 정책을 통해서 경제적으로 도약하고 여러 지도자를 지나서 현재 시진핑(1953~)이 중국을 이끌고 있다.

신-중국은 중국 공산당이 '영도'하는 일당 독재 체제의 국가인데 형식상 최고 권력 기구는 중국 공산당 전국 대표 대회(전대)인데 더 구체적으로는 전국에서 선출된 2,000여 명의 당 대표가 뽑는 당 중앙위원회(200여 명의 중앙위원으로 구성된다)다. 당 대회나 중앙위원회 전체회의(中全會)가 열리지 않는 평시에는 당 중앙위원회의 정치국(20여 인으로 구성된다)이 업무를 대신하는데 정치국 상임위원회 상임위원(7인)이 권력의 최상층이다. 시진핑 국가 주석 겸 총서기도 그중의 하나인데 현재 집단 지도 체제 이상의 권력 집중이 이뤄지고 있다. 그 외에 양회(전인대와 정협 즉 전국 인민 대표 대회와 중국 인민 정치 협상 회의)도 주요 권력 기관이다.

중국은 미국(8)처럼 규모가 큰 국가라서 상당한 크기를 자랑하는 성(미국의 주에 해당하는 존재지만 미국같이 연방의 일원은 아니다)과 성급의 직할시(북경, 상해, 천진, 중경)와 자치구(서장 자치구, 신강 위구르 자치구, 내-몽골 자치구)로 나눠진다. 그 아래 광역 행정 구역인 지급시(예를 들면 제남시, 청도시, 위해시, 연대시 등)가 있고 그 아래에 다시 구(시할구), 시(현급시), 현이 있다. 지급시(300여 개)는 미국의 카운티(county)(3,000여 개) 급이지만 수가 훨씬 더 적고 그 아래의 행정 구역을 중앙 집중적으로 감독하는 점이 다르다. 기본적으로 중국은 이른바 당이 지배하는 인민 민주주의 국가여서 남한과 일본 등과는 국가의 작동 원리가 아주 다르다.

20세기의 신-중국(중화인민공화국)은 한반도와 직접 마주하는 상황이 된다. 다만 소련군의 진주로 공산화한 북한(과거의 양계 지역에 해당하는 곳이다)이 같은 이념을 공유하고 중국과는 공생하는 관계이기 때문에 서로 큰 충돌은 없는 편이다. 현재 동아시아 지역은 해양 세력(8)이라 할 수 있는 일본과 미국 그리고 대륙에 자리 잡은 신-중국이 서로 대립하고 있다. 그 두 세력의 경계에 20, 21세기의 남한과 북한이 있다. 현재 G2로 성장한 신-중국은 미국(8)과 첨예하게 대립하고 있는 중이다. 미-중 갈등은 신-냉전 체제로 나갈 조짐마저 보이고 있다. 북한(3)이 붕괴한다면 남한은 신-중국과 국경을 맞대게 되고 더 어려운 상황이 될 수도 있다.

그러한 국제 정세 속에서 한미 동맹의 이데올로기화를 우려하는 견해가 나오기도 하지만(8) 중국 위협론도 무시할 수 없다는 것이 현실일 것이다. 중국 위협론은 대-분단(이삼성 2018) 체제(2, 8)에 논리적으로 포함되는 것일 수도 있을 뿐 아니라 충분히 가능한 시나리오일지도 모른다. 현재 시점에서 북한은 오랜 기간 친중파를 견제해온 경험이 있는데 반해서 남한은 진보 정권을 거치면서 그 부분에 대해서 거의 무방비인 듯이 보인다. 현재 눈앞의 경제적 이익에 좌우될 수밖에 없는 기업은 그렇다고 해도 언론과 학계와 정치권마저 친중의 논리에 가담하는 것은 매우 위험한 것일 수밖에 없고 특히 정치권의 저자세 외교는 반드시 교정되어야 할 듯하다.

한반도가 언젠가는 중국의 직접적인 영향권 아래 놓일 것이고 중국 패권 체제(Pax Sinica)를 당연한 것으로 받아들이고 이전의 북국 제국(4) 지배하의 한반도 평화에 준하는 무엇을 추구해야 한다는 주장까지 버젓이 통용되는 것은 결코 바람직하지 않다. 아직까지는 중국과 한국은 북국 제국 지배기 같은 상황은 아니라고 할 수 있다. 고삐 풀린 기업을 견제하는 것은 정치의 책무라고 할 수 있다. 미국도 일찍부터 반 독점 등의 영역에서 정부의 역할을 해온 것이 사실이다. 미리부터 이전의 책봉 체제를 넘어서는 대중 외교 전략을 택해서 알아서 기는 방식은 정치인의 기본적 자세를 벗어나는 일이라고 보아야 한다.

7 한반도

한반도(the Korean Penninsula) 지역은 하나의 민족 집단(1)을 이루기에 적당한 곳이었다고 할 만하다. 문명의 중심권인 중국(중원)(6)에서 적당히 떨어져 있을 뿐 아니라 내-아시아(Inner Asia)(9) 지역으로부터 도 어느 정도 거리를 유지하고 있는 그 지역은 바다 건너의 일본(8)만큼은 아니지만 오랜 기간에 걸쳐 결정적인 와해 없이 하나의 민족 집단을 이루기에 유리한 곳임에 틀림없다. 한반도 전역은 양계(3)와 3한(아래) 지역을 포함하면 남북으로 종심(depth)이 꽤 깊은 편이다. 기원 전후의 한 4군(C/ 위만-조선과 한 4군)은 그만두고라도 그 이후의 북국(고구려, 발해, 요, 금, 원, 청)의 침입으로부터 그 깊은 종심이 위력을 발휘한 바 있다.

(2원적 한반도)

한반도는 동아시아 또는 동북아시아의 한 지역이다. 현재 그곳에서 살고 있는 민족 집단(아래) 못지않게 그 지역도 오랜 기간을 거치면서 형성이 된 것이라고 해야 한다. 말하자면 현재의 한반도란 지역이 처음부터 통합된 지역 단위를 이루고 있지는 않았다고 할 수 있다. 그렇다면 그 지역을 역사적인 관점에서 좀 더 심층적으로 살펴볼 필요가 있을 듯하다. 한반도 지역은 현재 남한과 북한으로 나누어져 있는데 이전에도 2원적으로 파악되어 온 것이 사실이다. 중화권과 내-아시아권(이삼성 2009) 또는 3한과 양계(손동완 2021 a)란 용어도 그것을 잘 말해준다. 그 가운데서 중화권이란 용어는 우리에게 상대적으로 낯선 것이다.

우선 양계(3) 지역은 현재의 북한 또는 조선조의 평안도와 함경도인데 고려조의 북계와 동계에서 나온 용어다. '3한과 북국지간'이라 할 수 있는 그 지역은 오랜 기간 만주 지역 국가(북국)들의 영향력 아래 있다가 점차 3한 지역을 기반으로 성립하는 한반도 지역 국가(남국)로 편입이 되는 곳이다. 바꾸어 말하면 그 지역은 이른 시기일수록 북국(4, 5)의 영향이 더 두드러진다. 15세기에 와서야 남국(C/ 동국 한국 남국)으로 완전히 편입되는 그 지역은 20세기에 와서는 북한(조선민주주의인민공화국)의 주요 영토를 이루는데 현재 이른바 대-분단(이삼성 2018) 체제의 대륙 쪽의 최전선에 자리하고 있다.

양계 지역은 오랜 기간 내-아시아(Inner Asia) 특히 만주(9)의 영향권 아래 있었던 지역이고 그러한 의미에서 '내-아시아권'(위)이란 용어로 그 지역을 규정하는 것도 크게 틀린 이야기는 아닌 듯하다. 내-아시아(Inner Asia)란 용어는 외-아시아와 대비되는 개념으로 중국(중원)을 기준으로 그곳에서 가까운 지역 특히 티베트, 신강, 몽골, 만주 지역을 말하는 것으로 재정의한 바 있다(손동완 2021 c)(9). 양계 지역은 역사적으로 그 권역의 일부였다고 할 수 있다. 기원전은 그만두고라도 적어도 기원후 1000년대(1~1000)는 물론이고 기원후 2000년대(1001~2000)의 상당 기간 동안 양계 지역은 만주 지역 북국(4, 5)의 영역에 속해 있었다.

다음으로 3한 지역은 저자의 책 여러 곳에서 언급한 바 있
는데 다시 한번 설명이 된다(아래). 그 지역은 한반도의 한민
족 집단(아래)의 형성에 결정적인 역할을 한 곳이라 할 만하
다. 그런데 3한 지역은 '중화권'이란 용어로 규정이 되기도 하
는데 앞의 '내-아시아권'이란 용어와 대비되는 것이다. 물론
중화권이란 용어는 어느 정도 오해의 소지가 없지 않지만 3
한 지역이 내-아시아권과는 다른 지역이라는 것을 강조하기
위한 맥락에서 쓰인 것이라면 어느 정도는 받아들일 만하다.
최근에는 그 용어의 핵심을 이루는 조공 책봉 특히 책봉을
중국(6)을 넘어서서 중세의 동아시아의 보편적인 문명 다시
말해서 동아시아 문명으로 파악하는 시각(조동일 2010)도 나
온 바 있다.

이상의 '중화권과 내-아시아권' 또는 '3한과 양계'란 용어는
적어도 현재의 한반도 지역이 원래부터 하나의 통합된 지역
은 아니었다는 것을 잘 말해준다. 역사적으로 볼 때 문화적,
정치-군사적 배경이 다른 두 지역은 점차로 한반도(위)란 지
역으로 통합이 된다고 해야 한다. 물론 그 두 지역만 통합이

되는 것이 아니라 그 두 지역의 여러 민족 집단(1)도 통합이 되어 현재의 한민족 집단(아래)을 형성(C/ 형성론)한다. 현재의 한민족 집단은 남한과 북한(3) 두 국가로 나누어져 서로 다른 지역적 정체성(아래)을 형성 중인 것은 사실이지만 그것은 그 이전에 오랜 기간 한반도 3조(C)를 거치면서 상당히 동질적인 민족 집단을 형성한 이후의 일이다.

(3한)

　3한은 현재의 한반도 국가의 모태가 된 지역인데 지금까지 그 역할이 제대로 자리매김되지 않고 있었다. 한반도 남부(중남부)인 3한 지역은 한반도의 한민족 집단(아래)의 형성(C/ 형성론)에 결정적인 역할을 한 곳임에 틀림없다. 만일 그 지역이 없었더라면 현재의 한민족 집단은 존재하지 않았을 가능성이 크다. 그런데도 3한 지역이 제대로 평가되지 못한 이유는 한반도 3조(대-신라, 고려조, 조선조)의 한 국가(고려조)의 역사에 대한 시각 때문이었다고 할 수 있다. 그것은 당시 그 국가(왕조)의 필요성 때문에 나온 것이고 역사상의 각 집단은 다양한 형식의 합리화 작업이 필요한 것도 사실이다.

　한반도 3조(C)의 두 번째 국가인 고려조(918 또는 935~1392)가 그들의 정통성을 강조하기 위해서 만든 바의 역사 기획(A/4)인 후-3국 3국 소급설은 3한 지역을 중심으로 형성되는 한민족 집단에 관해서 상당한 오해를 불러일으킨다. 게다가 고려조 후기에 재-소급설이 나오면서 한반도 국가 또는 한민족 집단의 기원에 관한 논의(부록 2)는 완전히 엉뚱한 방향으로 가버린다. 심지어는 '하나의 기원'(B/ 4)을 설정하는 단군 기원 (A/ 1)설이 나오고 이어서 유교 이데올로기와 관련한 기자-기원(A/ 2)설이 나오고 다시 그 둘이 결합해서 3조선(A/ 3)론까지 나온다. 근대 이전 시대에 나온 3조선과 3국의 역사 기획은 가히 '픽션의 극치'라 할 만하다.

고려조 전기의 소급설("삼국사기")과 고려조 후기의 재-소급설("삼국유사", "제왕운기")을 축으로 하는 전통설(C)은 조선조뿐만이 아니라 현대에서도 한민족 집단의 그 자신에 대한 기본적인 인식을 이룬다는 것은 부인할 수 없다. 하지만 그것은 한반도의 한민족 집단은 누구인가(서설)란 문제의 진실과는 너무 거리가 멀다. 근대에 와서 당대설(B/ 1)에 해당하는 여러 이론들이 나오지만 그것도 외래설(C)에 치중한 것(남한의 북방설/ 발해연안설) 아니면 내재론(e)에 들어가는 이론이라 하더라도 정치적인 면이 상당히 작용하는 주장(북한의 본토설)이라서 그 진실은 계속해서 묻히고 있었다.

3한 지역은 일본 열도/ 연해주와 더불어 문명의 중심권에서 어느 정도 벗어난 곳이었다. 농경으로 특징지어지는 신석기 문명을 기준으로 볼 때 동아시아 지역은 황하 유역과 발해연안(B/ 1) 등이 문명의 중심권에 해당한다. 그 외의 지역은 신석기시대라 하더라도 수렵, 채집, 어로 단계에 그친다. 3한 지역은 기원전 1000년대에 와서야 본격적인 초기 농경이 시작된다. 그 지역은 기원전 3500년경에 농경이 도입되는 정황이 있지만 농경이 자리 잡는 데 거의 2500년이 소요된 것으로 되어 있다(최정필 2006). 지석묘를 표지로 하는 기원전 1000년대 한반도의 초기 농경 사회는 촌락, 읍락 단계를 거쳐 기원전후 국이란 소정치체로 발전한다.

기원전후의 국이란 3한 지역의 소정치체는 이후 오랜 기간 '연맹과 병합'(이종욱 2002)이란 단계를 밟는다. 그 단계에서 그 지역의 북쪽 특히 한반도 서북부 지역과 교류ⓒ 하는데 당시 한 4군 특히 낙랑군과 이후의 대방군과의 교섭 과정에서 3한 지역의 소정치체는 세 개의 집단으로 분류된다. 그것이 바로 '마한, 진한, 변한'의 3한인데 이후 3세기에 나오는 중국의 역사서인 "삼국지"의 '오환선비동이전'(권30)의 동이 부분에 한(韓)이란 명칭으로 들어간다. 그 열전의 이른바 동이(동이는 여러 가지 의미가 있다)(9) 부분에 나오는 한 또는 한국(韓國)이란 지역과 그 지역의 민족 집단이 현재의 한민족 집단(아래)과 가장 관련성이 높다.

더 정확히 말하면 3한 지역의 소정치체인 국은 마한 연맹체, 백제 연맹체, 진한 연맹체, 가야 연맹체로 발전하고 그 가운데 두 연맹체(백제 연맹체, 진한 연맹체)가 고대 국가(백제, 신라)로 발전하고 다시 하나로 통합이 된다(676). 결국 3한 지역은 기원전 1000년대의 초기 농경 사회가 여러 단계를 거쳐서 드디어 기원후 7세기에 하나의 통합된 정치 단위가 되는 셈이다. 그 가운데 기원전후의 소정치체 국이 오랜 기간을 통해서 하나로 통합되는 기간은 '3한 통합기'(손동완 2018)라 시대구분(C)이 될 수 있을 것이고 그 과정을 통하여 이루어지는 3한 복합체(C)가 사실상 한반도의 한민족 집단의 모태가 된다.

(한민족 집단)

지구상에는 다양한 민족 집단(1)이 있다. 인류에 관해서 집중적으로 분석한 한 책에서 각 대륙의 대표적인 민족 집단 수백 개를 소개한 것은 단지 그 일부분에 지나지 않는다 (Winston 2004). 유라시아 대륙 동아시아의 주요 민족 집단 가운데 하나인 한민족이란 집단(Koreans)은 그 주변의 중국 대륙의 한족(6)/ 일본 열도의 일본 민족(8)/ 몽골 고원의 몽골 민족(9)과는 구분이 된다. 물론 중국 대륙의 여러 소수 민족 또는 시베리아(10)와 만주(9)의 여러 집단과도 다르다. 그 외의 동남아시아의 인도-차이나 또는 인도-말레이 지역, 그리고 그 너머의 서아시아의 여러 민족 집단, 더 멀리는 유럽과 아프리카, 그리고 신대륙의 민족 집단은 말할 것도 없다.

현재 한민족이란 민족 집단은 주로 한반도(the Korean Peninsula) 지역에서 살고 있다. 그 지역은 남한(대한민국)과 북한(조선민주주의인민공화국) 두 국가로 갈라져서 두 개의 서로 다른 지역적 정체성(regional identity)을 형성 중이다. 서로 다른 종교를 가지고 각각 인도와 파키스탄에 나뉘어 살고 있는 편잡인(Punjabi) 만큼은 아니지만 한반도 내의 두 집단도 점차 정체성이란 면에서 서로 멀어지고 있다는 것은 사실이다. 그 두 집단이 현재 한민족 집단의 주축을 이루고 있다(Peninsula Koreans). 한민족 집단의 일부는 '한반도 밖'에 거주하고 있다. 그들 '한반도 밖'의 한민족은 지구상의 여러 지역에서 소수 민족 집단을 이룬다(ethnic Koreans).

'한반도 밖'의 한민족 집단은 중국 동북(만주)의 조선족(중국의 55개 소수 민족 가운데 하나다)/ 일본 열도의 재일(자이니치) 교포/ 북미 대륙의 한인/ 중앙아시아의 고려인이 그 범주에 든다. 주로 길림성 조선족 자치주('지급')와 그 주변에 분포하는 조선족은 19세기 후반 이래 주로 함경도에서 간도로 넘어간 집단에서 비롯된다. 재일교포와 한인은 20세기 초반 일본('내지'라 불렸다)과 하와이를 포함한 미주로 간 집단의 후손이다. 20세기 후반 미주 이민 붐을 타고 미국으로 간 사람들(재미 교포)도 한인 집단에 가세한다. 고려인은 간도로 들어가서 다시 연해주 쪽으로 간 집단인데 구 소련 때 중앙아시아로 강제 이주당한다.

 2000년 이전에는 한반도 지역이 포르투갈과 함께 지구상에서 가장 동질적인 민족적 구성을 보이는 지역으로 꼽힌 바 있다. 포르투갈은 유럽의 국가 가운데서 가장 이른 시기(1500년 전후)에 국민 국가(민족 국가)(nation state)로 진입해서 통합의 역사가 상대적으로 길다는 것이 그 원인일 것이다. 한반도 지역은 7세기 이후 한반도 3조(676~1910)란 긴 기간을 통해서 정치적 통합과 문화적 융합이 이루어지기 때문이라 할 수 있다. 물론 한반도 지역은 일본 열도(8)나 베트남에 비해서는 그 지역의 국가(왕조)가 자리 잡기 이전의 상황이 좀 더 복잡한 것은 사실이다. 전통설(C)에 해당하는 이론이 나온 것도 그러한 배경이 작용한 때문이라 볼 수 있다.

 참고로 지구상에는 정복자 기원(C) 방식으로 쉽게 설명이 될 수 있는 지역이 있는 반면 그렇지 못한 지역도 있다. 예를 들면 인도 아-대륙은 기본적으로는 기원전 15세기에 들어가는 아리안족의 정복자 집단에서 시작된다(7세기 이후에는 여러 가지 계통의 이슬람화 된 정복자 집단도 유입된다). 중앙아시아도 대부분 투르크계의 정복자 집단에서 기원하는 국가가 많다. 이른바 TMT(C) 가운데 투르크계는 아무르강 유역에서 몽골 고원을 거쳐서 중앙아시아 쪽으로 들어가기 때문이다. 중국 대륙은 고도의 문명(C)을 바탕으로 성립하는 한족(6)이 정복 자 기원 유형으로 확산이 되는 유형인데 기원전에 이미 화북 에서 화중/ 화남으로 들어간다.

반면 한반도 지역에는 뚜렷한 정복자 집단이 없는 듯하다. 물론 기원전후(철기시대에 해당한다) 한반도 북부에서 남부 쪽 으로 들어간다는 집단이 없는 것은 아니다. 이른바 소문자 n 3(C)(전에는 g 3 라 불렀다)가 그들인데 조선계와 한족계 그리 고 (한강 유역의) 십제(부여계) 세 집단을 말한다. 조선계와 한 족계는 위만-조선(-194~-108) 멸망 후에 3한 지역으로 들어간 다는 두 집단이다(B/ 1). 참고로 위만-조선은 동시대의 남중 국의 남월(-203~-111)이 그런 것처럼 현지의 민족 집단과 한족 두 집단으로 구성된 연합 국가다. 하지만 조선계와 한족계 두 집단과 십제 집단이 정복자 기원(C) 유형으로 한반도 남부(중남부)로 들어가서 이후 그 지역의 중핵 집단이 되는지는 의문이다.

  이른바 북방설(시베리아설)(부록 1)도 어느 정도 정복자 기원유형을 전제하는 듯하다. 왜냐하면 그 이론은 마지막 빙하기 이후인 신석기 청동기 양 시대에 시베리아(10) 문화를 가지고 한반도로 들어가는 민족 집단을 상정하고 있기 때문이다. 하지만 한민족 집단의 기원 문제는 외래설(C)보다는 내재론(e)이란 시각에서 보는 것이 훨씬 더 설득력이 있다. 내재론(내재적 발전론)은 어떤 지역에서 오랜 기간에 걸쳐서 어떤 민족 집단이 형성되는 것에 초점을 맞춘 이론이다(C/ 형성론). 물론 한반도 지역의 한민족 집단의 기원이란 주제에서 한반도가 당연히 내재론의 구체적인 지역이 된다.

  평양 지역과 3한 지역을 중심으로 하는 두 이론인 평양설과 3한설이 내재론의 대표 격이다(e). 그 가운데 남한의 3한설은 더 엄밀한 의미의 내재론이라 할 만하다. 그 이론은 기원전 1000년대를 거쳐서 기원후 7세기에 걸쳐 완성되는 3한 복합체(C)가 모태가 되어 현재의 한민족 집단이 형성이 된다고 보고 있다. 그 3한 복합체는 이후의 한반도 3조(C)를 거치면서 현재의 한민족 집단으로 형성이 된다(위). 어느 한 지역에서 모태가 되는 집단이 나오고 다시 그 지역의 여러 국가 또는 왕조를 거치면서 민족 집단이 형성되는 유형은 한반도뿐만이 아니라 일본 열도(8)와 베트남에서도 적용이 된다(서설).

어떻게 말하면 한민족이란 집단은 기원보다는 반 기원(손동완 2018)의 접근이 훨씬 더 잘 어울린다고 해야 한다. 지금까지 한민족 집단이 '하나의 기원'(B/ 4)을 가진다는 이론도 없지 않았다. 정복자 기원 유의 주축 집단을 설정하는 이론도 그렇고 단군(또는 '예, 맥, 한의 공통 집단') 같은 일종의 원형(prototype)을 설정하는 유형도 마찬가지다. 특히 한반도의 두 번째 통합국가인 고려조에 나온 소급설에 이어 나온 재-소급설에 의거한 단군(A/ 1) 관련 논의는 역사 기획(A/ 4)이 결부된 정치적 목적이 앞서는 이론임이 틀림없고 한민족이란 집단을 설명하는 데는 실제로 도움이 되지 않은 이론이었다고 할 수밖에 없다.

8 해양

한민족 집단 관련 연구에서 해양이란 용어가 들어가는 집단은 두 가지다. 첫 번째는 선사시대 특히 청동기시대를 배경으로 한 이론에서 나오는 '해양계'다. 그들은 남방 해양(아래) 문화를 가지고 해로로 한반도로 들어간다고 간주되는데 그 존재가 상당히 불확실하다. 두 번째는 역사시대 이래로 한반도 남쪽에서 들어가는 패권 세력을 지칭하는 이른바 '해양 세력'이다. 주로 16세기 이후의 일본(아래)과 20세기의 미국(아래)을 말한다. 그중에서 일본은 특히 조선조에서 한민족 집단에게 엄청난 충격을 준 바 있다. 미국은 현재 한반도의 정치, 경제, 사회, 문화 모든 면에서 상당한 영향력을 행사하고 있다.

(남방 해양)

　한반도의 한민족 집단(7)이 청동기시대의 해양계(위)에서 기원한다는 이론은 그다지 현실성이 있는 이론은 아닌 듯하다. 다만 시베리아(10)의 북방설(부록 1)에 대한 보완이란 측면에서 일종의 해양(위)의 남방설(10)이 제시된다고 볼 수 있다. 그래서 한반도 지역에서 일부 나타나는 해양 문화가 강조되고 농경도 대표적인 해양계의 문화로 보고자 한다. 하지만 한반도란 지역이 주변의 여러 가지 다양한 문화와 교류(c)하고 교섭한다는 것은 너무나 당연한 일이다. 한반도(7) 지역이 해양 지역과 일정 부분 교류한다는 것과 한민족 집단이 해양에서 기원한다는 것은 전혀 다른 문제라고 보아야 한다.

　한반도 지역에 나타나는 해양 문화는 지석묘, 난생 설화, 쌍어 문양, 돌하르방 등이 꼽힌다. 하지만 기원전 1000년대 초기 농경 사회인 이른바 복합사회 1(Rhee & Choi 1992)의 표지인 지석묘는 해양 지역에서 해로로 들어가는 집단이 가져가는 문화라고 단정 짓기는 힘들다. 그리고 난생 설화는 "삼국사기" 초기 기록의 이른바 건국계(B/ 4)의 기사에 등장해서 주목을 받기는 하지만 그 집단의 기원을 미화하는 여러 가지 장치 가운데 하나 정도로 볼 수도 있다(C/ 백제본기). 그 외 쌍어문양과 돌하르방(북방의 돌궐계 석상 관련설도 있다) 등의 문화는 한반도 지역이 다른 지역과 교류(c)하는 가운데 나타나는 일부 현상이라 할 만하다.

남한 학계에서는 '시베리아 대 해양'(10)이란 도식도 등장한다. 그것은 빙하기 이후 현재의 한반도(7) 지형이 이루어진 다음의 시기를 배경으로 하고 있다. 대략 신석기 청동기 양 시대에 한반도의 북쪽에서 '북방 시베리아' 문화가 들어오고 다시 청동기시대에 한반도의 남쪽에서 '남방 해양' 문화가 들어와서 한반도 내에서 혼합되고 조화를 이룬다(김병모 1992)는 방식이다. 그 고전적인 도식은 시베리아(10) 지역의 북방 문화와 해양(위) 지역의 남방 문화가 모두 들어오는 복합적인 공간인 한반도란 것이 전제되어 있다(10). 다만 그 이론은 형질 및 유전자 측면의 이론과는 구분이 되는데 주로 문화적인 측면의 논의이기 때문이다.

'북방 시베리아'(ⓒ)란 용어와는 달리 위의 '남방 해양'이란 용어는 그 구체적인 지리적인 위치가 확인되지도 않는 모호한 용어에 가깝다. 물론 '북방 시베리아 대 남방 해양'(시베리아 대 해양)이란 틀이 한때 유행한 것은 맞지만 그것은 시베리아와 해양의 구체적인 내용보다는 '틀 그 자체'가 더 유명한 논의였다는 평가를 피할 수 없다. 여하튼 '남방 해양'이란 용어는 그 자체가 빙하기 이후 신석기 청동기 양 시대에 한반도 지역으로 어떤 민족 집단이 들어가는가, 란 논의와 관련해서 제한적으로 사용되어야 한다. 그 용어를 아무런 시대적인 제한 없이 마구 사용하면 문제를 일으킬 소지가 있다.

참고로 3면이 바다인 한반도(⑺)의 지형은 빙하기 이후에 이루어진다. 빙하기에는 현재 지도상에 대륙붕으로 나와 있는 얕은 바다는 상당 부분이 육지였다. 예를 들면 동남아시아의 말레이시아와 인도네시아 주변도 많은 부분이 육지였다. 중국 대륙도 남해(남중국해)의 일부와 동해(동중국해)의 대부분이 육지였다. 중국의 동해 즉 동중국해는 대만섬에서 일본의 규슈를 잇는 선까지도 육지였다. 그 위로는 (한국의)남해는 물론이고 황해와 발해도 모두 육지였다. 말하자면 중국(6) 대륙과 한반도(7)와 일본(아래) 열도가 육지로 이어져 있었는데 다만 수심이 깊은 (한국의)동해만 내륙 호수를 이루고 있었다.

앞서 언급한 해양계는 '남방계'로 불리기도 한다. 하지만 남방계란 용어는 주의해서 사용해야 한다. 왜냐하면 북방계와는 달리 남방계는 그것이 어떤 집단을 말하는지 불분명하기 때문이다. 특히 '남방계 한민족'이란 용어는 '북방계 한민족'(c)과는 달리 그 실체가 분명하지 않다. 그 말은 주로 남방계 몽골로이드란 의미로 사용되어 북방계 몽골로이드란 말과 대비적으로 쓰이고 있지만 남-북방계 몽골로이드란 말은 확실한 근거가 있는 용어는 아닌 듯하다(b). 더구나 그 남방계가 어느 집단을 말하는지 알기가 쉽지가 않다. 예를 들면 그들이 남중국의 남방인(한족)인지, 인도-차이나계인지, 인도-말레이계인지, 남인도계인지, 폴리네시아계인지 알 수가 없다.

한반도와 한민족 집단(7)을 해양(위)과 관련해서 설명하고 규정하려는 연구자들이 없지 않다. 물론 한반도는 3면이 바다인 것이 맞고 바다와 관련이 없지 않다는 것은 사실이다. 하지만 한반도와 한민족 집단은 예를 들면 기원전 그리스의 일부 도시 국가나 기원후의 북유럽의 바이킹 집단 또는 대항해 시대의 포르투갈이나 네덜란드처럼 해양이 그들의 민족 집단과 국가에 결정적인 역할을 하는 정도는 아니란 것도 분명하다. 기원전과 기원전후 그리고 기원후에 이르기까지 한반도 특히 3한(7) 지역은 바다보다는 육지가 더 핵심적인 요소였고 이후 오랜 기간 정치-군사적으로 더 결정적인 부분도 바다보다는 육지 특히 북방-북국(4)이었다고 해야 한다.

(해양 세력 1/ 일본)

일본 민족은 교과서적으로는 죠몬/ 야요이 두 계통의 민족
집단이 혼합되어 이루어진다고 알려져 있다. 일본사에서도 죠
몬/ 야요이가 시대구분(C) 단위가 될 정도로 강조되고 있다.
하지만 현재까지의 유전자 분석을 보면 일본 열도도 그렇게
간단한 상황은 아닌 듯하다. 다만 한반도(7)에 비해서는 일본
열도가 원주계란 개념을 적용하기가 더 수월한 지역인 것은
사실이다. 일본 열도는 그 북단인 북해도와 남단인 류큐 열도
남부(오키나와현 중심부를 제외한 지역이다)에는 원주계의 흔적
이 많이 남아 있다. 북해도(아이누계)는 D 계열(D2)이 대부분
이고 류큐 열도 남부는 O2b 유전자형이 다수를 이룬다.

일본은 Y-염색체 DNA(C/ 용어 1) 하플로그룹 분석상 동아
시아에 특유한 O(M175) 계열의 집단과도 구분이 되고 동아시
아 북쪽에서 이른바 북방계를 구성하는 C 계열(C3)의 집단과
도 다른 유전자형이 큰 비중을 차지하고 있다. 바로 D 계열
(D2)이다(일본 열도 외에는 티베트에 D 계열의 집단이 있다). Y-염

색체 DNA 하플로그룹 가운데 D 계열도 비교적 이른 시기에 분화되는 것에 속한다(앞의 C 계열도 마찬가지다). 그런데 D 계열은 일본 열도에서 유전자상의 다수 집단을 이룰 정도의 규모를 자랑한다. 혼슈의 동부(관동)는 그 집단이 거의 절반 가까운 비율을 보이고 북해도는 그 이상이다.

다만 한반도에서 가까운 규슈 지역은 D2 계통의 비중이 상대적으로 낮은 편이다. 규슈 지역은 O3/ O2b/ D2 비율이 각각 1/3 정도로 비슷하게 분포하는 중간 지대라 할 만하다. 그런데 규슈에서 동쪽 방향으로 혼슈의 서부(관서) → 동부(관동) → 북해도로 갈수록 D2 유전자의 비율이 늘어나는 대신 O3 유전자의 비율이 줄어든다. 다만 O2b 유전자는 북해도를 제외하고는 지역에 상관없이 1/3 정도의 일정한 비율을 보이고 있다. 참고로 한반도(7)는 O3/ O2b 유전자가 대다수를 점하고 C3 유전자가 일부를 구성한다. 동아시아에 특유한 O 계열을 기준으로는 O2b 유전자가 한반도와 일본 열도의 본토 유형 (B/ 1)이란 해석도 가능하다.

여하튼 일본의 신석기시대를 대표하는 죠몬인은 아이누인을 비롯한 D2 계열과의 관련을 살펴봐야 한다. 한편 야요이인은 대체로 기원전 300년 전후로 한반도에서 들어간 청동기 집단으로 추정되는데 '농경민 가설'에 기댄 언어학자의 연구도 나와 있다(Lee & Hasegawa 2011). 그들이 O2 계통인지 O3 계통인지는 알 수 없다. 그 외에도 대륙에서 일본 열도로 들어간다는 여러 집단이 가정이 되는데 기마민족설도 그중의 하나다. 하지만 일본 민족이 전형적인 정복자 기원(C) 유형의 집단인 것 같지는 않다. 현재의 일본어가 그 계통이 상당히 불분명한 언어란 것도 그것을 잘 말해준다고 할 수 있다(손동완 2020 a/ p).

여하튼 바다 건너 일본 열도에서는 죠몬인과 야요이인의 혼합 집단 또는 또 하나의 집단을 포함한 혼합 집단(최근의 이론인데 소개하지 않는다)이 규슈와 혼슈의 서부(관서)를 넘어서 혼슈의 동부(관동)와 북해도 쪽으로 확장되어 간다. 열도에서는 고훈 시대(300~600)를 지나서 아스카, 나라, 헤이안과 그 이후의 가마쿠라, 무로마치 시대를 거치면서 점차 일본 민족의 정체성을 확보해간다. 일본 역시 한국이나 베트남처럼 그 지역에서 일단 모태가 되는 집단이 나오고 나서 그 집단이 그 지역의 국가(왕조)를 거치면서 정체성을 가진 민족 집단으로 형성이 되는 유형이다. 대략 일본과 한반도는 7세기, 베트남은 10세기까지 그 지역의 모태가 되는 집단이 나온다.

한반도의 민족 집단과 관련해서 일본 민족은 16세기까지는 왜구 수준의 소규모 접촉은 있었지만 백제 멸망 당시의 백강 전투(663)를 제외하면 이렇다 할 큰 충돌은 없었다는 평가를 받는다. 해양 세력 또는 해양 패권 세력(김시덕 2015)에 해당하는 집단인 일본과 미국(아래) 가운데서 일본은 한반도 지역과 지리적으로 가까운 만큼 오래전부터 교류(c)와 교섭이 이어져 온 것도 사실이다. 하지만 16세기(아래) 이전에는 결정적인 영향력을 행사한 건 아니라고 할 수 있다. 16세기의 해양 패권 세력을 지향하는 일본의 움직임은 동아시아 역사에 엄청난 회오리바람을 몰고 왔고 특히 한민족 집단에게는 상당한 정신적 외상을 입힌다.

한반도의 전체적인 정치-군사적 상황에서 볼 때 일본은 중국(6)과 마찬가지로 만주(9)에 비해서는 덜 직접적인 영향을 준 지역으로 볼 수 있다. 무엇보다 중국과 일본은 바다 건너 지역인 것은 분명하기 때문이다. 일본은 '대-신라기/ 고려 1기/ 고려 2기/ 조선 1기'보다는 '조선 2기'(조선조 후기)가 시작되는 16, 17세기에 한반도에 큰 충격을 준다(C/ 한반도 3조 교섭사). 바로 임진왜란이다. 하지만 일본 특히 임란 때의 일본이 한반도의 한민족 집단(7)의 형성에 결정적인 역할을 한다는 설(김자현 2019)은 그다지 와 닿지는 않는다(2). 그것은 한민족 집단이 형성되는 과정에 관한 거시적인 시각이 결여되어 있기 때문이다.

16세기의 일본의 충격은 북방의 또 다른 북국 청(4)의 등장으로 상당 기간 잊혀진 듯하지만 19세기로 접어들면서 양상이 완전히 달라진다. 한반도가 일본의 식민지로 전락하기 때문이다. 제국주의 일본에 의한 식민지 피지배(1910~1945)는 아직까지 상당한 후유증을 남기고 있다. 식민지 근대화론 등을 둘러싼 찬반 양론과 과거사 청산을 둘러싼 논쟁이 지속되고 있다. 그뿐 아니라 친일/ 반일의 프레임이 정치적인 목적으로 공공연히 사용되고 있기도 하다. 그러한 부분들은 현금의 국제 정세에 따른 전략적 판단을 하는 데까지 악영향을 끼친다고 할 수도 있을 정도로 심각하다.

(해양 세력 2/ 미국)

한반도 주변의 해양 세력(해양 패권 세력)인 미국(United States of America)은 기본적으로 유럽인이 신-대륙으로 이주해서 형성(C/ 형성론)이 된 것이다. 신-대륙인 미주 대륙은 유라시아 대륙에서 멀리 떨어진 곳에 위치하고 있다. 그 대륙은 남반구와 북반구에 걸쳐서 남북으로 길게 뻗은 모습을 하고 있다. 미주 대륙은 현생 인류가 가장 늦은 시기에 도달한 대륙이기도 하다. 동아프리카에서 출발한 현생 인류는 늦어도 4~50000년 전까지는 유라시아 대륙을 넘어서 호주 대륙까지 도달한다. 대략 20000년 전을 기준으로 그 이후에 야 현생 인류가 북미 대륙으로 넘어가고 다시 남미 대륙으로 들어간다.

미주 대륙으로 들어가는 그 집단은 주로 Y-염색체 DNA(C/ 용어 1) 하플로그룹상의 Q 계열의 집단인데 언어학자들의 분석에 따르면 여러 집단으로 나뉘고 여러 차례의 유입이 이루어진 것으로 나와 있다. 그들 집단은 오랜 기간 석기시대를 거치는데 철기 이전의 문화 수준에 머문다. 중미의 아스테카 문명 또는 남미의 잉카 문명도 그다지 높은 수준의 문명은 아니고 그 상태로 머무르다 대항해 시대 이후 스페인의 식민지로 넘어간다. 유라시아 대륙과는 다른 여러 환경적 요인이 신-대륙의 문화를 정체 상태로 머물게 한다는 분석이 나온 바 있는데 여기서 잠깐 언급한 것으로 그치고 자세한 설명이나 인용을 생략한다.

북미 대륙은 북유럽의 바이킹 집단이 그린란드를 거쳐서 캐나다 동부의 섬을 통해 상륙한 정황은 있지만 유럽인이 본격적으로 들어간 것은 대항해 시대 이후다. 북미 대륙의 남쪽은 스페인 그리고 그 북쪽은 영국과 프랑스의 해군이 먼저 들어가고 이후 메이플라워호가 상징하듯 일반인들의 이민이 시작된다. 유럽인은 그 대륙의 선주민을 밀어내고 대서양 연안에서 태평양 연안까지 확산이 된다. 와스프(WASP)란 용어가 상징하듯이 북미는 영국계가 프랑스계를 압도하고 다시 남쪽의 스페인계를 멕시코 방향으로 밀어내면서 현재의 미국과 캐나다의 영토를 확정한다. 그 대륙은 영토가 광활한 만큼 영국계뿐 아니라 유럽 각지의 집단도 받아들인다.

북미 대륙의 미국은 19세기에는 남부의 농업 지대에서 필요한 인력을 조달하기 위해서 노예 무역을 통해서 아프리카인을 데려온다. 19세기 말에는 서부의 철도 부설에 필요한 인력을 위해서 중국인도 유입된다. 이후 일본인과 한국인(한인)도 이민의 대열에 합류한다. 현재 미국은 다수 민족인 유럽계와 소수 민족인 아프리카계, 아시아계로 나뉘는데 스페인계인 히스패닉도 주요 집단을 이룬다(그들은 문화적인 정체성을 가진 집단이라서 인종적으로는 다양한 구성을 보인다). 20세기로 접어들면서 아프리카계의 민권 운동이 시작되고 지식인 사회의 정치적 올바름의 태도에 힘입어 인종 차별 문제는 많이 개선된 것은 사실이지만 갈 길은 아직 먼 듯하다.

미국은 기본적으로 연방 국가인데 동부의 13개 주에서 시작되어 현재는 알래스카/ 하와이를 포함한 50개의 주로 구성되어 있다. 연방 정부는 대통령과 상하 양원과 대법원이 그 중추를 이루고 있고 각 주는 주지사와 주의회를 중심으로 운영된다. 각 주는 주 내의 광역 행정 구역인 카운티(county)에서 몇 가지 주요 업무를 관장하고 나머지는 시(city)/ 읍(town)/ 면

(village)의 지역 자치제로 운영이 되고 있다. 시/ 읍/ 면은 일본의 시/ 정/ 촌이 더 유사한 개념인데(한국의 읍/ 면은 자치 단체가 아니다) 규모의 차이는 있지만 같은 급의 자치 단체다. 카운티(3,000여 개다)는 중국의 지급시(6) 급인데 카운티별 다수 민족은 당연히 유럽계다(그 가운데서 독일계가 수위로 나온다).

여하튼 미국은 1, 2차 세계 대전을 거치면서 넓은 국토에다 풍부한 자원과 인력은 물론이고 혁신적인 기술까지 더해져서 막강한 경제력을 비축하고 정치-군사적으로도 새로운 강대국으로 부상한다. 미국은 고립주의에서 탈피해서 대서양 국가를 넘어서 태평양 국가로 발돋움한다. 그 국가는 하와이를 지나서 필리핀으로 들어간 후 특히 2차 세계 대전을 거치면서 본격적인 동아시아의 해양 패권 세력(위)으로 올라선다. 현재도 해외 기지와 항공모함을 거점으로 해서 호주 대륙의 영국계 국가들과의 유대와 중동의 이스라엘과 친 서방 산유국과의 돈독한 관계를 바탕으로 인도양까지 그 세력권 내에 두고 있다.

그 과정이야 어떻게 되었든 간에 북미 대륙의 미국이 동아시아 특히 한반도의 한민족 집단(7)과 밀접한 관련을 맺는다는 것은 예사롭지 않은 사실일 수도 있다. 미국은 유럽 열강의 간섭을 받던 19세기 동아시아에서 중국(6)/ 일본(위)은 물론이고 한국과도 상당히 우호적인 관계를 맺으면서 점차 영향력을 확대해 왔다. 영국은 물론이고 미국과도 우호적이던 일본이 근대 이후의 국내 정치적 상황으로 인해서 제국주의로 치달으면서 태평양 전쟁이 일어나기도 한다. 결국 그 전쟁에서 승리한 미국은 일본을 점령하고 '평화 헌법' 체제를 부여하고 일본은 동아시아에서 미국의 핵심적인 동맹이 되면서 경제적으로 부상한다.

19세기 후반 미국은 한반도 지역에 선교사를 파견해서 의료와 교육 부문에서 어느 정도 역할을 하고 그 지역에 많은 수의 기독교인을 만들어낸 바 있다. 20세기에 와서는 앞서 언급한 바처럼 태평양 전쟁에서 승리한 미국이 일본과 한반도(7)의 남부를 세력권 아래 두게 된다. 남한(대한민국)은 한반도의 한국 전쟁(1950~53)을 계기로 미국의 동맹이 되고 그 우산 아래서 자유 민주주의란 가치(이념)를 공유하는 국가를 구축한다. 북한(조선민주주의인민공화국)은 그 지역에 진주한 소련(USSR)의 영향 하에서 조선 노동당 일당 정치의 인민 민주주의 국가가 되고 비슷한 유형의 중국(중화인민공화국)과는 동맹 관계로 들어간다.

냉전 시기를 거치면서 이른바 대-분단(이삼성 2018) 체제(2, 6)에서 남한과 북한은 그 최첨단에 서게 된다. 현재는 동아시아에서 소련(러시아 연방)의 영향력이 줄어들고 그 역할을 신-중국(중화인민공화국)이 대신하고 있다. 역내에서 남한과 미국이 군사 동맹을 맺은 관계이고 미국은 일본과도 군사 동맹을 맺고 한, 미, 일은 같은 진영에 속해 있다. 북한(3)은 북중 우호협력 상호원조 조약(1961)을 통해서 중국(6)과 동맹 관계에 있고 북한과 국경을 일부 접한 러시아도 배후에서 북한에 어느 정도의 영향력을 행사하고 있다. 대미 관계에서 한미 동맹의 이데올로기화에 우려를 표하는 입장도 있고 자주 국방을 우선시하는 정권도 여러 차례 집권한 바 있다.

9 북방

한민족 집단(7) 관련 연구에서 북방이란 용어는 주로 시베리아(10)를 의미하고 북방설(부록 1)도 시베리아설을 말해 온 것은 사실이다. 하지만 우리가 살고 있는 한반도(7)를 기준으로 볼 때 시베리아만이 북방인 것은 아니다. 그 외의 비-시베리아도 엄연히 북방에 들어간다. 한반도(7)의 한민족 집단의 형성에는 북국(4, 5)이 훨씬 더 직접적인 영향을 준다고 할 수 있고(2) 그렇다고 한다면 기존의 북방(시베리아)보다는 '북방-북국'(4)이란 개념이 훨씬 더 중요하다고 할 수밖에 없다. 이제는 북방설(시베리아설)의 영향력을 벗어나서 북방이란 용어가 제대로 된 위상을 찾아야 할 때인 것 같다.

(내-아시아)

유라시아 대륙은 우랄 산맥 서쪽인 유럽을 제외하면 일단
아시아 대륙으로 분류된다. 그 지역도 여러 가지 다양한 부분
으로 구성되어 있다. 먼저 서아시아와 동아시아로 구분하면
서아시아는 지구상에서 최초로 농경이 개시된 지역이자 유
태교, 기독교, 이슬람교가 나온 중동 지역과 인더스 문명 이
후에 아리안족(C/ 정복자 기원)이 들어가서 카스트 계급 사회
를 이룬 인도 아-대륙이 그 중심이라 할 수 있다. 동아시아
는 중국 대륙의 중국(6)이 문명의 중심지였고 중국을 중심으
로 그 주변을 분류하는 것은 불가피한 측면이 없지 않다. 동
아시아 연구는 중국 밖의 내륙 지역을 주목한 라티모어(Owen
Lattimore, 1900~1989) 등에 의해 그 외연이 확장된다.

내-아시아(Inner Asia)란 주로 중국(중원)을 중심으로 그곳과
가까운 변방 지역을 말한다. 참고로 이 글에서는 내륙-아시아
보다는 내-아시아란 번역을 채택한다. 예를 들면 중국을 기준
으로 가까운 곳을 내-몽골(Inner Mongolia)이라 부르고 먼 곳

을 외-몽골(Outer Mongolia)이라 부르는 것과 같은 개념이다. 대략 티베트, 신강(신장), 몽골, 만주가 그 범주에 들어간다. 내-아시아는 오랜 기간 중국(중원)의 한족(6)이 세운 여러 국가를 위협해 온 세력의 근거지였다. 역사적으로 한반도의 양계(3) 지역도 내-아시아의 영향권 하에 있던 곳이라 할 수 있다(7). 굳이 외-아시아를 꼽자면 중국(중원)에서 비교적 먼 곳인 시베리아(10) 또는 중앙아시아 지역이 그 범주에 든다.

티베트(Tibet)는 중국 대륙 서부의 고원 지대인데 '세계의 지붕'이라 불리기도 한다. 그 지역은 고원 지대 특유의 문화를 바탕으로 오랜 기간 문화적 정체성을 이루어 왔지만 현재는 중국의 일부(서장 자치구)로 편입되어 있다. 몽골 지역까지 영향을 준 라마교도 그 지역의 대표적인 문화다. 신강(新疆/Xinjiang)은 티베트의 북쪽이자 몽골의 서남쪽에 해당하는 지역인데 역사적으로 중앙아시아의 일부라고 할 수도 있다. 오아시스 농업과 교역을 중심으로 티베트 못지않게 특유의 문화를 가진 그 지역은 이른바 서역에 포함시킬 때도 있다. 중국에서 강력한 왕조가 들어설 때마다 그쪽으로 팽창 정책을 취해

왔는데 현재 중국의 일부(신강 위구르 자치구)로 편입되어 있다.

한편 몽골(Mongolia)과 만주(Manchuria)는 중국 대륙 북쪽과 동북쪽의 두 지역인데 우리에게 비교적 익숙한 곳이다. 두 지역 모두 중국(6)에 직접적이고 강력한 영향을 행사한 바 있고 정치-군사적 측면에서 내-아시아란 용어는 주로 그 두 지역을 일컫는다고 해도 과언이 아니다. 몽골 지역은 처음에는 투르크계(T) 민족 집단의 유목 제국(흉노/ 돌궐)이 중국에 영향을 미치고 다음에는 몽골계(M)의 세계 제국(원)이 중국을 지배하기도 한다. 만주 지역은 동호계인 선비가 북조(386~581)를 지배한 이래 동호계(거란 요)와 읍루계(여진 금) 집단이 북중국의 일부 또는 전부를 지배하고 다시 다른 동호계(몽골 원)와 읍루계(여진 청)가 전 중국을 지배한다(4).

위의 두 지역 가운데서 특히 만주(아래) 지역은 한반도(7)와는 뗄 수 없는 관계에 있다. 그 지역과 연결되는 한반도 북부인 양계(3) 지역도 오랜 기간 그 영향권 아래 있었다. 물론 한반도 지역은 문화적인 측면에서 중국 대륙의 중국(중원)(6)과 밀접한 관련이 있는 것은 사실이지만 적어도 정치-군사적인 면에서는 중국(China)보다는 만주(Manchuria) 그중에서도 외곽(아래) 지역이 훨씬 더 큰 영향을 끼친다고 보아야 한다. 반대로 위에서 설명한 내-아시아 가운데 한반도에서 먼 지역인 티베트와 신강은 한반도와 상대적으로 관련이 적다고 할 수 있다. 그 외의 외-아시아(Outer Asia)는 말할 것도 없다.

만주(Manchuria)는 발해연안(B/ 1)과 외곽(D) 두 지역으로 나누어 볼 수 있다. 기원전의 신석기 청동기 양 시대 그리고 이어지는 철기시대는 발해연안(요동)의 집단이 더 두드러진다. 기원전후를 지나고 역사시대로 접어들면서 점점 더 외곽 지역 민족 집단의 정치-군사적인 영향이 한반도 지역에 작용하게 된다. 한반도의 역사시대는 발해연안보다는 외곽 지역과 더 밀접한 관련이 있다고 해야 한다. 한반도의 북부에 해당하는 양계(3) 지역도 역사적으로는 오랜 기간 만주 외곽 지역의 영향력 아래에 있었다. 대략적으로 말한다면 기원전후를 기점으로 발해연안보다는 외곽 지역의 영향이 훨씬 더 커진다고 할 수 있다.

(만주)

만주(Manchuria)는 중국의 6대구의 하나로 분류되기도 한다. 중국은 대략 러시아 연방의 연방관구(8개)에 해당하는 6대구로 구분된다. 중국 대륙은 동부의 화북/ 화동/ 중남과 서부의 서남/ 서북으로 나누어진다. 나머지 하나가 중국 대륙의 동북 방향에 자리한 만주인데 그 방위칭(아래)인 동북이라 불린다. 동북은 현재는 세 개의 성으로 나누어져 있다(아래). 참고로 중국의 동부는 이전에는 화북/ 화중/ 화남으로 나뉘었지만 지금은 화북/ 화동/ 중남으로 구분한다. 우리에게 그다지 익숙하지 않은 화동은 중국의 황해 및 동해(동중국해)에서 가까운 산동, 강소(상해), 절강, 복건, 안휘, 강서, 대만(타이완) 등의 성(省)을 말한다. 중국의 서부는 서남/ 서북으로 나뉘어서 단순한 편이다.

동북 3성은 요녕성, 길림성, 흑룡강성을 말하는데 발해(바다)에서 가까운 요녕성을 시작으로 동북 방향으로 길림성, 흑룡강성으로 이어진다. 흑룡강성 위로는 (넓은 의미의)시베리아에 맞닿아 있다. 동북 3성의 서쪽은 대체로 내-몽골 자치구 ('성급')의 동부에 해당한다. 그 동쪽은 극동 러시아 더 자세히 말하면 러시아 연방 극동 연방관구의 연해주('변경주') 등과 접하고 있다. 그 남쪽은 압록강/ 두만강을 경계로 해서 한반도로 이어지는데 더 정확히 말하자면 양계(3)(평안도와 함경도) 지역으로 이어진다. 동북 3성 즉 만주 전체로 볼 때는 동부 만주는 삼림 지대가 비교적 많고 서부 만주는 초원 지대가 많은 편이다.

한반도의 한민족 집단(7)(Peninsula Koreans) 외의 '한반도 밖'의 한민족 집단(ethnic Koreans)은 지구상의 여러 지역에서 소수 민족 집단을 이루고 있다. 그 가운데 가장 큰 집단이 만주(중국 동북)에 살고 있는 조선족(250만 전후)이다. 그들은 19세기 후반 함경도에서 두만강을 넘어서 간도로 들어가는 집단에서 시작되는데 현재 중국(6) 내 55개 소수 민족의 하나를 구성한다. 그 집단은 길림성의 연변 조선족 자치주('지급')와 그 외의 여러 다른 지역의 자치현('현급') 등을 이루고 있지만 현재는 이농의 흐름을 타고 대도시 지역이나 남한으로 이

주하는 경우가 많아 그 지역 내의 다수 집단으로서의 지위가 많이 흔들리고 있다.

만주 지역은 기원후 1000년대는 대체로 고구려(5) 발해(5) 가 그곳을 지배한다. 예맥(부여) 고구려(김한규 2004)와 말갈 발해("삼국유사")는 한반도 국가의 역사 기획(A/ 4)에도 등장하는 만주 지역 국가다. 대략 400년 이후의 고구려 및 그 이후의 발해는 요, 금, 원(4) 청(4)과 함께 그 지역에 통합국가(D)를 세운 집단이다. 이상의 '고구려, 발해, 요, 금, 원, 청'은 역사 공동체(C) 만주로 묶이는 경우도 있다(김한규 2004). 한반도 지역의 남국(C/ 동국 한국 남국)과 구분되는 그들 국가는 북국(4, 5) 의 범주에 들어간다. 다만 청제국이 멸망한 이후 그 지역의 역사 공동체가 와해되어 중국의 일부분인 중국 동북(위)이 되고 만다

현재의 중국 동북은 한족(6)의 지속적인 이주로 인해서 그들 집단이 다수 집단화되었다. 시베리아(10) 지역이 러시아계 주민의 유입으로 그들이 다수 집단화된 것과 비슷하다 하겠

다. 하지만 기원전후를 기준으로는 서부 만주의 동호계/ 중부 만주의 예맥계/ 동부 만주의 읍루계(숙신계)가 그 지역의 대표적인 민족 집단이라 할 수 있다. 그들 가운데 동호계와 읍루계는 계통이 비교적 분명한 편이다. 동호계와 읍루계는 모두 알타이언어(C) 사용 집단인 TMT(C)에 속한다. 그 가운데서 동호계는 몽골계(M)에 해당하고 읍루계(숙신계)는 퉁구스계(T)(만주-퉁구스란 말도 쓰인다)에 해당한다.

여하튼 세 집단 가운데 동호계(몽골계로 분류가 된다)(아래)와 읍루계(퉁구스계로 분류가 된다)(아래)는 알타이언어(C) 사용 집단이고 유력 집단(몽골계인 북원 다얀 칸의 가계와 만주-퉁구스계의 누르하치의 가계)의 유전자 분석을 통해서 Y-염색체 DNA(C/부록 3) 하플로그룹 분석상 C 계열(C3)에 속한다는 것이 확인되었다. 이른바 알타이언어-C3(손동완 2018) 집단이다. 하지만 예맥계(C)(아래)는 다른 두 집단과는 달리 일찍이 명맥이 끊어져서 그 계통을 알기가 힘들다. 주요 하위 집단인 두 그룹(아래)과 그 외의 기타 집단 대부분이 주변 집단에 흡수되어 현재 그들 집단의 유전자 분석조차 가능하지 않은 상태다.

(3북)

(예맥계) 만주(위) 지역의 세 집단(3북 즉 대문자 N 3 집단이다)
⑷ 가운데 예맥계(C)가 먼저 한반도(7)에 영향력을 행사한다.
예맥계는 앞서 말한 바처럼 그 계통이 잘 밝혀져 있지는 않지
만 두 가지 계열이란 것은 확실하다. 그 가운데 부여 지역에
서 기원하는 부여계(B/ 2)는 기원후에 활발한 활동을 펼친다
(아래). 그 이전에는 발해연안(B/ 1)에서 한반도 서북부로 들어
가는 집단인 조선계(B/ 1)(요녕계의 일파다)가 주요 집단인데 그
들은 한반도 서북부에서 한족(6) 집단과 혼합이 되어 일찌감
치 정체성을 상실하고(C/ 위만-조선과 한 4군) 이후 다른 집단
에게 흡수된다. 조선계는 이른바 소문자 n 3(C) 집단에 들어
간다.

부여(C/ 지역론) 지역의 부여 국가는 북부여라고 불리는데
한반도 동북부의 동부여("삼국유사" '기이제일')란 국가와 구분
되는 말이기도 하지만 여타 부여계(아래)가 자리 잡는 지역의
북쪽이란 의미도 포함이 된 듯하다. 부여 즉 북부여 지역에

서 남쪽으로 내려간 한 집단은 졸본-부여란 소정치체를 세우
는데 그들 집단이 이후의 고구려(5)다. 졸본-부여는 그 주변
의 비류국, 송양국 등의 소정치체를 병합해서 점차 국가 단계
로 발전한다. 초기 국가(D) 또는 부 체체(노태돈 1975) 등의 이
론이 그 단계를 잘 설명해 준다. 그 지역에서 출발하는 졸본-
부여 즉 고구려는 400년 전후해서 만주 지역 최초의 통합국
가(D)를 이룬다.

한편 졸본-부여에서 출발하는 부여계의 한 집단(온조 집단)
은 한강 유역으로 들어가서 십제란 국을 세운다. 그들은 그
당시 한반도 서남부에서 세력을 확보하고 있던 마한(이른바 3
한의 하나다)의 한켠인 한강 유역에서 자리 잡는다. 십제는 이
후 인천 지역의 미추홀이란 국(비류 집단)을 흡수해서 백제 연
맹체를 이룬 다음 점차 마한 연맹체를 남쪽으로 밀어내고 이
후 고대 국가로 발전한다. 백제는 그 시작이 부여계의 한 집
단이라 하더라도 기본적으로 3한(7) 또는 한반도 지역의 국가
(김한규 2004; 노태돈 2009 a)인데 이후 다른 집단에게 흡수(D)
되어 그 지역에서 결정적인 역할은 하지 못한다.

부여계를 대표하는 고구려(5) 국가는 7세기에 당제국과 신라에 멸망 당하고 부여계의 주력 집단은 중국 대륙의 중원 지역으로 사민(徙民)되어 이후 북중국의 한족(6) 집단에 흡수된다. 여타의 부여계는 발해(5) 국가로 흡수된다(노태돈 2003; 김한규 2004). 이후의 만주 지역의 통합국가는 주로 발해를 포함한 읍루계(아래)와 동호계(아래)가 세우게 되고 예맥계(부여계)는 역사의 뒤안길로 일찌감치 사라진다. 고구려(5)는 발해(5) 국가와 함께 이후 한반도(7) 지역 국가의 역사 기획(A/ 4)을 통해서 엮이기도 하지만 기본적으로는 만주(위) 지역의 북국(4, 5)의 범주에 들어간다.

(동호계) 동호계는 서부 만주(역사적으로 현재의 내-몽골 자치구 동부 지역을 포함하는 지역이다)의 흥안령 산맥 주변 초원 지대에서 기원하는 집단인데 이후의 몽골계(아래)와 관련이 있다. 몽골 고원과도 연결되어 있는 그 지역은 대표적인 유목 지역이고 대체적으로 말해서 서부 만주의 요하의 북쪽이자 눈강의 서쪽에 해당한다. 요하는 우리가 어느 정도 알고 있듯이 발해(바다)로 흘러 들어가는 강이다. 눈강은 (백두산에서 발원

해서 북쪽으로 흘러가는) 북류 송화강이 동류 송화강으로 꺽이는 지점으로 북쪽에서 합류하는 강이다. 서부 만주 초원 지대에는 눈강 외에도 아르군강이 아무르강(상류)으로 들어가고 케룰렌강이 훌룬호로 들어간다.

"삼국지" '위지'(위서)의 '오환선비동이전'(위)의 오환, 선비가 대표적인 초반의 동호계 민족 집단인데 특히 선비는 만주보다는 중국 대륙에서 더 뚜렷한 족적을 남긴다(바로 북조를 세운 집단이다). 수 당제국도 한화(漢化)된 선비족 출신이 그 핵심 세력을 이룬다. 이어서 다른 동호계인 거란 요(907~1125)가 등장해서 현재의 북경 부근인 연운 16주까지 지배하다 이후 여진 금(아래)에게 자리를 내주고 서쪽으로 밀려난다(서요). 하지만 현재 중앙아시아와 러시아에서는 그들 집단의 이름(카타이/ Cathay 즉 거란)이 바로 중국을 의미한다. 거란 요(4)는 고려조와 대치한 만주 지역 북국 가운데 하나다.

이후 동호계는 실위(역시 서부 만주 흥안령 주변의 집단 가운데 하나다) 집단이 부상한다. 그 가운데 현재의 몽골 고원으로 진출한 몽올-실위가 이후의 동호계를 대표하는 집단이 된다. 동호계 가운데서 몽골 고원으로 들어가는 그들이 유일하게 현재까지 정체성을 유지하고 있다. 다만 그 고원 지역은 원래는 투르크계(T)가 활동하던 곳이었는데(흉노/ 돌궐) 그들 집단이 중앙아시아 쪽으로 이동하면서 동호계 계통이 그 지역을 차지하게 되고 그들 집단이 이후 몽골계(M) 집단으로 확대되어 나간다. 알타이언어 사용 집단인 TMT 가운데 하나인 몽골계(M)는 동호계의 후속 집단이 그 주력을 이룬다고 할 수 있다.

몽올-실위의 후예인 몽골 원(원제국)은 중국 대륙 전체를 지배한다. 몽골 고원 지역과 그곳의 여러 민족 집단을 통합한 몽골 원(4)은 여진 금(4)을 멸망시키고 대륙으로 들어가는데 이후 몽골 원이 만주 지역을 지배하게 된다. 여진 금을 정복한 몽골은 중국 대륙을 본격적으로 차지하기 이전에 후방의 고려조를 공략하는데 30년 전쟁 끝에 고려조는 몽골 원(원제국)의 지배를 받게 된다. 이후 원제국이 북쪽으로 퇴각한 후에 명제국의 지배를 받던 만주 지역은 다시 여진 후금(이후의 청제국)으로 넘어간다. 17세기 이후 청제국이 중국 대륙을 지배할 때는 청의 황제가 몽골의 대칸을 겸했다. 원제국의 그림자는 여진 후금과 청제국에도 드리워진 셈이다.

(읍루계) 동부 만주 산림 지대에서 시작되는 읍루("삼국지" '위지' '오환선비동이전')와 그 후속 집단은 상대적으로 더 늦게 역사에 등장한다. 현재의 연해주 지역에서 읍루(폴체) 문화권을 이루던 그 집단은 이후 옥저(크로우노프카) 문화권으로 좀 더 남하한다(강인욱 2021). 읍루는 한반도 동해안 지역의 동옥저/ 예와 마찬가지로 읍락 단위 정도의 정치 조직을 가진 집단이지만 동옥저/ 예가 고구려와 비슷한 언어와 풍습을 가진데 비해서 그들은 다른 언어를 사용하고 수혈(竪穴) 주거지에서 살면서 돼지도 사육하는 등 독특한 문화를 지니고 있다. "진서"에 나오는 숙신은 읍루계의 후속 집단을 의미한다(강인욱 2021). 이하에서는 숙신계보다는 읍루계란 용어를 사용한다.

읍루계는 퉁구스계(T) 또는 만주-퉁구스계로 분류가 된다. 알타이언어(C) 사용 집단 가운데서 퉁구스계는 원래의 지역

(아무르강) 주변에서 크게 이동하지 않은 집단인데 철기시대에 와서 비로소 그 존재가 드러나기 시작한다. 그 집단은 읍루 → 물길 → 말갈 → 여진으로 계기적으로 이어지는데 그들은 한반도에서 비교적 가까운 지역의 집단이라 상대적으로 자주 역사에 등장해서 우리에게 익숙한 편이다. 읍루는 옥저, 동예와 함께 언급되고("삼국지" '위지' '오환선비동이전') 말갈은 발해⑸ 국가의 주축 집단이고("삼국유사" '기이제일') 여진은 금과 후금(청)을 세운 집단이다. 만주의 외곽이란 지역 특성이 도리어 읍루계가 오래 살아남은 데 도움이 된다.

6세기 이후의 읍루계 집단인 말갈이 한민족 집단⑺과 관련이 있다는 주장도 나오는데 물론 말갈이 직접적으로 한민족 집단의 기원이 된다는 방식은 아니다. 그보다는 그 집단이 주축이 되는 국가인 발해(698~926)가 한반도 남부의 신라(더 정확히 말해서 '대-신라')와 함께 이른바 남-북국을 이룬다는 일종의 역사 기획(A/ 4)에서 나오는 간접적인 기원 이론인 셈이다. 그 이론은 부여계(위) 국가인 고구려⑸가 한반도 남부의 백제, 신라와 함께 3국(A/ 3)을 이룬다는 주장과 쌍벽을 이룬다. 현재 북한에서 북국 중심의 역사 계보를 기획하면서 '고구려 → 발해 → 고려조'의 역사를 구성한다(5).

읍루계인 말갈이 한민족의 기원이 된다는 주장은 그다지 설득력이 없다. 그들보다는 그 이후 시대의 여진 집단이 한반도의 한민족 집단(7)과 더 직접적인 관련이 있다고 할 수 있다(c). 왜냐하면 한반도 북부 특히 동계(함경도) 지역은 오랜 기간 여진의 거주 지역이었는데 그 지역의 여진이 이후 한반도의 한민족 집단(7)으로 편입되기 때문이다. 동계 지역은 고려 조선 양조를 거치면서 한반도 국가의 영토로 편입이 된다(3). 특히 동계 지역의 여진계는 북방계 한민족의 주축을 이룬다고 할 만하다(c). 현재 한민족 집단의 Y-염색체 DNA(C/ 용어 1) 분석상의 C 계열의 유전자(대략 10%를 조금 넘는 비중을 보인다)는 주로 여진계의 유전자적 영향으로 보인다.

10 시베리아

통상 한민족 집단(7) 관련 연구에서 북방이란 용어는 시베리아를 의미한다. 하지만 최근 들어 '북방-북국'(4)이란 개념이 더 부각되고 북방이란 용어도 비-시베리아(9)를 의미하는 용어로 거듭나고 있다. 여하튼 시베리아(아래)는 한민족 집단 연구사에서 매우 특별한 의미를 가지는 지역이라 할 수 있다. 왜냐하면 한민족 집단의 기원에 관한 이론(부록 2)이 처음에는 시베리아란 지역을 둘러싸고 진행이 되기 때문이다. 말하자면 한반도의 즐문토기가 시베리아에서 기원한다(Fugida 1930)는 주장이 나온 후에 다시 그 토기를 가지고 한반도로 들어가는 집단이 있고 다시 그 집단을 대체하는 집단이 있다는 방향으로 논의가 전개된다.

(시베리아)

　시베리아는 유라시아 대륙 북부의 광활한 지역이다. 다만 러시아 연방의 우랄 산맥 서쪽 지역은 제외되고 그 동쪽의 우랄/ 시베리아/ 극동 연방관구에 걸쳐 있는 지역을 말한다(러시아는 8개의 연방관구로 구분이 된다). 북에서 남으로 툰드라/ 타이가/ 냉대 활엽수림/ 스텝 지역의 식생대를 이루고 있다. 이전에는 고-시베리아 계통(축치, 코랴크, 길랴크, 캄차달, 유카기르 등등)과 신-시베리아 계통 즉 알타이언어(C) 사용 집단의 활동 지역이었는데 16세기 이래 러시아의 진출로 인해 러시아의 일부가 되었다. 시베리아 횡단 철도의 개설과 더불어 많은 수의 러시아계 주민이 이주해서 주요 도시들은 아시아 속의 유럽을 이루고 있다.

　현재 시베리아 연방관구 내의 부리야트 공화국/ 야쿠트 공화국(사하 공화국이라고도 부르는데 얼마 전에 극동 연방관구로 소속이 바뀌었다)/ 투바 공화국/ 알타이 공화국은 이전부터 살아왔던 시베리아 민족 집단(1)의 이름을 딴 비교적 규모가 큰

지역들이다(인구는 그다지 많지 않다). 그들은 모두 알타이언어
ⓒ 사용 집단인데 부리야트족은 몽골계(M)이고 야쿠트/ 투
바/ 알타이족은 투르크계(T)로 분류된다. 야쿠트족은 투르크
계 가운데 최북단으로 이동해서 적응한 집단인데 그들이 데
리고 간 말도 추위에 적응한 형질을 보인다. 야쿠티아(야쿠트
공화국)의 베르호얀스크, 야쿠스크 등은 지구상에서 가장 추
운 지역으로 알려져 있다.

　위의 시베리아란 지역은 한민족 집단의 기원에 관한 이론
(부록 2)의 이론사에서 중요한 부분을 이루어 온 것은 분명하
다. 다만 북방설(시베리아설)은 시베리아 지역의 극히 일부의
신석기 또는 청동기 문화를 한반도(7) 지역과 연결시킨다(a).
남부 시베리아 지역에서는 일찍이 미누신스크 문화(신석기 문
화)가 나온 이래 여러 가지 다양한 청동기 문화가 등장하고
이어서 철기 문화도 나온다. 특히 우랄 연방관구 첼랴빈스키
주변인 아르카임에서는 기원전 2000년경의 이른바 '태양의 후
예'의 전차 문화가 발굴되었고 투바 공화국/ 알타이 공화국에
서는 각각 기원전 1000년대의 아르잔/ 파지리크 고분군도 발

굴이 된다.

  얼마 전에는 문화적인 의미가 아니라 형질 및 유전자적인
의미의 북방계란 개념이 유행한 적이 있는데 그 논의 또한 시
베리아란 지역과 상관이 있다. 왜냐하면 한민족 집단(7)이 시
베리아 바이칼호 주변에서 기원한다는 이른바 바이칼론(b)이
그 중심을 이루고 있기 때문이다. 하지만 주로 GM 유전자론
(Matsumoto 1985)에 근거하는 그 이론은 많은 문제점을 내포하
고 있다. 바이칼론보다는 아무르설(b)이 훨씬 더 설득력 있는
접근일 듯하다. 더구나 최근의 Y-염색체 DNA(C/ 용어 1) 하플
로그룹 분석에 의거할 때 한민족 집단은 이른바 북방계와 일
부만 관련이 있다는 결론이 나온다.

  대체로 북방설(시베리아설)은 2단계 교체설로 집약된다(이선
복 1991). 그것은 기본적으로 한반도의 구석기인이 신석기인으
로 그리고 신석기인이 청동기인으로 두 차례에 걸쳐서 교체가
된다는 이론이다. 그런데 그 신석기인과 청동기인이 모두 시
베리아 지역에서 들어가는 집단이란 주장이다. 다시 말해서

시베리아 신석기 문화(즐문 토기)를 가지고 들어간다는 고-아시아족/ 시베리아 청동기 문화를 가지고 들어간다는 퉁구스인이란 두 집단이 제시된다. 하지만 러시아 언어학자들이 초창기에 제시한 고-아시아족이란 개념은 그 존재 자체마저 불확실하다는 비판에 직면한다(이선복 1991; 최정필 1991, 2006). 또한 퉁구스인이란 설정도 문제가 적지 않다(B/ 3).

한때 한민족 집단의 기원에 관한 유력한 학설로 여겨지던 북방설(시베리아설)은 이후 남한에서 발해연안설(B/ 1)이 나오고 북한에서 본토설(C)이 등장하면서 그 위상이 많이 흔들리게 된다. 물론 발해연안의 여러 문화와 한반도 지역을 연결시키려는 발해연안설의 시도는 그다지 성공적이지 않다고 할 수밖에 없다. 여하튼 북방설(시베리아설)과 발해연안설은 남한의 한민족 집단 기원 이론을 대표하는 학설로 여겨진다. 그 두 이론은 분류상 외래설(C)에 해당한다. 한편 북한의 본토설은 일종의 내재론(e)이다. 이상의 북방설과 발해연안설과 본토설은 이른바 당대 3설에 들어가고 그것을 재-분류한 수정 6설(아래)(B/ 1)이란 분류도 있다.

이상에서 논의한 바처럼 이론사에서 시베리아란 지역은 의외로 중요한 지역으로 꼽힌다. 하지만 한반도의 한민족 집단 ㈇과 시베리아의 관련성은 그다지 높지 않다는 것이 진실이다. 다만 한반도 지역이 그 주변의 여러 지역과 끊임없이 교류 ㉢하고 교섭을 이어왔고 북방(시베리아) 지역과도 어떠한 형식으로 든 교류한 것은 사실이다. 특히 시베리아의 청동기 문화 또는 초기 철기 문화의 일부가 한반도 지역에 나타나기도 하고 한반도 동남부 신라의 마립간 집단의 고분 양식에도 상당한 영향을 끼치기도 한다. 하지만 그것과 한민족 집단이 시베리아에서 기원한다는 것은 전혀 다른 문제다.

(시베리아 대 해양)

   한민족 집단(⑦)의 기원과 관련한 연구에서 시베리아(위)뿐 아니라 해양(⑧)이 언급될 때도 있다. 특히 '시베리아 대 해양'이란 구도가 제시되기도 한다. '시베리아 대 해양'이란 구도는 그 자체가 매우 상징적인 의미를 가진다고도 할 수 있다. 왜냐하면 시베리아(위)와 해양(⑧)의 실제적인 내용보다는 '시베리아 대 해양'이란 구도 그 자체가 더 중요한 것으로 여겨지기 때문이다. 다시 말해서 시베리아와 해양의 구체적인 내용이 아니라 그 대립적인 '틀 그 자체'가 더 유명하다고 할 수도 있다. 내용보다는 형식이 더 압도적인 경우가 가끔씩 있기 마련인데 '시베리아 대 해양'이란 틀이 그 전형적인 경우라 할 만하다.

   한반도(⑦) 지역에서 이른바 시베리아 문화(북방 시베리아 문화)와 해양 문화(남방 해양 문화)가 어느 정도 보이는 것은 사실이다. 그것은 한반도 지역이 그들 지역과도 교류(ⓒ)가 있었기 때문에 나타나는 당연한 현상일 것이다. 예를 들면 한반도 지역에서 스키타이-오르도스계의 유물이 발견되기도 하고 남부 시베리아 지역에서 발굴되는 쿠르간 형식의 무덤 양식이 나오기도 한다(신라의 마립간 시대). 그리고 제주도와 남부 해안에서는 해양 지역의 문화가 남아 있다는 것은 사실이다. 하지만 그러한 사실과 그 이상의 설정 즉 그 일부의 문화를 강조해서 그 문화를 가진 집단들이 한반도(7)로 들어가서 한민족의 기원이 된다는 것은 또 다른 문제다.

참고로 한반도의 농경 문화가 해양계(8)가 가져간 것인지 여부는 논란거리다. 한반도의 농경 도입은 어떤 집단의 이주 또는 도래에 의한 전파라는 급격한 방식으로 진행되지 않는다. 반대로 단계적 전개라는 완만한 방식으로 진행되는데 그 완만함의 정도가 극히 이례적이다(최정필 2006). 한반도(7) 지역은 농경이 처음 도입되어 정착될 때까지(기원전 3500년에서 기원전 1000년경까지) 무려 2500년이 걸린 것으로 되어 있다. 한반도의 농경 도입은 그 자체가 미스터리한 면이 있다. 그런 만큼 유럽 학계에서 즐겨 쓰는 '수렵 채집인 대 농경민'이란 구도가 한반도 지역에서는 잘 작동되지 않는다.

여하튼 '시베리아 대 해양'의 시베리아계/ 해양계란 용어도 원래는 형질 및 유전자의 의미가 아니라 문화적인 의미로 사용이 된다. 그래서 시베리아 문화/ 해양 문화가 논의의 중심에 선다. 시베리아 문화는 북방 문화로 그리고 해양 문화는 남방 문화로 부르기도 한다. 그 둘 가운데서 북방 문화란 용어는 북방 시베리아 문화와 바로 통용이 되는 편이다. 통상 북방 문화는 시베리아 문화를 의미하는 용어로 사용되기 때문이다. 그에 비해서 남방 문화와 남방 해양 문화는 바로 등치되기에는 아직 시간이 필요할 듯하다. 이 글에서는 편의상 북방 시베리아는 남방 해양(8)과 대비되는 용어로 사용한다.

위의 '시베리아 대 해양' 또는 '시베리아 문화 대 해양 문화'라는 도식은 단순히 두 가지 문화를 나열한 것에 불과한 것은 아니다. 왜냐하면 그 도식은 한반도(7) 지역이 두 가지 다른 문화가 들어와서 혼합(다만 여기서 말하는 혼합은 형질 및 유전자에 초점을 맞춘 현재의 남-북방계 혼합설 등과는 결이 다르다)이 되는 복합적인 공간이란 것이 전제되어 있기 때문이다. 그러한 유의 논의는 거기서 한 걸음 더 나아가서 어느 정도 이

191

데올로기를 띤 주장으로 나아간다. 왜냐하면 그것은 '시베리아 대 해양'(시베리아 문화 대 해양 문화)에서 '시베리아 와 해양'(시베리아 문화 와 해양 문화)으로 넘어가가 때문이다.

그러한 유의 논의에서는 한반도(7) 지역은 여러 가지 다른 문화가 들어와서 혼합이 된 만큼 개방적인 공간이란 것도 강조되고 있다. 그뿐 아니라 남방과 북방의 혼합을 넘어서 조화 또는 공존이란 담론도 들어가 있다(김병모 1992). 그러한 논리는 혼합과 결합을 통해서 도달하는 열린 공간/ 열린 사고란 주의주장으로 이어지고 있다. 그래서 한반도는 북방의 시베리아 문화와 남방의 해양 문화가 서로 공존하면서 조화를 이루는 개방적인 공간일 뿐 아니라 한반도의 한민족 집단(7)은 그러한 공간 속에서 진취적인 기상을 가지고 개방적인 사고를 하는 우수한 민족이란 것이 강조된다.

이상의 '시베리아 대 해양'이란 도식에서 나오는 여러 가지 주장에는 그 이면에 '반 중국 문화'(d)라는 이데올로기가 깔려 있다. 동아시아 특히 동북아시아 지역은 오랜 기간 그 지역의 중심 문화권인 중국(6)의 문화적 영향력 아래 있었다는 것은 부인할 수 없는 사실이다. 한반도가 중국과 중국 문화의 영향에서 벗어나는 19세기 말과 20세기에는 한국 학계에서 '반 중국 문화'의 새로운 설정이 시도되는데 특히 한민족 집단의 기원 문제를 둘러싸고 그러한 경향이 심화된다고 할 수 있다. 한민족 집단의 시베리아 기원설인 북방설(시베리아설)이 '반 중국 문화' 이데올로기의 좋은 대안으로 부상한 것은 분명해 보인다.

한민족 집단(7)의 기원 이론(부록 2) 연구는 그동안 당대 3 설(북방설, 발해연안설, 본토설) 위주로 진행이 되었는데 얼마 전에는 그것을 다시 두 가지의 짝으로 재-분류한 수정 6설(B/1)이 나왔다. 북방설과 남방설/ 발해연안 1설과 2설/ 본토설 1 설과 2설 이 그것이다. 그 가운데 일반 대중들에게 가장 많이 알려져 있는 것이 '북방설과 남방설'(아래)이란 짝이다. 북방설의 시베리아(위)란 지역과 남방설의 해양(8)이란 지역은 앞서 말한 대로 '시베리아 대 해양' 또는 '시베리아 와 해양'이란 담론(손동완 2021 b)을 형성하면서 이른바 선-형성기(아래)의 기원 이론의 주요 부분을 이루고 있다.

한민족 집단의 형성(C/ 형성론) 과정이란 측면에서 한반도 지역을 선-형성기/ 형성기(676~1910) / 형성기 이후로 나누어 보자면(손동완 2021 b) '북방설과 남방설'은 그 가운데 7세기 이전인 선-형성기, 그것도 아주 오래된 시기인 빙하기 이후 신석기 청동기 양 시대를 배경으로 해서 나오는 이론일 뿐이다. 남방설은 말할 것도 없고 북방설도 한민족 집단의 기원과 형성을 설명하는 이론으로는 적절하지 않은 측면이 너무 많다(a, b). 물론 시베리아 지역과 한반도는 비교적 이른 시기에 교류(c)가 있었던 것은 사실이지만 그것을 넘어서서 그 지역에서 한민족 집단이 기원한다는 것은 무리한 설정일 수밖에 없다.

참고로 시베리아(위)과 해양(8)이란 두 지역을 설정하는 이론은 그것이 작동하는 지리적인 여건이 있다. 다시 말해서 그것은 해수면 고도가 변화된 빙하기 이후 현재의 지형을 전제로 하는 논의다. 적어도 10000년 이전에는 중국 대륙, 한반도, 일본 열도는 대부분 육지로 연결되어 있었고 다만 수심이 깊은 (한국의)동해는 거대한 내륙 호수를 이루고 있었다. 빙하기 이후 한반도는 3면이 바다인 지형이 되고 육지로는 북쪽 한 방향으로만 연결이 된다. 빙하기 이후 이루어진 현재의 한반도(7) 지형이 각각 북쪽과 남쪽에서 어떤 집단이 한반도로 들어간다는 이론인 '북방설과 남방설'의 배경이 되는 셈이다.

어떻게 말하면 각각 시베리아(위)와 해양(8) 지역을 지목하는 '북방설과 남방설'이란 짝은 3면이 바다인 현재의 한반도 지형이 이루어진 다음 신석기 청동기 양 시대에 한반도 지역으로 어떤 문화와 집단이 들어가는가, 란 논의라 할 수도 있다. 거기서는 시베리아(북방)/ 해양(남방)의 문화와 한반도(7) 지역의 문화가 어떤 관계가 있는지가 논의의 중심이 된다. 다시 말해서 한반도의 한민족 집단의 기원과 관련해서 두 지역은 유전자가 아니라 문화적 의미에서 논의가 시작이 된다는 말이다. 물론 선사시대인 신석기시대가 과연 한민족 집단의 기원을 논의하기에 적당한 시기인가, 란 또 다른 문제도 있다.

여하튼 빙하기 이후 특히 신석기시대를 기준으로 한다면

여태까지 시베리아(위)에서 한반도(7)로 신석기인이 들어간다는 북방설이 대표적인 이론으로 자리 잡는다. 그 외에도 각각 발해연안과 북중국에서 신석기인이 들어간다는 이른바 발해연안설(이형구 1989)과 북중국설(박선주 1996)이 있긴 하지만 아직까지 대중적인 인지도는 그다지 높지 않다. 그래서 시베리아 지역에서 한반도로 신석기인이 들어간다는 북방설이 빙하기 이후 한반도의 북쪽에서 어떤 집단이 들어간다는 여러 학설 가운데 압도적인 지위를 누려왔다. 물론 북방설(시베리아설)의 현재의 위상은 예전만 못하다. 남방설(해양과 관련해서 주로 청동기시대가 언급된다)도 여전히 소수설의 지위에 있다.

부록 1
북 방 설

20세기로 접어들면서 한민족 집단(ㄱ)의 기원(D)에 관한 여러 이론이 나온다. 그 가운데 가장 먼저 나온 것이 바로 북방설 즉 한민족 집단의 시베리아 기원설이다. 일본 식민지 시기에 처음 등장하는 그 학설은 이후 남한은 물론이고 북한에서도 한때 유력한 기원 이론으로 여겨졌다. 하지만 그 이론은 문화/ 유전자 두 측면에서 상당한 난점을 보이고 있다(a, b). 또한 북방설(시베리아설)은 '반 중국'(d) 이데올로기란 혐의도 있다. 또한 그것은 한민족 집단이 한반도 외부에서 기원한다는 이른바 외래설(C)이 가진 한계를 그대로 안고 있다. 이제는 외래설보다는 내재론(e)에 더 주목해야 할 시점인 듯하다(이하 a, b, c, d, e는 손동완 2021 b의 1, 2, 3, 4, 5를 고쳐 쓴 글이다).

a 문화

한민족 집단(7) 관련 연구에서 북방은 시베리아(10)를 의미하는 용어로 사용되어 왔다. 말하자면 '북방 시베리아'가 더 정확한 용어인 셈이다. 물론 북방이란 용어는 시베리아뿐만이 아니라 비-시베리아(9)을 의미하는 용어로도 사용되고 있다. 그런데 북방 또는 '북방 시베리아'란 용어는 두 가지 의미로 사용된다. 하나는 북방 시베리아 문화(아래)를 말하고 다른 하나는 북방 시베리아 형질 또는 유전자(b)를 말한다. 물론 북방 시베리아의 형질 및 유전자(D)보다는 문화(D)에 관한 연구가 먼저 나온다. 이 글에서는 먼저 북방 시베리아 문화에 관한 논의를 하고 다음 글에서 북방 시베리아 형질 또는 유전자를 논의한다.

(북방 시베리아 문화)

북방 문화, 더 정확히 말해서, 북방 시베리아 문화란 용어는 주로 유라시아 대륙 북쪽인 시베리아(10) 그 가운데서 주로 남부 시베리아의 초원-유목(D) 문화를 가리킨다. 그 문화는 언론에서 비교적 많이 다루어진 덕분에 일반 대중에게 익숙한 편이다. 유라시아 대륙 전체로 볼 때에 그 지역의 초원-유목 문화가 문명사에서 적지 않은 영향을 미친다는 것이 사실이다. 한민족 집단의 기원(D)이란 주제에서도 북방 시베리아의 그 문화는 자주 언급이 된다. 다만 북방 시베리아의 초원-유목 문화라고 할 때는 빙하기(D) 이후인 신석기 청동기 양 시대의 문화 가운데서 특히 청동기 문화와 훨씬 더 직접적인 관련이 있다.

하지만 시베리아 청동기 문화는 간단치가 않다. 이미 기원전 2000년 즈음해서 시베리아 지역에서는 중요한 청동기 문화가 나온다. 러시아 연방 우랄 연방관구의 최 남단에 속하는 스텝 지역인 첼랴빈스키 부근에서 아르카임 유적이 발굴되는데 그 유적은 기본적으로 시베리아 청동기 문화인 안드로노보 문화에 속한다. 집단 주거지가 발견된 그 지역에서는 인도-아리안 계통의 민족 집단(1)에 의해 전차 문화가 꽃피는데 (태양 문양이 유명한데 불교의 '만' 자와 나치의 상징도 그 일종이란 설이 있다) 이후 인도/ 이집트/ 중국(商)에까지 전해진다고 한다. 그 문화와 인도-유럽어의 전파가 서로 관련이 있다는 설도 있다(일종의 유목민 가설이다).

러시아 연방 우랄/ 시베리아 두 연방관구의 남부에 속하는 지역은 예니세이강 상류의 미누신스크 유적(신석기) 이래로 여러 가지 문화가 이어지고 있다. 그곳의 청동기 문화는 여러 가지 다른 방식으로 편년이 된다. 그 가운데서 우리에게 비교적 친숙한 것이 아파나시에보 문화, 안드로노보 문화, 카라수크 문화, 타가르 문화 등이다. 그 가운데서 특히 후반부인 대략 기원전 12세기 이후인 카라수크 문화와 타가르 문화가 한반도의 청동기 문화와 관련이 있으리라는 추측이 나왔다. 최근에는 강원 평창의 아우라지에서 발견된 청동 장신구가 시베리아의 어떤 지역의 청동기 문화와 관련이 있을 것이란 주장도 나온 바 있다(자세한 인용은 생략한다).

　이상의 청동기 문화 이외에도 그 지역의 초기 철기시대에 해당하는 문화도 어느 정도 알려져 있다. 기원전 1000년대 후반의 스키타이계의 문화가 그것인데 그 문화도 한반도에 어느 정도 영향을 미친 것으로 보인다. 특히 중국 내-몽골 자치구('성급') 오르도스 지역의 스키타이-오르도스(D) 계통의 동물 문양이 주목을 받는다. 그뿐만이 아니다. 러시아 연방 시베리아 연방관구 알타이 공화국에서 발견된 비슷한 시기의 파지리크 고분군의 쿠르간(D) 적석목곽분은 한반도 동남부 신라의 마립간(D) 집단의 대릉원 고분 양식에 영향을 미친다는 설도 있다. 또한 북방의 동복(銅鍑)이 경남 김해 대성동 유적까지 이어진다는 주장도 있다.

　다만 구체적으로 북방 시베리아의 어느 시대 어느 지역의 문화가 어떤 경로를 통해서 한반도의 어느 지역으로 들어와서 어떻게 전개되는지에 대한 구체적인 설명은 부족하다. 여러 가지 추측만이 만연한 상태다. 어쩌면 한반도의 선사시대

의 문화는 다양한 지역에서 들어오는 다-기원(최몽룡 2006)적
인 것이고 그중의 하나로 시베리아의 청동기시대의 여러 가지
문화를 소개한다는 것이 더 정확한 접근일지도 모른다. 아니
면 어떤 형식으로 든 한반도는 이른바 북방 시베리아와 교류
(c)가 있었을 것이고 시베리아 지역의 청동기 문화 또는 초기
철기 문화도 그 가운데 하나라는 것이 더 설득력 있는 것일
수도 있다.

또한 과연 북방 시베리아의 초원-유목 문화가 한반도 지역
에서 결정적인 역할을 하는가, 란 문제는 여전히 의문으로 남
을 수밖에 없다. 왜냐하면 한반도는 비교적 이른 시기에 농경
(D)이 정착해서 일찌감치 비-유목 사회로 들어가기 때문이다.
그리고 한민족 집단의 기원(D)이란 측면에서도 초원-유목 문
화 집단이 어떻게 한반도(7) 지역과 연관이 되는지도 잘 알 수
가 없다. 특히 그 집단들이 정복자 기원(C) 유형으로 들어가
서 한반도 지역의 지배 집단이 되고 그들이 이후 한민족 집단
의 주축(D)이 된다고 보기는 힘들다. 그러기에는 한민족 집단
의 기원이 너무 모호하다고 할 수밖에 없다.

(샤머니즘 문제)

　한민족 집단이 북방 시베리아에서 기원(D)한다는 북방설(시베리아설)을 신봉하는 아마추어 연구자들이 가장 흔히 드는 북방 시베리아 문화는 아마 샤머니즘일 것이다. 그들은 시베리아 특히 바이칼호 주변에서 볼 수 있는 샤먼과 그 샤먼이 포함된 샤머니즘이 한반도의 한민족 집단이 북방 시베리아에서 기원한다는 확실한 증거라는 섣부른 판단을 내린다. 코로나 바이러스(2019) 이전에 분 바이칼 붐도 일반 대중의 눈길을 한 번 더 그쪽으로 향하게 만든 것이 사실이다. 하지만 샤머니즘은 그렇게 간단한 것이 아니다. 지역적으로나 역사적으로나 샤머니즘은 한두 마디로 정의를 내리기는 무척 힘든 것이라 할 수밖에 없다.

　무엇보다 샤머니즘이란 용어는 상당히 혼란스러운 것임에 틀림없다. 왜냐하면 그 개념이 매우 광범위하게 사용되기 때문이다. 그 용어는 선사시대 또는 그 이후에도 고등 종교가 전파되기 이전의 지구상의 여러 지역의 토테미즘, 애니미즘, 신화, 주술, 조상 숭배 등을 포함한 의미로 사용이 된다. 후기 구석기시대의 라스코/ 알타미라의 동굴 벽화부터 21세기 한반도의 무속인까지 그 범위가 너무 넓다. 만일 그런 방식으로 그 용어가 사용된다면 유럽을 포함한 유라시아의 거의 대부분이 한민족의 기원(D)이라고 주장을 할 수도 있을 정도이다. 그렇다면 결국 그들이 말하는 샤머니즘을 통해 논증하려는 한민족의 기원은 아무것도 말해주지 못하는 것이 될 수도 있다.

일단 샤머니즘을 종교 또는 정신-심리적 의미를 가진 것으로 한정해서 논의할 필요가 있어 보인다(조흥윤 2006). 비록 현재 우리가 접하고 있는 고등 종교는 아니라고 하더라도 유라시아의 여러 지역은 물론이고 현재의 한반도 지역에도 기본적인 종교의 요소를 가진 그러한 형식의 문화적 현상이 분명히 존재한다. 물론 수렵 또는 어로를 주 생활 수단으로 하는 유라시아 북부 소수 민족(D)의 그 종교는 그러한 생활 양식이 점차 사라지면서 소멸 단계로 가고 있고 한반도 지역의 샤머니즘인 무(무교, 무속)도 그 종교적인 측면이 과소 평가되기도 한다. 그것과는 상관없이 이하에서는 어느 정도 종교적인 의미를 가지는 샤머니즘을 논의의 대상으로 한다.

　무엇보다 유라시아 대륙 전반에 퍼져 있는 샤머니즘이 어떻게 한반도(ㄱ) 지역과 연관을 맺고 거기서 한 걸음 더 나아가 어떻게 한민족 집단(ㄱ)의 기원(D)으로 연결되는가 는 좀 더 구체적인 논의를 해야 한다. 그냥 막연히 무엇인지는 잘 모르지만 샤머니즘과 한반도 또는 한반도의 한민족 집단은 상당한 관련이 '있을지도 모른다' 또는 '있어야 한다'는 방식이 접근은 결코 바람직하지 않다. 특히 구체적인 논의가 쏙 빠진 당위론(또는 선험적 또는 연역적)적인 접근 방식은 유라시아 대륙 북부의 민족 집단(I)이 사용하는 알타이언어(C)와 한반도의 한민족 집단이 사용하는 한국어의 관련 문제에서도 여실히 드러나고 있다.

　그러한 방식의 접근은 알타이언어 계통도(성백인 1996)에 기반한 '원-알타이어(알타이 조어) → 한국어 → 예맥어(부여어)와 3한어'란 설정에서도 찾아볼 수 있다. 알타이언어는 인도-유럽어에 비해서 훨씬 더 오래전에 분기된 언어라서 귀납적인 방법으로 그 계통을 연구하기가 무척 힘들고 그래서 순전히 연역(D)적인 방법을 사용하는데 그러한 선험적(당위론적) 방법은 상당히 바람직하지 못하다(김주원 2006). 현재 언어학계에서는 한국어가 알타이언어와 직접적인 관련은 없다는 쪽으로 정리가 되어가고 있다(김주원 1991, 2006). 한국어가 '우랄-알타이어에 속한다' 또는 '알타이언어에 속한다'는 이전의 주장은 현재의 시점에서는 상당히 낡은 이론임에 틀림없다.

　여하튼 구석기시대의 유라시아 대륙과 한반도의 한민족 집단의 관련을 말하는 것은 크게 바람직하지 않다(이선복 1996). 그보다는 빙하기(D) 이후 현재의 한반도 지형이 이루어진 다음인 신석기 청동기 양 시대를 논의의 대상으로 삼는 것이 더 나을 것이다. 그 양 시대 한반도(7)는 육지로는 북쪽으로만 연결이 되는데 그 북쪽에서 어떤 집단이 들어온다는 학설이 나온다. 그 가운데 신석기시대는 북방설(시베리아설)에서 상정하는 바의 고-아시아족(D)과 곰 토템 정도가 언급이 된다(아래). 하지만 그들이 어떤 종교적 의미의 샤머니즘을 가지고 한반도로 들어가는지는 별로 밝혀진 것이 없다.

북방론자(김정학 1964; 김정배 1973; 한영희 1996)들은 시베리아 계통의 신석기 문화를 가진 집단이 한반도로 들어가서 기존의 구석기인(또는 중석기시대의 공백)을 대체한다는 가설을 세우는데 그들이 바로 고-아시아족(Paleo-Asiatics)이라고 지목하고 있다. 하지만 고-아시아족이란 용어는 분명한 실체가 있는 용어는 아니다. 그것은 러시아가 시베리아(10)로 들어간 이후 그 지역에 관한 연구 초창기에 러시아 언어학자들이 내놓은 대략적인 분류에서 나온 개념에 불과하기 때문이다(최정필 1991, 2006). 고-아시아족이란 용어는 이후 고-시베리아족(Paleo-Siberians)/ 신-시베리아족(Neo-Siberians)의 고-시베리아족으로 흡수가 되는 추세다.

고-아시아족이란 용어가 동북아시아 연구자들에게 널리 채용되고 이후 한국 학계에서 사용되긴 했지만 일종의 가설이란 한계를 벗어나진 못한다고 할 수밖에 없다. 이른바 축치(Chukchi), 코랴크(Koryaks), 길랴크(Gilyaks), 캄차달(Kamchadals), 유카기르(Yukagirs) 등이 포함되는 고-아시아족이 한반도에서도 활동한다(Shirokogoroff 1966)는 것도 언어학자들의 추정에 불과하다(최정필 2006). 그 집단이 한반도 지역에서 활동한다는 것도 확실한 증거는 없을 뿐 아니라 그들 집단이 샤머니즘을 가지고 한반도로 들어온다 하더라도 그들 집단과 샤머니즘이 한민족 집단의 기원(D)과 연결된다는 것은 완전히 다른 문제다.

결국 구석기시대 또는 신석기시대보다는 현재에서 더 가까운 청동기시대에 초점을 맞추어 논의하는 것이 더 바람직해 보인다. 다만 한반도의 청동기시대는 논란이 적지 않은데(손동완 2019/ 주석 13) 특히 시대구분(C)과 관련해서 여러 가지 설이 난무한다. 대략 기원전 1000년대의 청동기시대의 어떤 집단이 현재의 한민족 집단(7)과 직접적인 관련이 있고 그들이 시베리아 지역에서 샤머니즘을 가지고 한반도로 들어가서 이후 문화적인 면에서 주축(D)을 이루는 집단이 될 경우에는 어느 정도 이른바 북방설(시베리아설)을 증명하는 이론이 될 수도 있을 것이다. 하지만 그 길은 험난해 보인다.

기원전 1000년대에 시베리아 지역에서 한반도로 샤머니즘을 가지고 들어가는 집단을 밝히기는 쉽지 않다. 무엇보다 북방설(시베리아설)에서 설정하는 바의 청동기시대의 퉁구스인 (D)이란 집단 또한 신뢰하기 힘들기 때문이다(B/ 3). 더구나 당시의 무(고대 무/ 한국 무)가 이미 상당히 특징적인 발전과 전개를 보인다(조흥윤 1996)는 사실도 문제를 더 복잡하게 만들고 있다. 왜냐하면 시베리아의 단순한 형태의 샤머니즘을 가지고 들어간다는 집단과 그 후 그것을 고도화되고 체계화된 무로 전개시킨 집단이 다를 가능성이 크기 때문이다. 두 가지 형태 또는 수준 사이의 차이를 설명하기 위해서는 좀 더 심층적인 분석이 요구된다 할 수 있다.

최근의 연구 성과를 보면 북방설(시베리아설)의 이른바 퉁구스인(위)보다는 발해연안(B/ 1) 지역에서 청동기 문화를 가지고 한반도로 들어간다는 이른바 요녕계(B/ 2)가 한반도의 청동기시대와 훨씬 더 관련성이 높은 집단이다. 한국 고고학계에서 주목하는 다뉴경 등의 무구(김병모 1992)도 그들 집단과 관련이 있다. 문제는 그들 집단이 사용한 여러 가지 청동기 유물과 시베리아 샤머니즘과의 관련은 역시 가정에 불과하다는 사실이다. 더구나 그들 집단과 현재의 한민족의 집단 관련 문제도 녹록지 않다(B/ 2). 요녕계의 다른 분파라 할 수 있는 조선계(B/ 1)도 비슷한 문제가 있다고 할 수 있다.

한편 철기시대에는 한반도와 주변 지역의 여러 집단(더 구체적으로 말해서 "삼국지" '위지' '오환선비동이전'의 동이전에 나오는 집단이다)이 상당히 농경 의례화된 의식을 집행하는데 샤머니즘과의 관련을 살펴볼 필요가 있다. 그것은 기본적으로 제천(하늘 굿)을 중심으로 한 대규모의 의식(영고, 동맹, 무천 등)인데 이미 부족 단계를 넘어서서 3한(7)을 기준으로 말한다면 거의 국(D) 수준의 정치체 행사로 보인다. 그것은 유라시아 대륙 북쪽의 샤머니즘에 비해서 상당히 고도화/ 체계화된 양상을 보인다(조흥윤 2006). 물론 소도(위의 동이전) 등의 별읍을 볼 때도 당시의 무는 상당한 수준의 종교적인 모습을 보인다.

위에서 논의한 신석기/ 청동기/ 철기시대의 여러 집단 가운데 적어도 철기시대 3한(7) 지역의 집단은 현재의 한민족 집

단(ㄱ)과의 관련성이 상당히 높다. 하지만 이미 상당히 체계화
되고 농경 의례화된 그 집단의 의식이 실제로 시베리아(10)의
샤머니즘과 어떻게 연결되는지가 여전히 문제가 된다. 그리고
설사 그것이 시베리아와 관련이 있다 하더라도 그 문화를 가
진 집단이 정복자 기원(ⓒ) 유형으로 한반도로 들어가서 3한
지역의 주축(ⓓ)이 되는가 여부는 전혀 다른 문제다. 그 지역
의 제천(하늘 굿) 의식은 시베리아에서 직접 내려온 집단들이
거행한 것이라고 보기에는 사회 발전 단계상의 괴리가 너무
크다고 할 수밖에 없다.

결국 북방 시베리아의 샤머니즘이 한반도의 한민족 집단(ㄱ)
의 기원(ⓓ)과 연결이 되기 위해서는 여러 가지 복잡한 단계를
거치지 않고 서는 가능하지가 않다. 현재의 한민족 집단과 가
장 관련성이 높다고 할 수 있는 3한(ㄱ) 지역 철기시대 집단의
상당히 고도화된 의식(위)은 시베리아(10)의 샤머니즘과 바로
직결되기는 힘든 것이라서 문제가 된다. 물론 그 이전의 여러
집단은 구체적으로 어떤 종교적인 의식을 어떻게 행했는지
알 수도 없을 뿐 아니라 그들 집단과 현재의 한민족 집단과의

관련을 밝혀야 한다는 문제에 부딪히게 된다. 또한 더 이전의
집단은 한민족의 기원과는 더 무관할 수밖에 없다.

b 유전자

이 글은 북방 시베리아 문화ⓐ가 아니라 북방 시베리아 유전자와 관련한 것이다. 지금까지 북방 유전자 관련 논의는 이른바 바이칼론(아래)이 주도해 왔다고 해도 과언이 아니다. 하지만 바이칼론은 그 전제부터 다시 검토해 볼 필요가 있을 듯하다. 무엇보다 바이칼론은 '북방계 몽골로이드'란 용어와 뗄 수 없는 관계에 있지만 그것은 일반 대중이 생각하는 만큼 분명한 실체를 가진 개념은 아닌 듯하다. 또한 '북방계 몽골로이드'의 북방계와 '북방계 한민족'ⓒ이란 용어의 북방계가 일치하지 않을 수도 있다. 물론 두 용어는 모두 문화ⓓ보다는 형질 및 유전자ⓓ의 의미로 사용되지만 그 내용은 상당히 다르다.

〈바이칼론〉

코로나 바이러스(2019)가 창궐하기 직전까지 의학계, 출판계, 여행계가 중심이 된 바이칼 붐이 한바탕 휩쓸고 지나간다. 모두들 시베리아의 바이칼호로 달려가서 한민족 집단(7)의 기원(D)을 느끼고자 했다. 그 호수는 북방설(시베리아설)의 성지가 된 듯하다. 하지만 바이칼호 부근에서 보이는 일부 문화 특히 샤머니즘이 한반도의 무와 관련이 있을 수도 있다(a) 또는 그 지역의 민족 집단(1)의 외모가 우리와 비슷하다 등의 이유 때문에 바이칼호가 한민족의 기원일 것 같다는 정도의 수준을 크게 벗어나진 못한 것 같다. 한반도(7)에는 그 지역의 민족 집단인 부리야트족(10)과 비슷한 외모는 그다지 많지 않고 특이한 외모로 지적되기도 한다.

남한의 아마추어 연구자들은 서슴없이 한민족 집단이 바이칼호에서 기원한다고 말한다. 더 정확히 말하면 그들은 한민족 집단이 '북방계 몽골로이드'이고 그 집단은 당연히 바이칼호에서 기원한다고 알고 있다. 또한 '추위와 형질'(아래)이란 두 가지 어휘로 집약되는 단순한 설명을 그대로 믿고 있다. 원래 북방설(시베리아설)은 한반도의 신석기 청동기 양 시대에 북방 시베리아 문화를 가지고 시베리아(10)에서 한반도로 들어가는 민족 집단을 상정하는 이론이었지만ⓐ 현재는 바이칼호 주변에서 북방 시베리아 형질 또는 북방 시베리아 유전자를 가지고 한반도로 들어간다는 이른바 '북방계 몽골로이드'를 전제하는 이론으로 인식되는 경우가 적지 않다.

현생 인류의 한 집단이 빙하기(D)의 오랜 기간 동안 바이칼호 부근에서 생활 또는 생존하면서 추위에 적응하는 과정 속에서 몽골로이드(황인종)의 형질(D)적 특성을 지니게 되었다는 것이 현재 널리 퍼져 있는 믿음이다. 다시 말해서 아프리카 또는 유럽과는 다른 동아시아인(특히 동북아시아)의 외모가 추위 그것도 바이칼호 주변의 추위와 상관이 있다는 취지다. 왜 바이칼호 주변의 추위만이 현생 인류를 동아시아인의 외모로 만드는지는 잘 설명되지 않는다. 현재 동아시아인의 형질적 특성과 바이칼호란 특정한 지역의 추위는 필연적인 관계는 아닌 듯하다. 시베리아(10) 못지않게 혹독한 빙하기 유럽의 추위는 왜 다른 형질을 만드는지 알 수 없다.

　이른바 북방계 몽골로이드가 바이칼호 주변에서 기원한다는 것도 그 근거가 확실한 것은 결코 아니다. 그 근거는 GM 유전자론 하나뿐이라 해도 과언이 아니다. 한 일본 학자가 주장한 GM 유전자론은 몽골로이드(황인종)의 GM 유전자 가운데 하나인 ab^3st를 북방계 몽골로이드의 표지(標識)라고 추측한다(Matsumoto 1985). 하지만 어떤 특정한 유전자 그것도 '이전의 유전자 분석'(e)를 근거로 해서 이른바 남-북방계(D) 몽골로이드를 구분한다는 것은 하나의 가설일 뿐이다. 그 이론에 대해서는 이미 문제를 제기한 바 있는데 무엇보다 GM 유전자론은 '이전의 유전자 분석'이 가진 한계에서 자유로울 수 없다.

　'이전의 유전자 분석'은 어느 유전자를 중심으로 분석하는가에 따라 중심과 주변이 수시로 달라지고 결국 상대적인 결과(손동완 2018)라는 함정에 빠질 수밖에 없다. 따라서 GM 유전자란 특정한 유전자를 근거로 한 그 이론은 적어도 '최근의 유전자 분석'(e)으로 어느 정도 교차 검증을 받아야 할 듯하다. 미토콘드리아 DNA 또는 Y-염색체 DNA(C/ 용어 1) 분석은 '최근의 유전자 분석'에 속하는데 상대적으로 자의적 해석이 적은 편이다. 여하튼 GM 유전자 가운데서도 몽골로이드(황 인종)에 보이는 ab^3st란 유전자가 이른바 북방계 몽골로이드의 표지로 완전히 인정받기는 그다지 쉽지 않아 보인다(아래/ 아무르설).

　한민족 집단의 기원 문제는 혼합/ 결합/ 형성이란 개념(손동 완 2018, 2020 a)이 더해질 때 더 많은 것을 밝힐 수 있다. 지금 까지 기원(D) 문제와 관련해서 여러 종류의 혼합설(C)과 결합 설(C)이 나와 있다. 그 가운데 특히 혼합설에 속하는 이론도 한민족 집단이 북방 시베리아 특히 바이칼호에서 기원한다는 믿음에 전적으로 봉사하는 것은 아닌 듯하다. 예를 들면 선- 후 남방계(아래) 혼합설은 바이칼호와는 전혀 상관이 없다. 물론 그 이론이 문제가 없다는 것은 아니지만 이른바 바이칼 호의 북방계 몽골로이드와는 무관하다. 또한 4중 혼합설(B/ 2)도 '즐문인+무문인+요녕계+부여계'란 공식에서 바이칼의 지 분은 미미하다.

남-북방계(D) 혼합설도 사실상 한민족 집단이 바이칼호에서 기원하는 것이 전부가 아니란 것을 실토하고 있다. 한때 유행했던 '남방계/ 북방계' 얼굴론도 마찬가지다. 대략적인 언어학적 분류에서 시작된 '남방계/ 북방계' 몽골로이드란 접근은 GM 유전자론을 거쳐서 해부학 또는 미술 전공자를 중심으로 '남방계/ 북방계' 얼굴론으로 넘어간 바 있다. 남방계 몽골로이드의 얼굴의 특징이 어떠하고 북방계 몽골로이드의 얼굴 특징은 어떠하다는 것에서 시작해서 한반도 어느 지역은 어떻고 다른 어느 지역은 어떻고 중국인, 한국인, 일본인은 어떤 부류에 속한다는 등의 호사가 유의 논의는 최근에는 잠잠해진 양상이다.

바이칼론은 당연히 문화(D)적인 측면보다는 유전자(D)적인 측면에 경도된 이론이다. 앞서 말한 바처럼 일본에서 나온 GM 유전자론이 주요 논거가 된다. GM 유전자론은 기본적으로 남방계 몽골로이드와 북방계 몽골로이드란 분류를 전제로 하는 이론인데 그 이론적 근거도 결정적인 것도 아니다(아래/ 아무르설). 더구나 한민족 집단(7)의 구성원이 북방계 또는 남방계에 선택적으로 속한다고 전제하는 것 자체가 선험적인 접근일 수도 있다(ⓒ). 적어도 한민족 집단이 바이칼호에서 기원하는 북방계 몽골로이드란 단순한 주장은 심각하게 재고해야 한다. 한민족 집단과 바이칼호는 그다지 밀접한 관계에 있지 않다는 것이 팩트일 것이다.

일반적으로 구석기시대 또는 신석기시대에 어떤 민족 집단(1)의 기원(D)을 논하기는 무척 힘들다. 물론 한반도(7) 지역도 예외는 아니다. 한민족 집단의 기원이란 주제와 관련해서 대략 7세기를 기준으로 그 이전은 크게 봐서 세 시기를 배경으로 하는 이론이 나와 있다. '빙하기/ 빙하기 이후의 신석기와 청동기 양 시대/ 그 이후의 철기시대'가 그것이다. 바이칼론은 철기시대는 말할 것도 없고 신석기와 청동기시대도 훌쩍 뛰어넘어 더 이전인 빙하기(D)의 '형질과 유전자'를 논의하고 있다. 더구나 바이칼론은 '추위와 형질'(위)이란 대체적인 추측에 따른 것이고 GM 유전자론(위)이 그것을 증명하는 이론이라고 보기도 상당히 힘들다.

아무리 양보해도 바이칼론은 빙하기까지 올라가는 까마득한 이른 시기를 다룬다는 시간 범위상의 한계가 너무나 뚜렷한 이론이라고 할 수밖에 없다. 그런 방식이라면 동아프리카 또는 영장류가 한민족 집단의 기원(D)이라고 말하는 것도 별로 어색하지 않을 지경이다. 한민족 집단의 기원 문제와 관련해서 자꾸 위로 소급해가는 방식은 사실상 아무것도 말해주지 못한다. 그런 유의 접근은 한반도 주변의 모든 민족 집단이 한민족의 기원이란 주장이 아무것도 말해주지 못한다는 것과 별 차이가 없다. 실제로 민족 집단(1)의 계통과 분류(D)에 대한 기본적인 소양이 부족한 무리한 주장은 일일이 상대하기도 힘들 정도다.

(아무르설)

앞서 나온 GM 유전자에 대해서 좀 더 자세히 알아보면 그
것은 인류의 혈액의 혈청 속 5가지 항체 가운데 하나다. 그 유
전자는 인종마다 구성이 다른데 몽골로이드(황인종)는 그 항
체가 'ag/ afb^{1}b^3/ ab^{3}st/ axg'란 유전자로 구성되어 있다. 그런데
몽골로이드는 각 민족 집단(1)이 그 네 가지 유전자에서 서로
다른 비율을 보인다. 일본에서 한 연구자가 민족 집단별 유전
자 비율을 분석해서 몽골로이드 집단을 '남방계 몽골로이드'
와 '북방계 몽골로이드'로 구분하는 이론을 내놓는다. 그 연구
자는 그 네 가지 유전자 가운데서 ab^{3}st란 유전자를 콕 찍어서
북방계 몽골로이드의 표지라고 지목한다(Matsumoto 1985).

GM 유전자론은 일견 이전의 '남방계/ 북방계' 몽골로이드
란 대체적인 분류를 유전학적 측면에서 확정한 것으로 인정
을 받아서 이른바 바이칼론(위)을 증명한 이론으로 각광을 받
아왔다. 하지만 그 논의를 잘 살펴보면 이론적 허점이 적지
않다. 우선 몽골로이드(황인종) GM 유전자를 크게 두 그룹으

로 나눈다면 'afb¹b³/ ag' 두 그룹으로 나누는 게 더 합리적일 것이란 점이다. 호주 대륙 이북부터 남미까지 환-태평양 전체를 본다면 그 두 그룹이 기본적인 구성이고 그 사이에 ab^3st와 axg가 섞인 것으로 보아야 한다. 기본적인 그룹이 아닌 것에 속하는 ab^3st를 '남방계/ 북방계' 같은 기본적인 범주로 치환하는 것은 분명히 문제가 있다.

한걸음 양보해서 동남아시아와 중국 남부(정확히 말하면 서남부다)에서 압도적인 비율을 보이는 afb¹b³를 남방계 몽골로이드의 표지라고 보는 것은 가능은 하다. 하지만 동아시아 북부에서 ag 외의 두 유전자인 ab^3st와 axg 가운데서 axg는 의도적으로 배제하고 ab^3st만을 북방계 몽골로이드의 표지라고 설정하는 것은 문제가 없을 수 없다. 더구나 ab^3st 유전자가 어느 정도의 비율을 보이는 지역은 사실상 시베리아/ 연해주/ 일본 열도 정도에 국한된다. 미주 대륙(빙하기 당시 육지로 연결되어 있던 베링해를 건너서 몽골로이드가 들어간다고 알려져 있다)은 극히 일부만이 그 유전자를 가지고 있을 뿐이다.

그 이론에서 시베리아(10)와 일본 열도(8)가 하나의 범주로 묶이지만 시베리아와 일본 열도는 유전자상 하나로 묶이기가 매우 어려운 곳이라 할 수밖에 없다(C/ Y-염색체 DNA). GM 유전자론에 의거한 이론이 의미 있는 것이 되기 위해서는 미토콘드리아 또는 Y-염색체 DNA 분석에 의해서도 뒷받침이 되어야 하지만 그것은 기대하기 힘든 것으로 보인다(아래). 참고로 '최근의 유전자 분석'(e)에 해당하는 그 두 가지 분석은 지구상의 어느 지역에 어떤 유형의 민족 집단(1)이 분포하는가에 대한 더 많은 정보를 줄 수 있다. 다만 미토콘드리아 DNA보다는 Y-염색체 DNA(C/ 용어 1) 분석이 훨씬 더 많은 정보를 제공한다.

Y-염색체 DNA 하플로그룹 분석은 지구상의 특정 지역이 빙하기(D)에 어떤 집단이 도착해서 그 지역의 이른바 본토 유형(B/ 1)을 이루는가를 어느 정도 알 수 있다. 현생 인류는 아프리카에서 점차로 다른 대륙으로 펴져가는데 비교적 이른 시기에 아프리카에서 나오는 집단인 C, D 계열은 빙하기가 내준 길을 따라서 서아시아와 동아시아의 해안을 따라 이동

한다. 그 가운데 C 계열의 일단은 동남아시아에서 이른바 두 번째 루트인 '동중국 해안 → 일본 열도 → 사할린 섬'을 통해서 아무르강(흑룡강)으로 거슬러 올라간다(해수면 고도가 낮은 빙하기에 중국 대륙, 한반도, 일본 열도는 서로 연결되어 있고 다만 수심이 깊은 동해는 거대한 내륙 호수를 이룬다).

 C 계열의 C3 유전자형은 동아시아 북쪽의 본토 유형(위)에 해당하는데 러시아(러시아인)와 중국(한족)이 그 지역으로 들어가기 이전에는 그 집단이 다수를 이루고 있었다. 더 구체적으로는 현재의 러시아 연방의 극동/ 시베리아 두 연방관구, 몽골 고원, 중국 동북(만주) 등은 C3 유전자형이 대부분을 차지하는 지역이다. 러시아의 부리야트족과 어웡키(에벤키)족은 C3 유전자 비율이 전체의 4분의 3을 점한다. 몽골의 몽골 민족(Mongolian)도 주로 C3 유전자인데 북원의 다얀 칸 가계(칭기즈칸의 직계에 해당한다)도 C3 유전자로 밝혀졌다. 중국 동북(만주)도 그 지역의 퉁구스계 민족 집단은 C3 유전자 비율이 높고 누르하치의 직계 후손도 같은 유전자로 확인된 바 있다.

얼마 전에 러시아 연해주에서 이른바 악마의 문 동굴인 (Siska 2017)이 발견되어 큰 주목을 끈 바 있다. 그 동굴인(대략 7700년 전의 인골이다)은 퉁구스계인 울치족(아래)의 선조로 확인이 된다. 다만 그 인골은 둘 다 여성의 것이라서 Y-염색체 DNA가 확인되지 않지만 그것이 만일 남성의 것이었다면 C3 유전자로 밝혀질 확률이 상당히 높다고 보아야 한다(아니면 적어도 N 계열일 가능성이 있다). 악마의 문 동굴인은 빙하기에 동남아시아에서 이른바 두 번째 루트(위)를 통해서 이동한 집단의 후손이라고 할 수 있다. 그들은 분류상 알타이언어 (TMT) 사용 집단의 하나인 퉁구스계(T) 가운데 '남부 어군'의 언어를 사용하는 집단에 해당한다.

그런데 두 번째 루트로 들어온 그 집단을 선-남방계란 용어로 부르는 경우가 있다. 이른바 선-후 남방계 혼합설이다. 하지만 그것은 어불성설임에 틀림없다. 참고로 연해주 악마의 문 동굴인은 그 가설을 짜는 데 부분적으로 이용이 된 바 있다(박종화, 각종 언론 기사). 그 가설은 동남아시아에서 연해주로 빙하기인 3~40000년 전에 수렵 채집인(이른바 '선-남방계'다)

이 먼저 들어가고 다시 10000년 전에는 농경민(이른바 '후-남방계'다)이 들어간 후 연해주에서 두 집단이 혼합이 되고 다시 한반도로 내려온다는 주장이다. 그 주장에 대한 상세한 반론(손동완 2019/ 주석 9)은 이미 나온 바 있다.

이전에는 퉁구스계 민족 집단이 바이칼호에서 내려오는 이른바 북방계 몽골로이드라고 여겨졌다. 한민족 집단(7)이 '퉁구스계의 몽고 인종'이란 잘못된 정의(국사편찬위원회 검색창/ 한국민족문화대백과사전)도 그러한 설정을 기반으로 하고 있다. 하지만 그것은 이론적인 근거에서 상당한 문제가 있는 바이칼론(위)을 전제로 한 것이다. 이제는 바이칼론을 맹종하는 폐해를 벗어나서 좀 더 과학적인 논의를 전개할 필요가 있다. 특히 '최근의 유전자 분석'(e) 그 가운데서도 Y-염색체 DNA(C/ 용어 1) 분석에 주목해야 한다. '이전의 유전자 분석'(D)인 GM 유전자론(위)에 의거한 이론은 소규모 집단의 부분적인 이동을 반영하는 것 정도로 보아야 한다.

여하튼 퉁구스계(T)를 포함한 알타이언어(C) 사용 집단은 빙하기 동남아시아에서 두 번째 루트를 통하여 아무르강 주변으로 들어간 집단일 가능성이 훨씬 더 높다. 그들은 '알타이언어-C3'(손동완 2018) 집단이라 할 수 있는데 유라시아 대륙 북부의 본토 유형(B/ 1)에 해당한다. 그들 가운데 몽골계(M)와 투르크계(T)는 이후 몽골 고원과 중앙아시아로 이동한다. 반면 퉁구스계(T)는 원래의 지역에서 거의 이동하지 않은 편이라서 아무르강을 기준으로 그 주변의 여러 지역에 주로 분포하고 있다. 다만 러시아 연방 시베리아 연방관구 쪽으로 일부(어원족, 어웡키족)가 들어간 것이 예외라 할 수 있다. 만주 지역의 퉁구스계의 일부는 이후에 '북방계 한민족'(c)을 이룬다.

한민족 집단(7)은 Y-염색체 DNA 상의 C3 유전자형을 가진 비율이 10%가 조금 넘는다. '북방계 한민족'(c)이란 용어는 전체 한민족 집단 가운데 그 유전자를 가진 사람을 말하는 것으로 규정한다면 별문제가 없을 듯하다. 하지만 '남방계 한민족'(8)이란 용어는 주의해서 사용하지 않으면 안 된다. 왜냐하면 그 용어는 '북방계 한민족'이란 용어와는 달리 거기에 해당하는 실체가 없기 때문이다. 한편 한민족 집단의 대부분을 구성하는 O 유전자형(주로 O3와 O2b 유전자를 가진 집단이다)을 가진 집단은 동아시아의 본토 유형(B/ 1)에 해당하는 집단인데 그 집단이 남방계인가 북방계인가, 란 질문은 그다지 현명한 것이 아닐 듯하다.

c 교류

한민족 집단의 기원(D)이란 주제와 관련해서 '북방계/ 남방계'(b)는 물론이고 '북방설/ 남방설'(10)이란 용어가 자주 등장한다. 그런데 그 두 가지 짝은 개념상 완전히 일치하지는 않는다. 무엇보다 '북방설/ 남방설'은 그 용어가 쓰이는 일정한 맥락이 있다. '북방계/ 남방계'가 빙하기(D)까지도 언급이 되는 것과는 달리 '북방설/ 남방설'은 빙하기 이후 한반도(7)가 현재의 모습을 드러낸 후인 신석기 청동기 양 시대를 배경으로 하고 있다. 그리고 그 시기에 각각 북방 시베리아(아래)/ 남방 해양(아래)의 문화를 가지고 한반도로 들어가는 민족 집단이 있다고 가정한다. 말하자면 그 양 시기 한반도(7)가 그 두 지역과 교류가 있었다는 것을 전제하고 있다.

(북방 시베리아)

오랜 기간 북방설(시베리아설)은 한반도의 한민족 집단(가)의 기원 이론(부록 2) 가운데 가장 유력한 설로 여겨졌다. 하지만 그 북방 시베리아 지역이 한반도 지역과의 교류를 넘어서 한민족 집단의 기원(D)이 되는가, 란 것은 또 다른 문제다. 그것이 북방 시베리아 문화ⓐ와 관련된 것이든 아니면 북방 시베리아 유전자ⓑ와 관련된 것이든 간에 시베리아(10)와 한반도(가) 지역 간에 교류가 있었고 여러 분야에서 관련 연구가 행해진 것은 사실이다. 그렇다고 해서 시베리아를 포함해서 한반도와 교류가 있었던 모든 지역 또는 그곳의 민족 집단(1)이 한민족 집단의 특정한 기원일 수는 없다. 그것은 더 많은 논의가 필요한 부분이다.

예를 들면 신라 마립간 시대(356~500)의 대릉원도 시베리아 지역과의 교류를 반영한다고 할 수도 있다. 다만 마립간(D) 집단이 시베리아 지역에서 한반도 남부 지역으로 정복자 기원(C)으로 들어가는가 여부는 문제가 될 수 있다. 신라(사로

236

국)는 그 지배자 집단이 박/ 석/ 김 세 집단이 교립(交立)한다는 것은 잘 알려진 사실이다. 그 가운데 하나인 김씨계인 마립간 집단이 북방 시베리아 문화를 도입하고 표방한 것은 신라 내의 다른 집단은 물론 신라 밖의 부여계 집단(특히 고구려와 백제)과의 차별성을 강조하기 위해서 일 수도 있다. 7세기 문무대왕비(C/ TMT)에서 흉노계를 끌어들인 것도 비슷한 맥락으로 보인다.

기원 이론(부록 2)의 일부를 이루는 외래설(C)은 북방설/ 발해연안설/ 부여설/ 해양설이 주요 이론인데 각각 시베리아/ 발해연안/ 부여/ 해양 지역을 중심으로 논의가 이루어진다(손동완 2021 a). 그 네 가지 이론은 모두 한반도(7)와 주변 지역과의 교류를 반영하고 있다. 다시 말해서 외래설은 그 네 지역과 한반도 지역이 어떠한 교류가 있었다는 것을 전제하는 이론인 셈이다. 그 가운데 시베리아와 해양은 한 짝으로 묶이기도 한다(10). 여하튼 북방설(시베리아설)은 바로 외래설의 하나이고 특히 한반도 지역과 시베리아(10) 지역과의 교류와 교섭(D)을 전제하고 있다는 것은 분명한 사실이다.

북방설(시베리아설)은 한민족 집단의 형성기(676~1910)와 관련한 이론은 아니다. 그보다는 그 이전인 선-형성기(D) 그것도 신석기 청동기 양 시기와 관련된 이론에 지나지 않는다(손동완 2021 b). 일반적으로 어떤 민족 집단(1)의 기원을 구석기 또는 신석기 또는 청동기시대 등의 선사시대에서 찾는 것은 그다지 현실성이 없다고 할 수 있다. 그렇다면 북방설이 빙하기 이후 시베리아(10)와 한반도(7) 지역 사이의 교류를 반영하는 어떤 한 이론일 수는 있지만 한민족 집단의 기원 이론이라고 보기에는 난점이 적지 않다고 할 수밖에 없다. 그런 면에서는 북방설(시베리아설)은 근본적인 한계가 있는 이론이라고 해야 한다.

빙하기(D)가 끝이 나고 해수면 고도(20000년 전 기준으로는 현재보다 약 120m가 낮았다)가 높아지면서 이전에 육지로 연결되어 있던 중국 대륙, 한반도, 일본 열도가 현재의 모습을 드러낸다. 그 결과 삼면이 바다인 한반도는 육지를 통해서는 북쪽으로만 연결이 된다. 그 북쪽에서 한반도로 신석기인이 들어간다는 이론은 세 가지가 있는데 북방설/ 발해연안설 양설(B/ 1)과 북중국설(박선주 1996)이다. 그 가운데 북방설(시베리아설)이 가장 널리 알려져 있다. 하지만 북방설은 발해연안설이 등장하면서 영향력이 많이 줄어든다. 심지어는 북방설과 발해연안설을 섞는 절충론(B/ 3)이 나올 지경에 이르렀다. 북한의 경우는 본토설(C)로 선회한다.

(남방 해양)

북방설(위)과 대비되는 의미의 남방설도 역시 빙하기(D) 이후 한반도(7)가 현재의 모습을 드러낸 이후라는 시대적 배경이 있다. 그리고 북방설이 한반도의 북쪽인 북방 시베리아(위)에서 그 지역의 문화를 가지고 한반도로 들어오는 민족 집단이 있다고 설정하는 것처럼 남방설은 그 남쪽인 남방 해양(8)에서 그 지역의 문화를 가지고 들어오는 집단이 있다는 것이 전제가 된다. 하지만 남방 해양과 그 문화는 북방 시베리아와 그 문화에 비해서 불분명한 것이 사실이다. 북방 시베리아란 용어의 북방과 시베리아(10)가 일치하는 개념인데 비해서 남방 해양이란 용어의 남방과 해양(8)은 반드시 일치하는 것은 아니다.

무엇보다 남방, 남방계란 말은 가능한 한 아주 특별한 경우에 제한적으로 사용해야 한다. 남방계란 용어 자체가 청동기시대의 해양계(8)인지, 16세기 이후의 해양 패권 세력인 일본 민족(8)인지, 남중국의 남방인(한족)인지, 인도-차이나 반도의 오스트로아시아계인지, 인도-말레이 열도의 오스트로네시아계인지, 남인도의 드라비다계인지, 태평양의 폴리네시아계인지 알 수가 없기 때문이다. 마찬가지로 '남방계 한민족'이란 용어도 특정하기가 매우 힘들다. '남방계 한민족'에 해당하는 집단이 있는지, 있다고 한다면, 구체적으로 어떤 집단인지 도무지 알 수가 없다. 반면 북방계와 '북방계 한민족'(아래)은 그 개념이 비교적 분명하다.

남방계란 말이 들어가는 용어는 남방계 몽골로이드, 남방 해양계, 선-남방계/ 후-남방계 등이 있다. 우선 남방계 몽골로이드는 이른바 바이칼론(ⓑ)에 근거해서 북방계 몽골로이드와 대비되는 의미로 사용되는데 문제가 적지 않다. 다음으로 남방 해양계(⑧)는 빙하기 이후 해양 지역에서 해로로 해양 문화를 가지고 한반도로 들어가는 집단이란 의미로 사용되지만 그 집단이 있다 하더라도 한반도의 주축(ⓓ) 집단이 되기는 힘들 듯하다. 앞서 말한 바대로 그 시기에 그 문화를 가지고 들어가는 집단이 현재 한반도의 한민족 집단의 기원(ⓓ)이 되는가 여부는 별개의 문제이기 때문이다. 지금까지의 연구를 종합하면 그럴 가능성은 매우 낮아 보인다.

선-남방계/ 후-남방계는 이른바 선-후 남방계 혼합설(C/ 혼합설)에서 설정하는 두 집단인데 선-남방계는 사실상 동아시아 북쪽의 알타이언어(C) 사용 집단을 의미한다. 후-남방계는 존재 자체가 불확실한 집단이다(손동완 2019/ 주석 9). 무엇보다 빙하기에 동남아시아에서 동북아시아로 들어가는 집단을 남방계란 용어로 부르면 상당한 개념상의 혼동이 일어난다. 그들 집단은 정확히 말해서 본토 유형(B/ 1)이기 때문이다. 그 혼합설은 러시아 연방 연해주에서 신석기시대 퉁구스계 고-인골(화석 인골)이 발견(Siska 2017)된 뒤에 연해주란 지역과 그 고-인골에 모든 초점을 맞추어 구성한 것이라서 상당한 문제점이 노출된 바 있다.

학계에서 한민족의 기원에 관한 이론(부록 2)은 그 기원을 선사시대로 올라가서 찾는 경향이 강하다. 바로 위에서 논의한 한반도(7) 지역과 북방 또는 남방과의 교류는 이론사에서 '북방설과 남방설'(10)로 이어진다. 이 글은 기본적으로 북방설(시베리아설)에 관한 것이긴 하지만 '북방설과 남방설'은 서로 뗄 수 없는 관계에 있다는 것도 분명한 사실이다. '시베리아 대 해양'(김병모 1992)이란 도식이 그것을 잘 말해주고 있다 (10). 그 틀과 관련해서 사용되는 북방 시베리아(10)와 남방 해양(8)이란 용어 가운데 특히 남방 해양(남방 해양계)이란 용어는 앞서 지적한 대로 좀 더 주의해서 사용할 필요가 있다.

〈북방계 한민족〉

'북방계/ 남방계'(b)란 용어는 현재 일반 대중에게 문화(D)
적인 의미보다 형질 및 유전자(D)적인 의미로 더 익숙한 것이
사실이다. 그것도 빙하기(D)의 시베리아(10) 지역 특히 바이칼
호와 무슨 연관이 있을 것이란 선입견이 팽배하다. 그것은 우
리 학계에서 일본 등에서 나온 '추위와 형질'(b)이란 나이브한
설명이 비판 없이 받아들여지고 '남방계/ 북방계' 얼굴론(b)
같은 호사가 유의 설명도 한때 유행했기 때문일 것이다. 하지
만 바이칼론(b)은 그다지 과학적인 근거가 있는 학설은 아닌
듯하다. 또한 이른바 북방계 몽골로이드라는 개념으로 한민
족 집단을 설명하는 것은 한계가 있다. 그보다는 아무르설(b)
이 훨씬 더 타당성이 있는 것일 수 있다.

일반 대중이 생각하는 것처럼 '북방계/ 남방계'란 용어는
분명한 개념이 아니다. 더 정확히 말하면 매우 혼란스러운 개
념이라고 할 만하다. 그나마 '북방설/ 남방설'(위)이 특정 시기
(빙하기 이후의 신석기 청동기 양 시대)의 특정 지역(시베리아와 해

양 양 지역)과의 관련이란 범위 안에 있는 것에 비해서 '북방계/ 남방계'는 그 범위를 훨씬 넘어서기 때문이다. 말하자면 시간적으로 빙하기(D)도 포함되고 역사시대도 해당이 될 뿐 아니라 공간적으로 시베리아(10)뿐 아니라 비-시베리아(9) 지역도 포함되기 때문이다. 더구나 그 용어는 이상의 형질 및 유전자(D)뿐 아니라 문화(D)적인 의미로 사용되기도 한다.

'북방계 한민족'이란 용어도 한마디로 쉽게 정의하기는 힘들다. 무엇보다 현재의 한민족 집단(7) 구성원 가운데 그 범주에 들어가는 집단을 어떻게 구분할 것인가, 가 문제가 된다. 먼저 한민족 집단 가운데 일부만이 북방계일 경우가 있다. 다음으로 한민족 집단 가운데 일부가 '북방계/ 남방계'일 경우가 있다. 두 경우 모두 기본적인 한민족 집단이 존재하고 그 가운데 일부가 형질 및 유전자(D)적 측면에서 북방계 또는 '북방계/ 남방계'란 전제가 깔려 있다. 여기서 한민족 집단 구성원은 원래부터 북방계와 남방계 가운데 하나이고 그것이 혼합(C/ 혼합설)이 되어서 한민족 집단이 이뤄진다는 방식의 주장은 배제되어 있다.

위에서 언급한 바의 기본적인 한민족 집단(7)이 존재하고 그 가운데 일부분이 북방계 또는 '북방계/ 남방계'란 입장은 한민족 집단은 원래부터 북방계에 속하는 집단과 남방계에 속하는 집단이 혼합되어 형성된다는 이른바 남-북방계(D) 혼합설과는 상당히 다른 것이다. 그런데 엄밀하게 말해서 한민족 집단은 그 구성원이 원래부터 남방계 또는 북방계 가운데 하나여야 하고 그 둘이 혼합된다는 것은 어떤 선택을 강요하는 선험적인 것일 수 있다. 반대로 현재의 한민족 집단 구성원이 반드시 처음부터 남방계 또는 북방계 가운데 하나일 필요는 없다는 것이 더 합리적인 접근일지도 모른다. 여기서는 그러한 입장을 취한다.

이른바 '북방계/ 남방계' 몽골로이드란 구분도 절대적인 것이 아니다(b). 또한 동아시아의 민족 집단(1)이 꼭 북방계와 남방계로 구분되어야 한다는 것은 귀납적인 것이라기보다는 연역적인 것일 가능성이 더 크다. 더구나 '남/ 북'이란 방위칭(4)은 상대적인 것이고 그 기준이 무엇이냐 에 따라 달라질 수밖에 없다. 예를 들면 O 계열의 유전자(C/ Y-염색체 DNA)는 남방계라고 할 수도 없고 북방계라고 할 수도 없는 것이다. 동아시아 북쪽에 많이 분포하는 C 계열의 유전자(C/ Y-염색체 DNA)를 기준으로는 그것이 남방계라 할 수 있겠지만 그것은 C 계열이 정복자 기원(C) 유형일 경우에만 가능한 것이다(아래).

결국 O 계열의 유전자를 어떻게 파악하는가 에 따라 논의의 구조가 달라질 수밖에 없다. 만일 한반도의 한민족이란 집단이 북쪽의 소수의 C 계열의 민족 집단이 정복자 기원(C) 유형으로 들어와서 그들이 주축(D) 집단이 된 경우에는 다수의 O 계열의 유전자(위)를 가진 집단을 임의적으로 남방계라고 구분할 수 있다. 만일 그렇지 않다면 동아시아의 본토 유형에 해당하는 O 계열의 다수 집단을 중심으로 해서 그 북쪽의 C 계열의 유전자(위)를 가진 집단을 북방계라고 해야 한다. 현재까지의 연구 성과로 볼 때 C 계열을 정복자 기원 유형의 집단으로 볼 근거는 거의 없다. C 계열의 집단은 더 구체적으로 '알타이언어-C3'(손동완 2018) 집단이라 할 수 있다.

만일 현재의 한민족 집단 가운데 C 계열의 집단을 북방계라고 규정한다면 그 집단은 누구인가, 가 중요한 문제가 될 것이다. 우선 시베리아(10)와 비-시베리아(9)의 여러 민족 집단을 그 대상으로 꼽을 수 있을 것이다. 그 가운데 북방설에서 가정하는 시베리아의 민족 집단 특히 이른바 고-아시아족(D)과 퉁구스인(D)은 그 실체가 의심스럽다(B/ 3). 그렇다면 그 대신 비-시베리아(9) 지역인 내-아시아(Inner Asia)의 여러 집단을 고려 대상으로 해야 할 듯하다. 그 지역의 여러 민족 집단 가운데 이른바 '북방-북국'계(4)의 범주에 들어가는 여러 민족 집단 가운데서 찾는 것이 현실적인 방안일 것이다.

먼저 북방-북국계 가운데 예맥계(C)는 그 하위 집단 가운데 기원전에 주로 활동한 요녕계(B/ 2)는 위만-조선과 한 4군(C)을 거치면서 한족(6)과 혼합되고 이후 다른 집단에 흡수(D)된다. 그 일부(조선계)가 한반도 남부(중남부)로 들어간다는 설이 있지만 가설에 불과하다(B/ 1). 기원후에 활동하는 부여계(B/ 2)도 오랜 기간에 걸쳐서 다른 집단에 흡수된다. 물론 3한 지역으로 들어간 일부 부여계 집단이 있긴 하지만 그 영향은 제한적이라고 보아야 한다. 예맥계는 일찍이 명맥이 끊어진

데다 현재 그들이 어느 계통의 집단인지 밝히기도 쉽지 않다. 유전학 분야에서 그 집단의 유전자 계통을 분석해 낸다고 해도 큰 의미가 없을 수도 있다.

다음으로 나머지 두 집단 가운데서 동호계(9)보다는 읍루계(숙신계)(9)가 더 가능성이 높아 보인다. 현재의 러시아 연해주는 이전에는 읍루의 영향권이었다. 읍루와 옥저는 오랜 기간 서로 영역이 겹치면서 경쟁 관계에 있었지만 결국은 읍루의 후예들이 그 지역을 차지한다(강인욱 2021). 읍루는 이후 물길 → 말갈 → 여진으로 계기적으로 이어진다. 그 집단은 이후 만주(Manchuria)에서 비교적 큰 족적을 남기는데 퉁구스계(C/ TMT) 민족 집단 내에서 비중이 큰 만큼 분류상의 용어도 만주-퉁구스(김주원 2006)라고 불리기도 한다. 말갈은 발해(5)의 주력 집단이 되고 여진은 금과 후금(청)(4)을 세운 집단이다.

현재의 중국 동북 길림성 연변 조선족 자치주(대략 두만강의 북쪽이다)는 말갈 7부 가운데 하나인 백산 말갈(발해 건국에 주도적인 역할을 한 집단의 하나다)의 거주지인데 바로 그 지역에서 발해(698~926)가 건국이 된다. 발해의 말갈은 한반도의 한민족 집단과 직접적인 관련은 없지만(5) 발해 국가가 한반도 국가와 이른바 '남-북국'을 형성한다는 방식의 역사 기획(A/ 4)이 나온 바 있다. 말갈은 발해 멸망 이후에는 거란 요(907~1125)의 지배를 받는다. 요의 지배하의 말갈은 여진 특히 '숙여진'이라 불린다('생여진'과 대비되는 의미다). 12세기에 오면 그 지역은 금(1115~1234)으로 통합이 된다.

연변 건너편(두만강 남쪽이다)이 동계 지역인데(3) 오랜 기간 여진의 거주 지역이었다. 영흥강(함경남도의 남단이다) 위쪽으로 지나가는 천리장성(1033~1044 축조)을 경계로 그 이북은 고려조로 잠깐 들어온 적이 있지만 대체로 여진의 영역으로 남는다. 그 후 그 지역은 고려조 후기 원제국의 쌍성총관부 등으로 넘어갔다가 조선조에 와서 한반도 국가로 완전히 편입이 된다. 그 지역의 여진(해서 여진/ 건주 여진과 대비해서 야인 여진이라 불린다)이 한민족 집단의 C3 유전자(위)와 가장 큰 관련이 있는 집단인 듯하다. 한반도 국가로 편입된 여진계가 '북방계 한민족'의 주축이라 할 만하다(그들과 고려조의 양수척, 수척, 화척 또는 조선조의 백정 등의 집단이 관련이 있다는 설도 있다).

d반 중국론

북방설(시베리아설)은 한때 한민족 집단의 기원에 관한 가장 강력한 이론으로 간주되었다. 하지만 이후 그것을 대신하는 여러 가지 다른 이론이 나오고 있다(부록 2/ B). 앞의 여러 글에서 북방설의 핵심적인 주장에 대해서 몇 가지 각도에서 반박하고 검증한 바 있다. 그런데 한민족 집단(7)이 시베리아(10)에서 기원(D)한다는 북방설은 그 자체가 진실인가 여부를 떠나서 왜 이른바 시베리아의 북방설이 나오는가, 란 문제가 더 핵심적인 것일 수도 있다. 그것은 한반도(7) 지역이 오랜 기간 중국(6)의 문화(D)적 영향권 아래 있었다는 사실과 무관하지 않은 듯하다. 이른바 '반 중국 문화' 이데올로기가 그 이면에 작용하고 있다고 할 만하다.

(신화)

　한민족 집단의 기원(D)과 관련해서 그동안 시베리아 기원/ 만주 기원이라는 두 가지의 신화(손동완 2018)가 배회하고 있었다. 그 가운데 시베리아(10)는 그야말로 뜬금없이 어느 날 갑자기 부상한 지역이라고 할 수밖에 없다. 시베리아와 한반도의 한민족 집단(7)이 엮이기 시작한 것은 일본 식민지(1910~1945) 시기라고 할 수 있기 때문이다. 그런 만큼 한반도 또는 한민족 집단과 시베리아 지역의 이론사상의 인연 또는 역사는 그다지 길지 않다. 어떻게 말하면 앞의 두 지역 가운데 만주(9) 지역이 한반도와 더 가까운 지역이고 역사적으로도 교류(c)가 더 빈번했던 지역이라고 할 수 있다.

　16세기 이후 해양 패권 세력으로 성장한 일본(8)은 20세기에 접어들면서 대륙으로 들어가게 된다. 청-일/ 러-일 전쟁에서 승리하고 한반도를 합병(1910)한 일본은 만주(9)와 중국 대륙에 이어서 동남아시아까지 들어간다. 일본의 제국주의는 정치-군사(D) 또는 경제의 영역뿐 아니라 학술의 영역까지 영향을 미친다. 그 결과로 당시 일본의 역사학계도 대륙과 일본 열도의 연결을 모색하는 이론을 제시하는데 그 가운데 하나가 일본 민족(8)의 북방 기원설이라고 할 수 있다. 당시의 역사학자 특히 고고학/ 인류학 연구자들은 시베리아 → 만주 → 한반도를 거쳐서 일본 열도로 들어간다는 정복자 집단을 설정하는 기획을 한다.

한민족 집단의 시베리아 기원을 주장하는 북방설도 일본 식민지 시기의 그러한 학문적 분위기 속에서 일본 학자에 의해서 탄생한 것이라 해야 한다. 특히 한반도 신석기시대를 대표하는 즐문(빗살무늬)(D) 토기가 시베리아에서 기원한다는 설(Fugida 1930)이 한국 학계에 결정적인 영향을 준 것으로 보인다. 그 이론은 1990년대에 와서 그 당시의 소장 학자 그룹의 저격을 받기 전까지는 버젓이 통용되었다. 그다음에는 일본 학계에서 유전학 방면의 연구 성과가 축적되면서 나오는 여러 이론 가운데 하나인 GM 유전자론(Matsmoto 1985)이 북방설(시베리아설)을 증명한 이론으로 각광받지만 문제가 적지 않다(b).

한국 학계에서는 북방 시베리아의 문화(D)와 유전자(D)에 관한 몇몇 단순하기 그지없는 이론을 북방설을 증명하는 근거로 별 의심 없이 받아들인 것으로 보인다. 하지만 시베리아를 한민족 집단의 기원(D)으로 보는 북방설은 그 이론이 일본에서 어떤 정치적인 맥락 속에서 나온 것이란 태생적인 한계는 그만두고라도 그 이론적 근거에 대해서도 제대로 논의하지 못한 점이 있다는 것이 정확한 팩트일 것이다(a, b). 아직까지 북방설의 시베리아(10)는 대중과 언론의 입장에서는 그야말로 가슴이 뛰는 그 무엇일 수도 있지만 이제는 시베리아를 그 자체로 보고 냉정함을 되찾을 시점이 되었다고 할 수 있다.

무엇보다 한민족 집단의 기원 이론(부록 2)과 관련해서 시베리아(10)가 유일한 발언권을 가진 지역은 아니다. 북방설(시베리아설)은 이후 북한에서 나오는 본토설(C)의 비판을 받을 뿐 아니라 남한에서 나오는 발해연안설(B/ 1)의 비판도 받는다. 결국 북방설의 시베리아 지역은 그 두 이론의 반박을 받고 나서 그 독점적인 지위가 많이 흔들리게 된다고 할 수밖에 없다. 현재 북한에서는 북방설이 거의 폐기된 상태이고 남한에서는 발해연안설과 절충하는 방식을 찾아서 겨우 그 명맥을 유지하고 있다(B/ 3). 한편으로는 북방설은 북방 시베리아의 문화(D)가 아니라 유전자(D)를 강조하는 흐름에 편승하기도 한다(b).

(반 중국 문화)

 학계와 일반 대중에게 북방설(시베리아설)이 상당한 영향력을 행사한 데는 물론 그만한 이유가 있을 것이다. 그 가운데 가장 중요한 것이 바로 한반도의 한민족 집단(7)의 고유한 문화 또는 독자적 문화를 찾는 경향일 듯하다. 오랜 기간 중국(6)의 문화(D)적 영향권 아래서 살아온 한반도 지역에서 중국 문화와는 다른 그 무엇을 찾는 흐름이 쭉 있어 왔고 북방설도 그 연장선상의 논의일 수 있다. 다시 말해서 북방설도 오랜 기간 중국의 문화적 영향을 받아온 한반도 지역에서 한족(6)의 역사 공동체(C) 중국(China)의 문화와는 다른 그 무엇을 찾아서 강조하는 흐름을 반영한다고 할 수 있을 것이다.

 그러한 흐름은 '반 중국 문화'(손동완 2018) 이데올로기라고 부를 수도 있다. 다시 말해서 동아시아의 중심 문명권의 역할을 해온 중국(6) 및 중국 문명에 대항하는 이데올로기가 작용하고 있다는 말이다. 그래서 그러한 논의에는 비-중국/ 비-한족의 그 무엇을 강조하는 민족주의와 국수주의의 정서가 밑

바탕에 짙게 깔려 있다. 그러한 시도 가운데서 가장 특징적인 것이 바로 유라시아 대륙 북쪽 특히 시베리아 남부의 초원-유목 문화에 주목하는 것이다. 말하자면 '반 중국 문화'의 출구를 주로 북방 시베리아 문화ⓐ에서 찾고 한민족 집단의 북방 기원(시베리아 기원)(손동완 2021 b, c)을 가정한다.

유라시아 대륙 그 가운데서 이른바 중앙 유라시아(김호동 2016)란 범위에 들어가는 헝가리 동부에서 중국 동북(만주) 흥안령까지의 지역은 이른바 '제5의 문명'이 나온 지역이란 평가를 받기도 한다. 그만큼 지구상의 다른 지역과는 다른 독특한 초원-유목 문화가 존재하고 그 문화가 동서양의 여러 지역에 영향을 미친 것도 사실이다. 한국 학계의 북방론자들은 특히 시베리아(10)를 주목하고 시베리아 지역의 여러 문화에 대해서 언급한다. 아울러 유라시아 대륙에 걸쳐서 널리 퍼져 있는 샤머니즘ⓐ을 강조하고 한반도의 한민족이 사용하는 언어인 한국어ⓐ가 북방의 언어와 가깝다는 것을 힘주어 말한다.

하지만 한반도 지역은 일찍부터 초원-유목 문화가 아니라 농경(D)(아래) 문화를 근간으로 해서 사회 발전 단계를 밟아 왔다. 다시 말해서 북방 시베리아의 초원-유목 문화가 아니라 농경 문화가 한반도의 아-문화(sub-culture)(아래)의 핵심적인 부분이 된다고 해야 한다. 반면 시베리아(10)는 물론이고 가까운 만주(9) 지역도 일부 지역을 제외하고는 대부분이 수렵 또는 유목 경제에 의존해 왔다. 서부 만주 가운데 홍안령 산맥 주변(현재 내-몽골로 편입되어 있다)은 대표적인 유목 경제 지역이다. 동부 만주도 송화강 유역을 제외하고는 대부분 삼림 지역을 이루는데 19세기까지도 다양한 소수 민족 집단이 수렵 또는 어로가 주를 이루는 생활 방식을 유지해 왔다.

앞서 언급한 바처럼 시베리아 또는 만주(요동과 일부 지역은 예외다)와는 달리 한반도(7) 지역은 이른 시기에 농경이 도입되고 적어도 기원전 1000년대에는 초기-농경(D) 사회가 진행된다. 일찌감치 비-수렵 사회로 접어든 한반도 지역은 시베리아 또는 만주와 비교할 때 비-유목의 농경 경제란 물질적인 토대 위에서 그 두 지역과는 다른 유형의 사회 구조를 형성한다(손동완 2018). 그것은 여러 가지 측면에서 드러난다. 한반도 지역에서는 어로/ 수렵에 관한 세시도 일찌감치 농경 의례화 될 뿐 아니라(김택규 1996) 샤머니즘(무)도 상당 부분 농경 의례적 성격을 갖게 된다(조흥윤 1996).

비교적 이른 시기에 농경 경제로 넘어간 한반도 지역은 이후 중국 대륙에서 전래되는 불교(D)와 유교(D)의 강력한 영향을 받아서 시베리아(10)와는 더 멀어진다. 그 두 가지 사상은 한민족 집단의 의식 세계 또는 정신세계를 구성하는 주요한 부분이 되기 때문이다. 먼저 불교는 3한의 기존 토착 신앙(천신, 지신, 산천신 또는 신궁) 위에 자리 잡고 이후 대-신라와 고려조를 거치면서 한민족 정신세계에서 빠뜨릴 수 없는 한 축이 된다. 다음으로 유교는 고려 조선 양조 지배층의 주요 이데올로기로 정착이 되고 특히 유교적인 정치 제도(D)는 양조에서 핵심적인 역할을 한다. 고려조 이래의 기자 기원(A/ 2)론도 유교적 이데올로기가 낳은 대표적인 산물이라 할 만하다.

역사 공동체(C) 한국(Korea)에 속하는 한민족 집단(7)이 오

랜 기간 문화 공동체를 이루어 온 한반도 지역은 한반도 3조
©란 오랜 기간을 통해서 주변 지역과는 다른 일종의 아-문
화(위)를 형성해 왔다. 아-문화는 중심 문명권(동아시아와 서
아시아에서는 주로 중국과 인도가 그 범주에 든다)의 문화가 주변
지역으로 흘러가서 이뤄지는 문화를 말한다(손동완 2019/ 주
14). 동북아시아에서는 한반도(7)와 일본 열도(8)의 문화가 대
표적인 경우다. 동남아시아의 인도-차이나 반도와 인도-말레
이 열도의 문화도 대표적인 아-문화라 할 만하다. 한반도 지
역은 이미 이른 시기에 시베리아(10) 또는 만주(9) 지역과는 문
화(D)적으로 구분이 된다.

〈이론과 담론 사이〉

북방설(시베리아설)은 분류상 당대설(B/ 1)에 속한다. 그런
만큼 근대 이후의 역사 연구 특히 인류학과 고고학을 활용
해서 문화(D) 또는 유전자(D)와 관련한 다양한 이론을 제시
한다. 물론 그런 이론은 여러 가지 문제점을 가지고 있고 거
기에 대한 비판(a, b, c)과 대안(e)도 나온다. 그런데 위에서 볼
수 있는 것처럼 북방설(시베리아설)은 이론(B)이면서도 담론(A)
에 가까운 논의가 들어가 있다는 것도 사실이다. 바로 위에서
논의한 '반 중국 문화' 이데올로기는 하나의 담론을 구성하고
있기 때문이다. 그뿐 아니라 북방설에서 한 걸음 더 나아간
논의인 '북방설과 남방설'(10)이란 것도 유사한 모습을 보이고
있다.

물론 이론(B)과 담론(A)이 뚜렷이 구분되는 것은 아니지만
이른바 기원 이론(한민족 집단의 기원에 관한 이론)을 좀 더 효
과적으로 설명하기 위한 편의상의 구분으로는 유용하다고
할 만하다. 당대설과 대비되는 전통설(C) 가운데서 단군(A/ 1)

과 기자(A/ 2)에 관한 이론은 사실상 담론에 가까운 것이라는 것은 충분히 예상할 수 있다. 그뿐 아니라 3국(A/ 3)설 더 정확히 말해서 후-3국 3국 소급(D)설도 역사 기획(A/ 4)을 바탕으로 한 하나의 담론을 이루고 있다. 이상의 전통설의 단군/ 기자/ 3국뿐만이 아니라 이 글의 주제가 되는 당대설인 북방설(시베리아설)의 '반 중국 문화' 이데올로기도 다분히 담론의 성격을 보이고 있다.

북방설(시베리아설)은 이론(B)과 담론(A) 두 가지의 성격을 가진 것이고 따라서 북방설은 '이론과 담론' 사이에 자리하고 있다고 할 수도 있다. 참고로 저자는 오랜 기간 한민족 집단의 기원(D)이란 주제를 천착해 왔다. 그 주제와 관련한 여러 가지 해설(해설 1/ 해설 2/ 해설 3)을 내놓는 한편 기원 이론(손동완 2020 a)/ 기원 이론 2(손동완 2020 b)/ 기원 이론 3(손동완 2021 a)/ 기원 이론 4(손동완 2021 c)를 통해서 그 주제에 관한 논의를 점차적으로 업그레이드시켜 왔다. 본서에서는 그동안의 논의를 '한민족의 기원에 관하여'(부록 2)란 제목으로 집약해서 싣는다. 거기서는 기원 이론을 담론(A)과 이론(B) 두 부분으로 나누어서 설명한다.

북방설(시베리아설)도 어느 정도 정복자 기원(C) 유형을 전제하는 듯하다. 왜냐하면 그 이론은 북방 시베리아 문화(ⓐ)를 가지고 한반도로 들어가는 민족 집단을 상정하고 있기 때문이다. 북방설은 분류상 전형적인 외래설(C)이다. 하지만 한민족 집단의 기원(D) 문제는 반 정복자 기원의 내재론(아래)이란 시각에서도 살펴볼 필요가 있다. 내재론(내재적 발전론)은 어떤 지역(D)에서 오랜 기간에 걸쳐서 어떤 민족 집단(1)이 형성(C/ 형성론)되는 것에 초점을 맞춘 이론이다. 한반도 지역의 한민족 집단(7)의 기원이란 주제에서 당연히 한반도(7)가 내재론의 구체적인 지역이 된다. 두 가지 설이 있다.

(평양설)

북한은 청동기시대 고조선(기원전 1000년대로 설정한다)에서
더 올라가서 구석기시대까지 거슬러 올라가는 민족 기원(D)
이론을 수립한다. 초반에 북방설(a, b, c, d)을 채택하던 북한
은 평양(D)과 그 부근에서 고-인골(화석 인골)이 발견된 뒤로
는 이른바 본토설(C)로 선회한다. 그것은 고고/ 인류학의 성
과를 바탕으로 일종의 모형론(아래)을 제시하는 방식인데 북
한은 조선 민족(한민족)이 평양(D)에서 기원한다는 이론을 세
운다. 그래서 북방설(시베리아설) 또는 그 이후에 나오는 발해
연안설(B/ 1) 정도에 머무르고 있던 남한의 이론에 비해서는
어느 정도 우위를 점한 것처럼 보인 것도 사실이다. 하지만
그 이론도 많은 문제를 안고 있다.

평양(D) 지역을 강조하는 북한의 본토설(C)은 일종의 모형
론이다. 대체로 구석기시대의 고-인골(화석 인골)을 상위에 놓
고 계보(D)를 구성하는 방식인데 북한뿐 아니라 중국과 일본
에서도 그러한 방식을 사용하고 있다(한영희 1996). 중국에서

는 북중국에서 발굴된 산정(山頂)인을 그리고 일본에서는 오키나와에서 발굴된 항천(港川)인을 꼭대기에 놓고 민족 기원을 찾는 방식인데 그러한 방식은 문제가 있다(C/ 본토설). 그러한 모형론은 어떤 지역에서 비교적 의미 있는 고-인골(화석 인골)이 발견되면 그것을 중심으로 여러 가지 자료를 동원해서 계보를 세우는 방식인데 애초부터 그것이 확정적인 것이 아닐 가능성이 내포되어 있다.

북한 학계는 그간의 고고/ 인류학적 연구 성과를 바탕으로 '원인 → 고인 → 신인'(사회과학원 고고학연구소 1977) 또는 '고인 → 신인 → 신석기인'(장우진 1987, 1989)이란 발전 도식을 내놓는다. 원인은 물론 호모 에렉투스를 말하고 고인/ 신인은 각각 호모 사피엔스/ 호모 사피엔스 사피엔스를 지칭하는 북한의 용어이다. 첫 번째 도식은 호모 에렉투스(원인)와 호모 사피엔스가 계통(D)적으로 연결되지 않는다는 것이 다수설이기 때문에 문제가 된다. 한편 두 번째 도식에서 나오는 신석기인은 조선옛유형사람이라고 부르는데 조선 민족(한민족)의 기원(D)이 된다고 보고 있다. 그것은 한반도의 신석기인이 빙하기 이후 북쪽에서 들어온다고 보는 남한의 이론ⓒ과 사뭇 다르다.

북한은 평양(D)의 본토설(C)에서 한 걸음 더 나아가서 조선 민족(한민족)이 외부와의 접촉, 다시 말해서 외부 집단과의 혼혈 없이 자체 형성/ 발전한다는 주장까지 편다. 그리고 그 지역에서 발견된 고-인골(화석 인골)의 형질 인류학적 특징 또는 유전학적 특징(특히 혈청학적 특징)에 대한 분석을 통해서 그러한 특징이 현재까지 그대로 이어지고 있다고 강변한다(장우진 리애경 1984). 특히 북한이 강조하는 것 중의 하나가 바로 이른바 단혈성(D)론인데 조선 민족(한민족)이 혈통상 단일하다는 주장이다. 북한의 단혈성론은 남한의 단일 민족이나 그 이전의 일본의 단일 민족이란 개념보다 훨씬 더 폐쇄적이고 극단적인 것이다.

사실상 혈통, 단일 등의 개념은 매우 전체주의적인 발상이 아닐 수 없다. 나치 독일의 예를 들 것도 없이 혈통의 순수함은 정치적으로 악용되어 엄청난 참화를 불러일으킬 수도 있는 위험한 것이라 할 수밖에 없다. 그리고 단일 민족이란 기

270

치도 이미 일본의 제국주의와 한국의 독재 정권에서 이데올로기적으로 사용되어 많은 후유증을 남긴 바 있다. 북한 역시 주체 사상을 뒷받침하는 하나의 장치로 단일, '단혈' 등의 개념을 사용했다는 혐의를 지우기 힘들다. 오랜 기간 외부와 단절된 북한(3)의 체제 내에서 이루어지는 학문 분야는 예외 없이 정치적인 목적에 복무해야 한다는 정황이 엿보인다.

무엇보다 '최근의 유전자 분석'(b) 특히 Y-염색체 DNA(C/ 용어 l) 하플로그룹 분석을 보더라도 조선민족(한민족) 집단이 단일 또는 '단혈'한 존재일 수가 없다. 한민족 집단은 동아시아에 널리 퍼져 있는 O 계열의 유전자 집단과 동아시아 북쪽에 분포하는 C 계열의 집단(주로 알타이언어 사용 집단이다)이 섞여 있다. O 계열도 중국 대륙의 본토 유형에 해당하는 O3 유전자형과 한반도와 일본 열도의 본토 유형(B/ l)에 해당하는 O2b 유전자형이 섞여 있다. 물론 O 계열과 C 계열 이외의 다양한 유전자 계통도 소수가 섞여 있다. 지구상의 대부분의 민족 집단(1)은 여러 가지의 유전자 집단이 혼합되어 이루어진 것이지 순수한 집단이 존재하는 것은 결코 아니다.

(3한설)

한민족 집단의 기원(D)과 관련해서 빙하기(D)를 배경으로 하는 이론은 너무나 먼 이야기다. 그리고 빙하기 이후 신석기 청동기 양 시기를 배경으로 하는 이론 특히 '북방설과 남방설'(10)도 문제가 적지 않다. 또한 기원전후 3한 지역(7)으로 들어간다는 정복자 집단을 상정하는 이론(C/ n 3)도 마찬가지다. 그보다는 한반도의 초기 농경인 인 무문인(D)에서 그 기원을 찾는 것이 더 설득력이 있을지도 모른다. 그런데 그 집단은 기원이라기보다는 모태(D)라고 보는 것이 더 정확할 듯하다. 어떻게 말하면 그 집단보다는 3한이란 지역(D) 또는 그 지역의 3한 복합체(C)가 훨씬 더 그 모태란 개념에 가까울 듯하다.

3한 복합체는 3한 지역(7)에서 성립하는 일종의 지역-역사(D) 복합체(regional-historic complex)인데 대략 기원전 1000년에서 기원전후를 지나서 7세기까지의 오랜 기간에 걸쳐서 이루어진다. 물론 3한 복합체는 여러 가지 측면이 있겠지만 시대구분(C)이란 면에서 보자면 두 시기를 포함한다. 하나는 기원

272

전 1000년대(1000~1)의 초기 농경(D) 사회인 무문기(D)이고 다른 하나는 기원전후에서 7세기까지(1~676)의 3한 통합기(D)다. 3한 통합기는 기원전후 발생하는 3한 지역의 소정치체 국(D)이 이후 '연맹과 병합'(이종욱 2002) 단계를 거쳐서 고대 국가(백제와 신라)로 발전하고 다시 그 고대 국가(영역 국가)가 통합되는 시기를 말한다.

주축(D) 집단이란 면에서 볼 때 3한 복합체(C)는 한반도 동남부 진한 연맹체의 맹주인 사로국의 사로계에 의해서 완성이 된다. 대-사로(great-Saro)라는 개념이 그 과정을 잘 설명할 것 같다. 대-사로는 사로(경주 지역)가 확장된 신라(진한 지역) 그리고 신라가 확장된 대-신라(3한 지역 전체)까지 포함하는 용어다. 반면 대-조선(great-Chosun)(C)/ 대-부여(great-Puyeo)(C)라는 개념은 성립하기 쉽지 않다. 지구상의 큰 집단들도 원래는 조그마한 집단에서 시작된다. 영국(UK)도 템스강 가의 한 요새인 론디니움(런던)에서 시작되고 러시아도 바이킹의 한 집단(루스족)에서 시작하고 몽골 제국도 서부 만주의 작은 한 집단(몽올-실위)(4)에서 시작이 된다.

기원전후 3한 이전에서 3한으로 넘어오는 과정에 대해서는 두 가지 접근이 있다. 하나는 내재론(내재적 발전론)의 접근이고 다른 하나는 외래설(외래적 정복론)의 접근이다. 무문인(D)의 후계 집단이 기원전후 3한 국(D)의 주축 집단이 되고 이후 한반도 정치 세력의 중심이 된다는 견해는 내재론의 접근이다. 반면 정복자 집단(아래)이 3한 지역으로 들어가서 지배 세력이 되고 최종적인 기원(D)이 된다는 것은 외래설의 접근이다. 대략 기원전 1세기와 그 이후의 조선계(B/ 1), 한족계(B/ 1), 십제(부여계)(D) 세 집단이 정복자 집단으로 상정되고 각각 조선계설, 한족계설, 부여계설에 해당하는 이론이 있다(C/ n 3). 그 밖에 그 중간 정도에 해당하는 이론도 있다(B/ 2).

그 가운데 내재론적인 접근인 3한 복합체(C)를 모태(D)로 해서 한반도 3조(C)를 통해서 한반도 지역의 한민족 집단(7)이 형성(C/ 형성론)된다는 것이 바로 '3한설'의 내용이다. 유럽의 포르투갈과 함께 지구상에서 가장 동질적인 민족 구성을 보인 바 있는 한반도(7) 지역은 한반도 3조(대-신라, 고려조, 조선조)란 긴 기간을 통해서 정치적 통합(D)과 문화적 융합(D)을 이루어 왔다. 정치적 통합이란 면에서 볼 때 그 지역은 이미 7세기에 1차적인 정치적 통합이 이루어진다. 이어서 한반도 3조(C)란 긴 기간 동안(1200년이 넘는다) 2차적인 정치적 통합이 진행된다(왕조의 교체도 직전 왕조 내부에서 이루어진다).

한반도 3조(C)는 3한 지역(7)에서 시작해서 점차 양계(3) 지역으로 확장된 것이기도 하다. 양계는 북계와 동계인데 북계(서북면)는 한반도 서북부(평안도) 그리고 동계(동북면)는 한반도 동북부(함경도)를 말한다. 북계는 조선(조선계), 위만-조선, 낙랑군의 영토였다가 고구려의 영토로 넘어간다. 이후 발해와 신라(대-신라) 사이의 변방 지역 그리고 거란 또는 여진 지역으로 남아 있던 그 지역은 고려조에 한반도 국가로 편입된다. 동계 지역은 원래 예계(C/ 예 맥 또는 예맥) 지역이었다가 고구려로 넘어가고 이후 읍루계(숙신계)(말갈/ 여진) 지역이 된다. 발해와 요, 금, 원(4)의 지배를 받던 그 지역은 고려조 말/ 조선조 초에 한반도 국가로 편입이 된다.

현재의 한반도 국가는 3한(7)이 확장된 대 3한(great 3 Han)이라 할 만하다. 더 정확히 말하면 3한 복합체(C)가 확장된 '대 3한 복합체'(great 3 Han Complex)인 셈이다. 예를 들면 원래의 잉글랜드가 확장된 대 브리튼(great Britain) 정도의 개념이다(영국 즉 UK는 대 브리튼인 잉글랜드, 스코틀랜드, 웨일스와 그 외의 북아일랜드를 포함한다). 말하자면 한반도의 3한은 잉글랜드 그리고 양계 지역은 스코틀랜드와 웨일스 정도에 해당한다. 물론 3한도 사로(경주 지역), 대-사로(신라), 대-신라(신라, 백제, 가야)로 점차로 확장되어 간 것이고 잉글랜드도 로마 시대의 요새인 론디니움(런던)이 점차로 확장되어 성립된 것이다.

한반도 3조(C)는 그 기간 동안 북쪽(주로 북국이다)과 남쪽(일본)의 침입이 없지 않았지만 결정적으로 그 정체성을 잃을 정도의 영향은 없었다. 말하자면 외부 집단에 의한 전면적인 정치적 와해(D)는 없었다고 할 수 있다. 원 간섭기와 일본의 식민지 시기도 정체성 상의 파국으로 가지는 않았다(아래). 한반도 3조란 기간 동안 내부의 민족적 구성이란 면에서도 큰 변동 없이 지속되어 왔다고 할 만하다. 고구려/ 발해 멸망 이후 일부 집단이 들어오고(잔여 부여계/ 잔여 부여계 발해인) 그 이후에 양계(3) 지역이 한반도 국가로 편입되면서 특히 동계 지역의 여진계(c)가 들어오지만 모두 기존의 집단에 흡수(D) 되고 동화(D)되는 과정을 밟는다.

고려조 후기의 원 간섭기는 왕실을 비롯한 상층에는 원의 영향력이 상대적으로 커진 것이 사실이다. 하지만 원제국(4) 이 고려조의 제후국 지위를 상당 부분 인정한 덕분에 어느 정도 독립을 유지할 수 있었고 역으로 세계 제국 원의 치하 에서 상당 기간 평화기를 구가했다고 볼 수도 있다. 반면 근 대 제국주의 형식의 일본(8) 식민지 시기는 한반도 3조(C)의 역사에서 유례없는 다른 나라의 직접 지배를 겪었다. 하지만 7세기 이래 오랜 기간에 걸쳐서 형성되어 온 역사 공동체(C) 한국(Korea)의 한민족 집단(7)의 정체성이 흔들린 것은 아니었 다. 오히려 그 기간이 크게 길지 않은 만큼 민족 의식(Schmid 2002)이 강화된 측면도 있다.

적어도 한반도(7) 지역의 경우는 기원보다는 반 기원(손동완

2018)의 접근이 훨씬 더 유용한 방법일 수 있다. 한민족 집단의 기원 이론(부록 2)에서 유독 결합설(C)이 두드러지는 것도 우연한 일은 아닐 것이다. 그것은 바로 확실한 기원(D)이 되는 집단이 없다는 것을 반증하는 것이기 때문이다. 근대 이전의 여러 가지 역사 기획(A/ 4) 특히 3국(A/ 3)설이 결합설의 토양을 제공하는데 그 이면에는 반 기원적인 면이 깔려 있다고 보아야 한다. 소급 및 재-소급(손동완 2018)을 주 내용으로 하는 전통설(C)도 그 자체가 한반도 국가에 그 주축(D)이 되는 확실한 집단이 없다는 것을 잘 말해주고 있다.

구석기인 또는 신석기인을 조상으로 설정하는 평양설(위)보다 3한 일관론(D)의 입장에 충실한 3한설이 훨씬 더 내재론(위)의 원래의 의미에 더 잘 맞는다고 할 수 있다. 만일 형성(C/ 형성론)이 아니라 꼭 기원(D)이란 용어를 사용해야 한다면 한민족 집단 형성의 모태(D)가 되는 그 무엇이 한민족의 기원이라 말할 수도 있다. 그 무엇은 바로 3한 복합체(C)이고 더 올라가면 국(D)이고 또 더 올라가면 무문인(D) 집단이고 또 더 올라가면 그들의 기원인데 그들의 기원은 잘 밝혀져 있지 않다. 설사 그것이 밝혀진다 하더라도 그들 집단이 온 곳보다는 그들 집단이 모태를 형성한 지역(D)이 더 중요하다고 해야 한다.

부록 2
한 민 족 의   기 원 에   관 하 여

저자가 줄곧 말해온 바처럼 지구상의 다양한 민족 집단 가운데 한반도의 한민족 집단(7)은 특히 그 기원(D)을 알기가 힘든 편이다. 저자가 지금까지 내놓은 기초 연구에 해당하는 여러 책도 그러한 사정을 잘 말해주고 있다. 그런 만큼 그 분야에 대한 연구는 모호한 결론으로 이어질 가능성이 크다. 어쩌면 반 기원(손동완 2018, 2020 a)의 접근이 그 주제의 연구에 더 어울리는 것이라 할 수도 있다. 그렇다 하더라도 그간의 연구 결과를 취합해서 한민족의 기원에 관한 가능한 한 합리적인 결론을 도출하는 일은 여전히 필요해 보인다. 이하에서 두 가지 측면에 초점을 맞추어 그 주제를 논의한다.

A 담론

한민족 집단(7)의 기원(D)에 관한 이론 가운데 전통설(C)과 관련 있는 몇몇 입론을 담론이란 범주로 묶어서 논의한다. 여기서 담론은 일종의 편의적인 분류인데 이론(B)과 대비적인 의미로 사용된다. 전통설은 기본적으로 한반도(7) 지역의 국가인 한반도 3조(C)에서 나온 그 집단의 기원에 관한 이론인데 이른바 역사 기획(A/ 4)과도 엮여 있다. 우리에게 잘 알려져 있는 단군(A/ 1)설도 그 가운데 하나다. 그 외에도 기자(A/ 2)설도 있다. 3국(A/ 3)설도 역시 전통설의 범주에 들어간다. 다만 북한의 평양 담론(A/ 5)은 전통설은 아니지만 역사 기획(A/ 4)의 성격이 강한 것이라서 여기서 같이 다루기로 한다.

1 단군 담론

우리에게 익숙한 기원전 3000년대를 배경으로 하고 있는 이른바 단군 기원이란 것은 생각만큼 그 역사가 오랜 것은 아닌 듯하다. 그 담론이 본격적으로 등장하는 것은 고려조 후기라고 할 수 있기 때문이다. 1280년대에는 고려조 후기를 대표하는 두 역사서가 나오는데 바로 "삼국유사"(1281)/ "제왕운기"(1287)다. 각각 일연과 그 제자들/ 이승휴가 지은 그 두 저작에서 이른바 단군 담론(기자 담론과 쌍벽을 이룬다)이 등장한다. 고려조는 몽골과의 30년 전쟁(1231~1259)을 치르고 나서 점차로 원제국(D)의 영향 하에 들어가는데 1280년대는 본격적인 원제국 지배 체제로 들어가는 시기라 할 만하다.

("삼국유사")

우리에게 잘 알려져 있는 "삼국유사"는 총 4권으로 되어 있
는데 그 가운데 권1은 두 부분으로 나누어져 있다. 하나는 일
종의 부록에 해당하는 '왕력제일'인데 3국과 가야의 왕의 연
표가 실려 있다. 다른 하나는 '기이제일'이란 이름의 기사다
('기이제이'는 권2에 실려 있다). 그 가운데 '기이제일'이 주목할
만한데 그곳에 주로 3국(고구려, 변한 백제, 진한) 이전의 여러
정치체 또는 민족 집단(1)이 실려 있기 때문이다. 다만 후대의
말갈 발해(5)가 예외적이다. 여하튼 고려조 전기에 나온 "삼국
사기"가 3국 위의 역사를 거의 다루지 않는다는 것을 감안하
면 "삼국유사"의 그 부분은 상당한 의미가 있다고 할 수 있다.

3국 이전 부분은 앞서 말한 말갈 발해(5)를 제외하면 위만-
조선, 마한, 2부(한 4군이 한때 평주도독부와 동부도위부로 편제
되는데 그것을 말한다), 72국(조선계가 3한 지역으로 내려가서 70
여 개의 소국으로 갈라진다는 관점이다), 낙랑국(한 4군의 낙랑군
과는 다르다), 북대방, 남대방(한 4군은 그 후기에 남쪽에 대방군

을 설치한다), 이서국(경북 청도에 있던 3한의 소국 가운데 하나인데 일연은 청도 운문사 주지로 그곳에 상당 기간 머무른 바 있다), 5가야, 북부여, 동부여 등이 실려 있다. 이상의 여러 집단들 앞에는 고조선(왕검조선)이 들어가 있다. 그 고조선(고조선 1) (단군-조선)은 바로 그다음의 위만-조선(위)과 대비되는 의미로 사용이 된 것이다.

일연은 명시적으로 단군-조선(왕검조선)과 기타 집단의 관련을 말하고 있지는 않지만 은연중에 단군-조선이 한반도와 주변 지역의 정치체 또는 민족 집단의 기원(D)이 되는 것임을 말하고 있다. 적어도 "삼국유사" '기이제일'(위) 또는 '기이제이'(권2)(주로 '기이제일'에서 이어지는 신라에 관한 기사가 실려 있고 마지막에 남부여 전백제 북부여, 무왕, 후백제 견훤, 가락국기 기사가 첨부되어 있다)의 구성이란 측면에서는 그렇다고 할 수 있다. 맨 위에 실려 있으면서 중국(6) 기준으로 5제(황제, 전욱, 제곡, 요, 순) 시대의 요(당)에 해당하는 시기에 단군이 아사달에서 조선을 세운다는 그 기사는 중국에 대항하는 동국(C/ 동국 한국 남국)의 기원(D)을 말한 것이 분명해 보인다.

("제왕운기")

"삼국유사"보다 조금 더 늦은 시기에 나오는 "제왕운기"에
는 단군-조선과 기타 정치체와의 관련이 좀 더 구체적으로
언급되고 있다. 그 저작은 권하(동국군왕 개국연대)에서 동국
(C/ 동국 한국 남국)의 역사를 운문(7언시)으로 읊고 있는데 3
조선과 한 4군 그리고 3국, 후 3국 순으로 실려 있다. 3조선
(A/ 4)의 단군 부분에서 단군(이란 용어)의 세주에서 한반도와
그 주변 지역의 여러 정치체 또는 민족 집단에 해당하는 시
라, 고례, 남북 옥저, 동북 부여, 예맥이 모두 단군의 후예(檀
君之壽)라는 언급이 나온다. 수(壽) 자는 그 아래의 한 4군 부
분의 세주(비류 관련)에 단군의 후예(檀君之後)로 나와 있어 후
(後) 자라고 보기에 무리가 없다.

3조선에 이어서 나오는 한 4군 부분에서 이승휴는 한 4군
이 3한으로 나누어진 것을 말하면서("삼국유사"와 "제왕운기"의
기본적인 역사 인식인데 한 4군이 3조선과 3한을 이어주는 고리 역
할을 한다) 부여, 비류, 시라, 고례, 남북옥저, 예맥을 거론한

다. 거기서 한반도와 주변 지역에서 대국(소정치체 국 가운데 큰 것을 말한다)에 속하는 그들 정치체는 그 수장(군장 君長이라고 나와 있다)들이 '세계가 역시 단군에서 이어진다'(世系亦自 檀君承)고 말하고 있다. 말하자면 "제왕운기"는 단군을 동국 (C/ 동국 한국 남국) 역사의 맨 위에 올려놓을 뿐 아니라 위에서 말한 여러 집단들이 단군으로 연결된다는 것을 명시적으로 말하고 있다.

"삼국유사" "제왕운기" 이전에는 평양(e) 지역의 지역신 정도에 불과한 존재(김한규 2004)였던 단군은 고려조 후기의 정치적 상황 속에서 한반도와 주변 지역의 여러 정치체 또는 민족 집단의 기원(D)에 해당하는 존재로 급부상한다. "삼국유사"에서 단군을 여러 집단 위에 올려놓은 것도 그렇지만 특히 "제왕운기"에서 앞서 나온 바의 여러 집단을 단군과의 관련 속에서 분명히 언급한 것은 그 의미가 적지 않다고 해야 한다. 열거된 여러 집단은 물론 그 위상이 서로 다를 수밖에 없는데 그 가운데서 시라(신라), 고례(고구려)가 이후 여러 집단을 묶어서 각각 한반도와 주변 지역을 대표하는 집단이 된다.

고려조(918 또는 935~1392)는 일찍이 3국 소급(D)설을 채택해서 그들의 기원(D)을 3국으로 놓고 "삼국사기"(1145)의 편찬으로 그것을 완성한다(A/ 3). 그런데 고려조의 통합의 이데올로기(손동완 2018) 다시 말해서 고려조가 3국을 통합한 존재라는 설정을 통해서 자신의 정통성을 주장한다는 면에서 볼 때는 그 3국(A/ 3) 위로 다시 소급하는 것은 별 의미가 없다. 하지만 고려조 후기 몽골(원제국)의 침입과 지배란 특수한 상황 속에서 3국 위로 재-소급(D)하는 논의가 등장한다. 그러한 논의는 단군(위)이란 존재를 중심으로 하는데 "삼국유사"('기이제일' 고조선 왕검조선 조)와 "제왕운기"(권하)에 잘 나와 있다.

특히 "제왕운기" 권하(동국군왕 개국연대)는 3조선(단군/ 기자/ 위만 조선)에서 시작해서 한 4군을 거치고 다시 3국/ 후-3국을 지나서 마지막 부분(본조군왕 세계연대)에서 고려 태조에서 충렬왕까지의 역사를 읊고 있다. 그 가운데 한 4군은 3조선과 3국을 사이를 잇는 존재로 들어가 있다("삼국유사"에서도 2부와 72국을 거론되는데 한 4군이 통폐합된 2부와 그 이후의 72국이 사실상 그 위의 단군/ 위만 조선과 그 아래의 3국 즉 고구려, 변한 백제, 진한을 연결하고 있다). "삼국유사"와는 달리 "제왕운기"에서는 앞서 말한 바대로 단군 부분(세주)과 한 4군 부분(본문과 세주)에서 한반도(7)와 그 주변 지역의 3국 이전의 정치체 또는 민족 집단과 단군(위)의 관련이 명시적으로 언급되어 있다.

(이후)

유교(D) 이데올로기에 기반해서 건국된 조선조에서는 단군보다 기자(A/ 2)가 더 중시된다. 하지만 동국(C/ 동국 한국 남국)의 기원을 3국(A/ 3)과 그 위의 3조선으로 보는 구도에서 3조선(단군/ 기자/ 위만)의 최상위인 단군도 그 위상이 결코 낮을 수는 없다. 조선조 평양(e) 지역에 세워진 숭령전도 그것을 잘 말해준다. 단군을 제사 지내는 업무를 담당하는 그 관서는 숭인전(기자를 제사 지내는 관서이다)과 함께 상징적인 의미가 있는 평양에 자리 잡는다. 참고로 경기 연천의 숭의전은 조선조에서 고려조의 태조 이하 일곱 왕의 제사를 지내는 관서로 평양의 숭령전/ 숭의전과는 그 맥락이 다르다.

조선조가 후기로 접어들면서 유교 이데올로기 외의 다른 사상도 도입이 된다. 처음에는 서학(천주교)이 그리고 다음에는 동학이 새로운 흐름을 열어간다. 특히 구한말로 가면서 외세의 압박으로 국가의 기초가 송두리째 흔들리는 상황 속에서 여러 가지 민족 종교가 세를 얻는다. 그와 더불어 단군의 위상도 급격히 올라간다. 특히 동학을 기반으로 분파된 여러 종교에서 단군은 일정한 위상을 확보하고 있다. 조선조가 무너지고 난 다음 식민지 지배(1910~1945)를 받는 한반도 지역 밖(임시 정부)에서는 이전의 연호를 대신해서 단군의 단기가 사용되기도 한다. 신채호의 "조선 상고사"(1948)도 '수두(소도) 시대'란 편에서 대 단군 왕검의 건국이 나온다.

현대의 남-북한에서도 단군은 나름대로 위상을 확보하고 있다. 남한에서는 단군을 역사로 재-편입하려는 시도가 끊임없이 있었고 북한(3)에서는 평양(e)에 단군릉을 세우는 사건까지 있었다. 아직까지도 전통설(C)의 최상위에 있는 단군은 한민족 집단의 조상(e)이라고 생각되고 있긴 하다. 그렇지만 조상이란 것 자체가 문화적인 개념이라는 인류학계 일각의 지적도 경청해야 한다. 물론 가장 큰 문제는 민족 기원(D) 연구 그 자체가 허구적인 것이란 점인데(이선복 2003) 단군 기원설도 예외가 아니다. 물론 어떤 한 민족 집단(1)의 기원을 구석기 또는 신석기시대에 찾는 것은 상당히 무리한 것일 수밖에 없다.

한편 "삼국유사" '기이제일' 고조선(왕검조선) 조의 두 번째 기사에 나오는 단군 신화가 이른바 고-아시아족(D)의 문화라는 식의 주장까지 있다. 한 북방론자는 그 신화의 곰 숭배 토테미즘이 시베리아(10)계의 문화이고 그것도 고-아시아족의 문화라고 주장한다(김정배 1973). 기원전 3000년대를 시대 배경으로 하는 그 신화를 고-아시아족이란 개념과 연결시키려는 시도도 그다지 과학적인 근거 위에서 주장되는 것은 아니다. 대체로 북방론자들은 고-아시아족이란 개념을 선호하지만 그것은 실질적인 근거가 부족한 사상누각일 가능성이 매우 높다. 북방설(부록 1)의 하위 이론인 2단계 교체설(이선복 1991)도 고-아시아족이란 개념을 사용한 바 있다.

위의 고-아시아족(Paleo-Asiatics)은 그 개념 자체가 초기의 러시아 언어학자들이 시베리아의 선주민에 해당하는 민족 집단을 분류하는 과정에서 나온 것인데(최정필 1991, 2006) 현재는 고-시베리아족(Paleo-Siberians)이란 개념으로 대치된 지 오래다. 현재 러시아 연방 극동 연방관구의 축치 자치구와 코랴크 자치구(캄차카 변경주로 편입이 되었다)의 축치족과 코랴크족이 대표적인 고-시베리아족에 해당한다. 그 외에 길랴크, 캄차달, 유카기르족 등이 그 범주에 속한다. 반면 알타이언어(C) 사용 집단은 신-시베리아족(Neo-Siberians)으로 분류가 된다. 알타이언어 사용 집단은 이른바 TMT(C)로 분류된다.

(하나의 기원인가)

한민족 집단(7) 관련 연구에서 단군 기원(위)이란 방식은 바람직하지 못한 영향을 끼치고 있다. 왜냐하면 단군 기원 유의 이론은 한민족 집단이 '하나의 기원'(B/ 4)에서 나온다는 잘못된 인식을 심어 주기 때문이다. 어떤 한 민족 집단(1)의 정체성은 '하나의 기원'이란 것이 반드시 전제되어야 하는 것은 결코 아니다. 그것보다는 여러 집단이 혼합되고 결합이 되어서 민족 집단이 형성되고 그 과정에서 지역(D) 또는 역사(D) 등등의 여러 가지 다양한 요인이 작용한다고 보는 것이 훨씬 더 합리적일 것이다. '하나의 기원' 또는 '하나의 원형'(B/ 4)을 설정하는 방법은 민족 집단 연구에는 전혀 적합하지 않다고 보아야 한다.

한민족 집단의 기원에 관한 이론(기원 이론)은 '외래설 대 내재론' 또는 '전통설 대 당대설'(위)이란 두 가지의 틀로 많은 것을 설명할 수 있지만 그 외에도 다른 방식의 분류가 있을 수 있다(손동완 2020 b, 2021 a)(T 1~ T 5). 예를 들면 혼합설(C)과 결합설(C)이 그것인데 결합설 가운데는 '단군 기원의 하위 집단의 결합 또는 재-결합설'(B/ 4)도 있다. '예 맥 한 결합 또는 재-결합설'과도 병칭이 되는 그 결합설은 원래 '단군 기원'인 한반도(7)와 주변 지역의 여러 집단("삼국유사"/ "제왕운기")(위)이 결합 또는 재-결합해서 한민족 집단이 형성된다는 것인데 물론 이상에서 논의한 바의 단군 담론을 바탕으로 하는 이론이다.

'단군 기원의 하위 집단의 결합 또는 재-결합설'은 '예 맥 한의 결합 또는 재-결합설'처럼 그 이면에 연역적인 방식이 자리하고 있다. 다시 말해서 단군/ '예 맥 한의 공통 집단'에서 '단군 기원의 하위 집단/ '예 맥 한'이 나온다는 연역적인 방식은 민족 집단(1) 연구에는 전혀 어울리지 않는 것이라 할 수밖에 없다. 그것은 언어학계에서 나온 바의 알타이언어(C)에서 원-한국어가 나오고 원-한국어에서 예맥어(부여어)와 3 한어가 나온다는 연역적인 방법과 흡사하다. '알타이언어 계통도'(성백인 1996)가 상징하듯 언어학계의 연역적인 방법론(김주원 2006)이 원용된 형태의 이론은 심각한 문제가 있다.

2 기자 담론

기원전 11세기 중국(6)의 인물인 기자는 동국(C/ 동국 한국
남국)의 역사에서 매우 특이한 흔적을 남긴다. 중국 대륙에서
상(-1600 ~ -1046)이 주(-1046 ~ -256)로 교체되던 시기 상(은)나
라 유민이라는 그 인물은 이른바 '기자 설화'의 주인공이 된
다. "상서대전"(권2), "사기"(권38), "한서"(권28), "후한서"(권85) 등
의 문헌에 등장하는 그 설화는 기자가 한반도(7) 지역으로 동
래(東來)한다는 내용이다. 그 설화가 고려조 후기 "삼국유사"
와 "제왕운기"에서 언급이 되면서 이후 기자-조선을 포함하
는 3조선(A/ 4)설이란 역사 기획으로 발전하게 된다. 20세기에
는 중국 하북성 대릉하 유역에서 '기자 명문(銘文)'이 발견되
면서 또 한 번 파란이 인다.

("삼국유사")

고려조 후기 일연과 그 제자들이 편찬한 "삼국유사"의 한 부분인 '기이제일'은 앞에서도 언급한 바 있다. 총 5권으로 되어 있는 "삼국유사"에서 권1의 '기이제일'(권1의 앞부분은 '왕력 제일'이고 뒷부분에 해당한다)과 권2의 '기이제이'는 기이(紀異)란 제목으로 되어 있긴 하지만 역사 체계를 담고 있다. '기이제 일'은 크게 보면 고구려, 변한 백제, 진한(3국에 해당한다) 조의 앞/ 뒤 두 부분으로 나누어 볼 수 있다. 앞부분은 3국 이전의 여러 정치체 또는 민족 집단이 열거되어 있다(후대의 '말갈 발 해'가 예외다). 뒷부분은 신라의 왕과 인물 등에 대한 기사로 되어 있다(내용상 '기이제이'로 이어지는데 마지막에 백제, 후백제, 가락국의 기사가 첨부되어 있다).

3국(고구려, 변한 백제, 진한) 앞에 열거한 여러 정치체(왕검조 선, 위만-조선, 마한, 2부, 72국, 낙랑국, 북대방, 남대방, 말갈 발해, 이서국, 5가야, 북부여, 동부여) 가운데 가장 관심을 끄는 것이 바로 왕검조선일 것이다. 왕검조선(단군-조선)은 목록에는 '고조선 왕검조선'으로 되어 있는데 그곳에서 고조선(고조선 1)이란 용어는 바로 그다음의 위만-조선(-194 ~ -108)과 대비되는 의미로 사용된 것이라는 것은 앞서 말한 바와 같다. 위만-조선은 기원전 2세기에 한반도 서북부에 있었던 고대 국가 수준의 국가인데 한족(6)과 조선계(B/ 1) 두 민족 집단으로 이루어진 연합 국가다. 그 국가는 이후 3조선(A/ 4)의 하나로 편입이 된다.

　"삼국유사' '기이제일'의 맨 앞에 실려 있는 '고조선 왕검조선' 조(물론 서론인 '서왈'은 제외한 순서다)는 모두 3개의 기사로 되어 있다. 첫 번째는 단군 왕검이 아사달에서 조선을 세운다는 짤막한 기사다. 두 번째는 단군 신화에 대한 기사인데 아마 그 저작 전체에서 우리에게 가장 잘 알려져 있는 부분일 것이다(잘 알다시피 환인, 환웅, 웅녀, 단군 왕검이 등장하는데 자세한 내용은 여기서 소개하지 않는다). 그 기사는 단군-조선에 관한 내용으로 이어지는데 그 부분에 '기자 설화'가 슬쩍 들어가 있다(주 무왕 즉위년에 '기자를 조선에 봉한다'는 내용이다). 세 번째는 중국 문헌을 하나 인용한 것이다(아래).

중국(6)보다는 역사가 짧은 한국(C/ 동국 한국 남국)에서는 한반도(7)의 역사를 중국만큼 끌어 올려서 중국의 전설 시대까지 소급하려는 경향이 있다. 특히 유사 역사학(D)에서 그러한 폐해가 심각한데 이미 "삼국유사"에서도 그것이 시도되고 있다. 첫 번째 기사에서 단군이 개국하는 시기를 중국의 이른 바 5제(황제, 전욱, 제곡, 요, 순) 가운데 하나인 요(당)에 맞추고 두 번째 기사에서 단군(단군-조선)이 교체되는 시기를 3대(하, 상, 주)의 주(서주)에 끼워 맞추고 있다. 여하튼 단군왕검은 요(당) 시기에 평양성에 도읍하고 백악산 아사달로 도읍을 옮기면서 1500년을 다스리고 기자(위)의 등장으로 장단경으로 옮겼다 돌아와서 아사달에 숨어서 산신이 된다(1908세를 산다).

세 번째 기사는 의외로 "구당서"(권63)의 배구 전(열전 13)을 인용하고 있다. 그 열전의 원문에는 주나라 때의 기자/ 한제국 때의 3군(4군을 말한다)/ 서진 때의 요동 지배 세 가지가 언급되는데 일연은 그 가운데서 앞의 두 가지만 말하고 있다. 배구란 인물은 수 양제에게 세 가지 이유를 들어서 고구려(5) 정벌의 당위성을 주장한 바 있는데 말하자면 그 지역이 역사적으로 주나라 때의 기자/ 한제국 때의 4군/ 서진 때의 요동 지배란 면에서 중국의 역사적 주권(ⓒ)이 있는 곳이라는 논리를 편 것이다. 여하튼 일연은 주나라 때 기자를 봉한 곳이자 한제국 때 3군(현도, 낙랑, 대방)을 설치한 곳이라는 배구의 말을 인용한다.

물론 일연과 그 제자들이 그 세 번째 기사를 고구려(5) 지역은 중국의 역사적 주권(ⓒ)이 엄연히 작용하는 곳이란 걸 강조하기 위해서 넣은 것은 아닐 것이다. 그것은 두 번째 기사의 마지막 부분에 슬쩍 끼워 넣은 '기자 설화'를 한 번 더 언급해서 보완하기 위해서라고 보아야 한다. 그래서 기자 더 정확히 말해서 기자 설화가 중국 문헌에 근거한다는 것을 말하기 위한 것이라고 해야 한다. 다만 일연은 그 기사의 원래의 맥락을 모르고 인용했거나 혹시 그것을 알았다 하더라도 애써 무시한 것일 가능성이 크다. 결과적으로는 그 기사에서 기자에 관해서 상당히 적절하지 못한 예를 든 것은 부인할 수 없는 사실이다.

("제왕운기")

"삼국유사"(권1)는 단군-조선 관련 기사(고조선 왕검조선 조)에서 '기자 설화'를 끼워 넣고 그 설화를 인증하기 위해서 중국 문헌을 인용한다. 그런데 예상외로 그 저작에는 기자-조선의 존재가 전혀 나와 있지 않다. 앞서 말한 바처럼 그곳에서는 단군-조선 다음에 바로 위만-조선을 싣고 있다. 반면 "제왕운기"는 "삼국유사"와는 달리 따로 기자-조선을 설정한다. 이승휴는 "삼국유사"에 나오는 단군-조선(고조선 왕검조선 조)과 위만-조선(위만조선 조) 사이에 기자-조선을 넣어서 이른바 3조선(A/ 4)의 초기 형태를 구성하고 있다. "제왕운기"는 기원전 3000년대의 단군-조선과 기원전 2세기의 위만-조선 사이의 역사적 공백(손동완 2018)을 기자-조선으로 메우는 셈이다.

결국 "제왕운기"에 가서야 비로소 기자-조선이 등장한다. 기자-조선에 대한 문헌적 근거는 "제왕운기" 외에는 거의 없다고 보아야 한다. 기자-조선은 그 존재 자체가 의심스럽다는

것은 부인할 수 없는 사실이다(아래). 기원전 1000년대 중 후
반에 실제의 '역사상의 조선'(손동완 2018)인 조선계(B/ 1)의 국
가가 요동/ 한반도 서북부에 있었던 것은 분명하다. 다만 그
것과 '가상'의 기자-조선은 완전히 다르다. 이후 기자 명문(아
래)이 발견되었다 해도 별로 상황은 달라지지 않는다. 상식적
으로 봐서도 기자-조선이 실재했다면 그 이전의 많은 사료를
폭넓게 수록한 "삼국유사"에서 싣지 않았을 가능성이 거의
없다고 보아야 한다.

    여하튼 "삼국유사"의 단군-조선(고조선 왕검조선 조)과 위
만-조선(위만조선 조)은 "제왕운기"(권하)에 와서 단군/ 기자/
위만의 3조선(A/ 4)으로 구성이 된다. 그 과정에서 이승휴의
'후-조선'이란 용어가 결정적인 역할을 한다. 왜냐하면 "제왕
운기"에서 비로소 '전-후' 조선이란 개념이 나오기 때문이다.
즉 단군의 전-조선과 기자의 후-조선이다. 결국 계통이 전혀
다른 두 계열의 신화/ 설화가 각각 단군 담론/ 기자 담론을
형성하면서 단군-조선/ 기자-조선의 '전-후' 조선이 성립한다
는 것은 흥미롭다고 할 수밖에 없다. 그 '전-후 조선'에다 또

다른 계열의 위만-조선(위)이 더해져서 최종적으로 3조선(A/4)을 이룬다.

"제왕운기" 권하(동국군왕 개국연대)는 단군/ 기자/ 위만의 3조선(A/ 4)의 초기 형태를 구성하고 이어서 한 4군을 넣은 다음 3국/ 후-3국을 지나서 마지막(본조군왕 세계연대)에 당시 고려조의 역사까지 기술한다. 목차상으로는 다른 부분들과는 달리 고구려/ 후-고구려/ 백제 기사에는 고구려기/ 후-고구려기/ 백제기란 제목이 앞에 붙어 있다는 것이 특징이다. 또 하나 후-백제('백제기' 다음이다) 다음에 '전려구장'(전-고구려 장수)으로 시작되는 발해(5) 관련 기사가 붙어 있다. 발해에 대해서는 기본적으로 고구려(5)의 발해에 대한 역사적 주권(C)을 주장하는 방식이다. '전려구장'이란 용어에서 볼 수 있듯이 '(전)고구려 → 후-고구려 → 고려조'의 계승을 염두에 둔 구성을 보인다.

여담으로 "삼국유사"에서는 기자 설화가 아주 간단하게 주무왕(원문에는 호왕으로 되어 있는데 고려조 제2대왕 혜종의 이름인 무를 피해서 쓴 글자다) 즉위년인 기묘년에 '기자를 조선에 봉했다'고만 나와 있다(참고로 주 무왕은 기원전 1046년인 을미와 이어지는 병신, 정유, 무술년에 재위한 것으로 되어 있는데 그 책에서는 그 16년 전으로 말하고 있다). 그에 비해서 "제왕운기"는 "상서대전"에 나오는 기자 설화를 비교적 상세하게 언급하고 있다. 기자가 동쪽으로 가서 나라를 세우고 이후 주 무왕이 그곳의 제후로 봉하고 조서를 내리고 기자가 그것을 사례하지 않을 수 없어서 입조하고 주 무왕이 가르침을 청하자 홍범구주(洪範九疇)를 강의한다는 등이다.

또한 "제왕운기"는 상(은)나라 후기인 무정(기원전 1250년에 시작해서 59년간 지속된다) 시기를 언급하고 있다. 다시 말해서 "삼국유사"가 주 무왕 시기(기원전 1046년부터 4년간이다)로 바로 넘어가는 데 비해서 "제왕운기"는 상(은)나라 후기인 무정 시기를 한번 언급하고 나서 주 무왕 시기로 넘어간다. 단군이 아사달로 옮겨 가서 산신이 되는 것은 무정 시기이고 그 후 164년 뒤인 주 무왕 시기에 기자(인인 仁人이라 표현한다)가 등장한다는 구성이다. 단군은 물론이고 기자의 개국도 당시에 끼워 넣은 이야기라서 연대가 정확히 일치하진 않지만(위) "삼국유사"에 비해서 "제왕운기"가 더 세밀한 구성을 보인다는 것은 확실하다.

(유교 이데올로기)

고려조는 제4대왕 광종이 과거 제도를 실시(958)한 이래 각종 유교적인 관료제를 도입하면서 점차 유교(D) 이데올로기가 핵심적인 정치적 요소로 자리 잡게 된다. 기자란 인물은 숙종(1095~1105) 때 제사가 실시된 것으로 보아 고려조 중기에와서야 어느 정도 자리를 잡는다(김한규 2004). 그 또한 유교의 위상이 올라간 것을 잘 보여준다. 그 후 고려조 후기로 오면서 "삼국유사" "제왕운기"(위)에서도 그러한 유교 이데올로기의 전개가 반영이 된다. 주로 불교적인 사적이 많이 기술된 "삼국유사"('기이제일')에서도 '고조선 왕검조선' 조의 두 번째 기사의 뒷부분에 기자 설화(주 무왕이 기자를 조선에 봉한다는 내용이다)가 들어간다.

3조선(A/ 4)의 하나로 설정되는 기자-조선은 앞서 본 바처럼 문헌적인 뒷받침도 허술하기 그지없다. 기자가 세운다는 기자-조선이란 것은 그 존재 자체부터 문제가 된다. 그 대부분이 설화 수준의 서사를 기본으로 하기 때문이다. 하지만 이른바 기자-조선은 단군/ 기자/ 위만의 3조선(A/ 4)론으로 정비가 되어 "동국통감"(1485) 같은 역사서에도 오르게 된다. "동국통감"은 외기, 삼국기, 신라기, 고려기로 구성되어 있는데 외기에는 3국 이전의 역사가 실려 있다. 외기는 그 외(外) 자가 말해주는 바처럼 상당한 자료적 한계가 있는 역사 아닌 역사인데 3조선이 다른 부분(4군/ 2부/ 3한)보다도 훨씬 더 그렇다고 할 수 있다.

이른바 기자, 기자 설화, 기자 기원, 기자-조선을 그 내용으로 하는 '기자 담론'은 현대에 와서는 그다지 큰 위력이 없지만 전통 시대인 고려 조선 양조에는 유교 이데올로기와 관련해서 특히 지배층에서 상당한 영향력을 행사한 바 있다. 유교 이데올로기가 지배한 고려 조선 양조 특히 그 이데올로기가 건국 이념이었던 조선조에서는 기자 기원이 단군 기원을 능가하는 동국(C/ 동국 한국 남국) 기원(D)론의 지위를 차지한다. 하지만 기자 기원설은 고려 조선 양조에서 유교의 위상을 보여주는 좋은 예일 수 있지만 현재의 한반도의 한민족 집단(7)의 기원 이론으로서는 분명한 한계가 있을 수밖에 없다.

기원전 11세기 중국 상(은)/주 교체기의 인물인 기자에서 동국(C/ 동국 한국 남국)이 기원하고 한반도의 한민족 집단(7)이 '기자의 후예'라는 주장은 극단적인 유교 이데올로기(위)가 아니라면 도저히 나올 수 없는 주장임에 분명하다. 물론 그것이 어떤 집단의 정통성을 확보하기 위한 정치적인 수단일 수는 있다. 결국 유교 이데올로기에 기대는 기자 기원설은 현실성 있는 한반도 지역 민족 집단의 기원 이론(기원설)이라기보다는 앞서 언급한 대로 고려 조선 양조에서 유교의 위상을 잘 말해주고 있을 뿐이다. 특히 성리학(신-유학)(D)이 고려조 말기에 도입되고 조선조 전기를 지나면서 강화되어 예속화함에 따라 그러한 경향은 더 심화된다.

(기타)

얼마 전에는 중국(6) 하북성과 요녕성 지역 특히 대릉하 유역에서 기자 집단과 관련한 고고학적 유물(특히 기후 명 청동예기)이 발견된다는 것을 들어 기자-조선을 실체화하는 주장(이형구 1991)이 나오고 있다. 말하자면 기자-조선의 존재와 실체 문제가 다시 대두된 셈이다. 앞의 유물은 기원전 11세기 전후인 상(은)과 주의 교체기에 상(은) 나라의 유민 일부가 발해연안(B/ 1)(고죽국)에서 세력을 유지했다는 것을 말해주는 것이라 할 수는 있다. 하지만 그 지역의 기자 관련 유물에 관한 그 이상의 주장은 현실성을 갖기 힘들 듯하다. 다시 말해서 그것이 곧 기자-조선의 존재를 확인하는 증거로 보기는 힘들다(노태돈 1998; 김한규 2004; 송호정 2005).

그 지역의 기자 집단 관련 유물이 기자가 조선에 봉해진다(이것이 이른바 기자 설화의 주요 내용이다) 또는 그들이 요동과 한반도 서북부까지 이동한다(천관우 1974)는 것을 증명하는 것은 결코 아니다. 각종 이동설(A/ 4) 가운데 하나인 기자 집단의 이동설과 그것과 연결선상에 있는 기자-조선설은 기원전 3000년대로 설정되는 단군-조선과 기원전 2세기의 위만-조선 사이의 역사의 공백(손동완 2018)을 메우기 위해서 만들어진 것으로 보는 것이 훨씬 더 합리적일 것이다. "삼국유사"(1281)에는 단군-조선과 위만-조선만 나오다가 "제왕운기"에서 '후-조선'이란 이름으로 기자-조선이 들어간다는 것도 그것을 잘 말해준다.

기자-조선은 전통 시대의 '전-후' 조선(단군/ 기자) 또는 3조선(단군/ 기자/ 위만)설을 완성시켜 주는 한 구성 요소의 역할은 충분히 했다고 말할 수도 있다. 왜냐하면 후-3국에서 3국으로 소급(D)해 간 역사가 비약해서 단군(단군-조선)으로 재-소급(D)하면서 생기는 공백을 기자-조선이란 설정이 메워 준 것은 사실이기 때문이다. '전-후' 조선은 각각 신화/ 설화를 바탕으로 한 역사 이전의 그 무엇이란 면에서는 역사가 아니지만 조선조 역사서의 한 부분을 구성한다는 면에서는 엄연한 역사이기도 하다. 다만 그러한 체계는 여러 가지 문제를 안겨줄 수밖에 없다. 현대에 와서는 그 역사적 비중 자체가 현격하게 줄어들었다.

 여하튼 기원 이론(A/ B)이란 측면에서 볼 때 계통이 전혀 다른 두 담론이 하나의 체계에 들어가 있다는 것은 상당히 특이한 것임에는 틀림이 없다. 앞서 논의한 바처럼 단군-기원이란 담론은 한반도 서북부인 평양(e) 지역의 지역신인 단군의 단군 신화("삼국유사" '기이제일' 고조선 왕검조선 조)를 바탕으로 아사달에 도읍하는 단군-조선이 동국(C/ 동국 한국 남국)의 기원(D)이란 서사를 갖는다. 반면 기자-기원이란 담론은 중국(6)의 선진(先秦)과 한대 문헌에 나오는 바의 주나라 멸망 후에 기자가 동쪽으로 가서 나라를 세우고 문화를 전파한다는 내용의 기자 설화(위)를 바탕으로 기자가 기자-조선을 세우고 동국(위)의 기원(D)이 된다는 서사를 갖고 있다.

3 3국 담론

고려조의 소급(D)설은 더 정확히 말해서 '후-3국 3국' 소급설인데 그 자체가 하나의 기원 이론이자 담론(위)이라 할 수 있다. 고려조는 그 자신의 정통성을 확보하기 위해서 그 자신이 후-3국을 통합한 존재란 통합의 이데올로기(손동완 2018)를 내놓는데 후-3국의 기원(D)을 3국으로 설정한다. 현재 우리는 3국이란 용어가 익숙하다. 그래서 3국의 의미를 아무런 성찰 없이 받아들이고 있지만 그것은 우리가 생각하는 만큼 당연한 용어는 결코 아니다. 그것은 상당한 역사 기획(A/ 4)이 들어가 있는 의도된 그 무엇이기 때문이다. 그런 만큼 "삼국사기"란 책도 단순한 역사서가 아니라 그 이면에 어떤 중요한 담론을 담고 있는 것이라고 보아야 한다.

(3국이란 용어)

고려조의 3국 소급설을 논의하기 위해서는 먼저 3국이란
용어부터 알아볼 필요가 있을 듯하다. 3국이란 용어가 역사
분야에서 쓰인 것은 우선 중국(6)의 "삼국지"의 3국을 들 수
있다. 그 "삼국지"는 유명한 역사 소설 "삼국지(연의)"의 배경
이 되는 정사 "삼국지"인데 우리에게는 '삼국지 동이전'이란 말
로도 어느 정도 알려져 있다. "삼국지"는 '위지'(위서), '촉지'(촉
서), '오지'(오서) 세 부분으로 되어 있는데 각각 위(220~265), 촉
(221~263), 오(222~280) 세 나라의 역사를 기록한 책이다. 그 3
국은 서진(265~317)이 통일해서 그 역사를 기록한다. 서진은
바로 이른바 '위진남북조'의 진인데 위('위지'의 위나라다)를 계
승한 국가다.

 "사기"가 이른바 5제(황제, 전욱, 제곡, 요, 순)에서 한 무제까
지의 역사를 기록한 이래 통상 어떤 왕조가 그 앞의 왕조 역
사를 기록한다. 전한(-206~25)의 역사는 후한에서 쓰게 된다
("한서"). 다만 후한(25~220)의 역사는 바로 다음의 (혼란기인)3

국이나 그 3국을 통일한 서진이 쓰지 못하고 미뤄지다 이후 5세기 남조의 송(류송)이 쓰게 된다("후한서"). 결국 '삼국'의 역사가 그 앞 시대인 '후한'보다 더 이른 시기에 쓰여진다. 그것은 서진이 후한(25~220)보다 3국(220~280)의 역사 기록을 더 시급한 것으로 본 결과인데 그 자신의 정통성(3국 통일) 문제 때문일 것이다. 참고로 기원전후의 한반도(7) 지역에 관한 기록은 더 이른 시기에 쓰여진 "삼국지"가 더 중요하게 여겨진다.

여하튼 서진(265~317)은 그 앞의 3국을 통일하고 그 역사를 기록해서("삼국지") 정통성을 뽐내지만 그 자신의 역사는 당(618~907)에 가서야 기록이 된다. 왜냐하면 서진이 멸망한 후 계속해서 혼란기로 이어지기 때문이다. 장강 이북은 5호 16국이 439년 북위(386~534)로 통합되어 북조의 역사가 진행되고 그 이남은 남조의 역사가 이어진다. 남북조의 역사도 대부분 당이 기록하지만("양서", "진서" "북제서", "주서", "수서", "남사", "북사") 예외("위서", "송서", "남제서")도 있다. 당의 역사는 (혼란기인)오대(907~960)의 후진에 의해서 기록되기도 하지만("구당서") 송대에 다시 기록이 된다("신당서").

기원후 특히 4세기 이후의 3한 지역(7)과 그 북쪽의 국가는 크게 보면 세 국가이고 신라, 백제, 고구려인 것은 맞다. 하지만 그 세 국가가 3국을 이루고 3국의 범주에 들어가는 것은 다른 문제다. 더 정확히 말하자면 그 세 국가가 3국이란 이름으로 역사에 기록이 되는 것은 바로 다음 시기인 대-신라(후기-신라)(676~935) 때가 아니다. 만일 정상적인 경우라면 그 세 국가를 통일한 나라(예를 들면 중국의 서진)가 있고 그 왕조에서 세 국가의 역사를 기록할 경우 '3국'이란 명칭으로 기록이 될 것이다. 하지만 그 세 국가를 통일한 나라도 없을뿐더러 그렇다고 대-신라(통일-신라의 여건을 갖추지 못한다)가 다른 두 나라의 역사를 기록하지도 않는다.

7세기 이후의 대-신라(후기-신라)는 그 북쪽의 발해(698~926)와 10세기까지 대립하면서 공존한다. 그 두 국가는 이후의 고려조가 통일해서 하나의 왕조를 이루지는 못한다. 고려조(918 또는 935~1392)는 그 존속 기간 내내 발해(5)를 이은 북쪽의 요, 금, 원(4)과 대립한다. 그 앞 시대의 대-신라(676~935)가 또 그 앞의 세 국가(고구려, 백제, 신라)를 통일하지 못한 것처럼 고려조도 그 앞의 두 국가(대-신라, 발해)를 통일하지 못했다. 고려조는 물론 유득공("발해고" '서')의 바람과는 달리 '양국사' 즉 '남-북국사'를 쓰지 않았다. 더 정확히 말하면 '남-북국사'를 쓸 수도 없는 상황이었다. 그렇다고 바로 앞의 왕조인 '대-신라사'를 쓰지도 않았다.

(역사 기획 문제)

한반도(7) 지역에서 '3국'이란 용어가 사용되어 역사서에 오른 것은 그 세 국가 바로 다음의 왕조(대-신라)가 아니라 그 다음 왕조(고려조)에서다. 그것도 상당한 역사 기획(A/ 4)이 가해져서 나온 상당히 이례적인 모습을 보인다. 다시 말해서 "삼국사기"(1145)는 원래의 세 나라(고구려, 백제, 신라)의 역사를 다음 왕조인 대-신라(676~935)에서 기록한 것이 아니다. 그것은 그 세 나라 이후 200년 이상이 지난 시점인 대-신라 말기인 901년에서 935년 사이의 다른 세 나라(후-고구려, 후-백제, 후-신라)를 통합한 세력(고려조)이 쓴 것이다. 다시 말해서 고려조(935~1392)는 특정한 목적을 갖고 특정한 방식으로 그 훨씬 이전의 세 나라 역사를 의도적으로 기록한 것이다.

고려조(918 또는 935~1392)는 원래는 그 앞의 왕조인 대-신라(676~935)의 역사를 기록하는 것이 관례에 맞다. 또는 그 앞의 대-신라를 꼭 부정하고 싶으면 대-신라 말기 짧은 시기에 걸쳐서 존재한 후-3국(901~935)의 역사를 기록하면 될 것이다.

하지만 중국의 3국(220~280) 시대보다도 더 짧은 그 시기를 역사로 기록하면서 그 앞의 대-신라를 무시하기에는 위험 부담이 너무 클 수밖에 없다. 고려조는 짧은 기간의 후-3국의 역사만을 기록하지는 않으면서도 그 이상을 추구하는 묘수를 찾아야 하고 그것이 후-3국 3국 소급(D)이란 방식으로 나온 것이라고 할 수 있다. 그러한 방식은 물론 많은 문제점을 내포할 수밖에 없다.

한강 이북의 반란 세력인 이른바 후-고구려(901~935)를 계승한 국가라는 정체성을 택한 고려조는 당연히 후-고구려가 후-3국을 통합한다는 방식을 고수한다. 하지만 고려조는 그들이 계승한 후-고구려에서 고구려(5)로 바로 올라가는 기원 이론을 택하지는 않는다. 후-고구려가 고구려의 계승을 표방했음에도 고려조는 그 길을 가지 않은 셈이다. 아마 후-고구려가 한강 이북의 반란 세력에 불과하고 그 국가를 의미 있는 기원(D)으로 내세우기에는 부족했을 수도 있을 것이지만 그것보다는 고려조가 '3한'의 정체성(고려조 초기의 최고 칭호인 3한 공신, 3한 벽상 공신이란 명칭도 그것을 잘 말해준다)을 포기할 수도 없는 현실적인 상황이 존재했기 때문이기도 할 듯하다.

여하튼 고려조는 대-신라(통일-신라 또는 후기-신라)를 일단 뛰어넘고 '후-3국'에서 바로 '3국'으로 소급(D)한다. 하지만 고려조는 "삼국사기"의 제일 앞에 신라(-57~676)를 싣고 뛰어넘은 대-신라(676~935)까지 싣는다('신라본기' 권1~12). 물론 남쪽의 대-신라와 대치하던 북국인 발해(698~926)는 싣지 않았다(북한의 조선사는 이 부분이 딜레마다)(4). 그다음에는 그들이 명목상 계승한다는 고구려가 실린다('고구려본기' 권13~22). 마지막에는 후-3국기 최대의 라이벌이었던 후-백제가 계승한다던 백제가 실린다('백제본기' 권23~28). 결국 고려조는 3한(7)의 정체성이란 부분을 절대 포기하지 않는다.

앞서 잠깐 살펴본 바처럼 "삼국사기"(총 50권으로 되어 있다) 앞부분(권1~28)에는 '신라/ 고구려/ 백제'의 본기(本紀) 즉 역대 왕의 연대기가 나와 있다(그 뒤에는 연표, 잡지, 열전이 이어지는데 각각 권29~31, 권32~40, 권41~50까지다). "삼국사기"는 그 사료적 가치도 중요하겠지만 그것 못지않게 '3국'이란 구도(손동완 2018) 자체가 더 큰 의미가 있다. 10세기 고려조는 이른바 '후-3국'(901~935)을 통일한 국가이고 고려조 전기에 나온 "삼국사기"는 기본적으로는 '후-3국'의 기원(D)이 되는 '3국'의 역사를 기술한 저작이기 때문이다. 다시 말해서 그 저작은 '후-신라(대-신라의 말기)/ 후-고구려/ 후-백제'의 기원인 '신라/ 고구려/ 백제'의 역사를 소급(D)해서 싣고 있다.

한반도 지역의 두 번째 통합국가인 고려조는 첫 번째 통합국가인 대-신라보다 더 부각되기도 한다. 그것은 고려조가 3국설을 채택해서 현재의 한민족 집단이 가진 역사(D)와 영토(D)에 관한 이중적인 의식(손동완 2018)을 심어준 존재이기 때문이다. 하지만 고려조의 역사 기획(A/ 4)에서 벗어나서 본다면 3국보다는 3한(7)이 한민족 집단(7)과 훨씬 더 관련성이 높다. 3한 지역은 기원전 1000년대의 초기 농경(D) 사회를 거쳐서 기원전후 소정치체인 국(D)이 성립하고 이후 7세기에 걸쳐서 통합이 되어 한반도 지역의 첫 번째 통합국가(대-신라)가 나온다. 고려조는 그 국가를 기반으로 해서 나온 그 지역의 두 번째 통합국가(D)다.

그 지역의 첫 번째/ 두 번째 통합국가인 대-신라/ 고려조는
물론 북국(4, 5)이 아니라 남국의 범주에 들어간다. 여기서 남
국은 '동국 한국 남국'(C)의 남국이다. 그 두 국가는 그 지역의
세 번째 통합국가인 조선조로 이어진다. 그 세 국가는 바로 한
반도 3조(C)에 해당한다. 현재의 한민족 집단(7)은 한반도 3조
란 기간을 통해서 형성(C/ 형성론)이 된다. 그 기간은 한민족 집
단의 '형성기'(676~1910)(D)라 할 만하다. 그 이전의 시기는 '선-
형성기'(D)에 해당하는데 오랜 기간에 걸쳐서 그 지역의 지역-
역사(D) 복합체인 3한 복합체(C)가 성립이 된다. 그 3한 복합체
를 근간으로 해서 첫 번째 통합국가의 역사가 진행이 된다.

〈삼국사기〉

하나의 민족 집단의 기원(D) 또는 정체성이란 면에서 문헌이 결정적인 역할을 하는 경우가 없지 않다. 이스라엘 민족 집단(유대인)의 "구약 성서"는 말할 것도 없고 인도 아–대륙의 정복자 집단(아리안족)의 "베다"도 마찬가지다. 중국의 한족(6)도 이스라엘이나 인도의 민족 집단만큼은 아니지만 그들 집단의 정체성과 문헌은 상관성이 적지 않다. 기원전인 춘추–전국 시대를 거치면서 축적되는 여러 문헌 특히 이후에 유교 경전이 되는 '13경'이 그 예라 할 수 있다. 일본도 8세기의 "일본서기"를 비롯한 문헌이 그런 역할을 한다. 한반도의 한민족 집단도 13세기 "삼국유사"(A/ 1) 특히 '기이제일' 고조선(고조선 왕검조선) 조가 비슷한 역할을 한다.

한반도 지역의 경우 13세기의 "삼국유사"보다 더 빠른 시기의 문헌이 있다. 12세기에 나오는 "삼국사기"(1145)가 그것이다. "삼국유사"보다 "삼국사기"란 저작이 한반도의 한민족 집단에게 더 중요한 문헌이라 할 수도 있다. 물론 시기적으로 "삼국유사"보다 더 빠르다는 것도 그 이유일 수 있지만 그것보다는 그 저작의 구성도 시사하는 바가 적지 않기 때문이기도 하다. 현재의 한민족 집단이 가진 '이중적 의식'(손동완 2018)이 바로 고려조의 "삼국사기"(1145)란 책에서 나온다고 할 수 있다. 비록 그것이 '진실'에 근거하지 않은 '기획'이라 할지라도 그 문헌이 행사하는 영향력은 결코 무시할 수는 없기 때문이다.

고려조 전기의 "삼국사기"는 당시 고려조의 기원(D)을 '후 3국 → 3국'으로 소급(D)하는 담론(위)을 문헌적으로 표현한 것이라고 할 만하다. 고려조는 앞서 설명한 바처럼 한반도 지역의 첫 번째 통합국가(D)인 대-신라(후기-신라)(676~935) 말기에 한강 이북의 반란 세력(고려 → 마진 → 태봉 → 고려로 여러 번 이름을 바꾼다)에서 시작된다. 그 세력은 이후 다른 반란 세력(후-백제라 불린다)과 원래의 영역으로 도로 돌아간 첫 번째 통합국가를 재-통합해서 한반도 지역의 두 번째 통합국가를 이룬다. 고려조는 자신을 후-고구려(901~935)(앞의 반란 세력이다)를 이은 국가로 본다. 그런데 그 후-고구려는 고구려(기원전후~668)를 계승한다고 표방한다.

고려조는 '후-고구려 → 고구려'란 도식에서 바로 그 앞의 세 세기에 걸친 대-신라(후기-신라)를 완전히 뛰어넘어 버린다. 그러한 일은 역사에서 유례가 없는 일은 아니다. 고려조가 그들의 정통성 수립하기 위해 바로 앞의 한반도의 통합국가인 대-신라를 도려내는 방식은 이후의 역사에서도 반복이 된다. 청제국(1616 또는 1644~1911)(4)은 세력이 미약했던 자신들의 기원(읍루계 또는 숙신계라 불린다)을 드러내기 위해서 동시대 만주의 통합국가였던 고구려(예맥계에 속한다) 국가를 완전히 도려낸다("흠정만주원류고" 1778). 당시 역사에서 고구려(5)는 완전히 사라지는 셈이다. 참고로 읍루계(9)는 읍루 → 물길 → 말갈 → 여진(만주족)으로 이어진다.

여하튼 고려조는 이른바 '후-3국'을 통합한 고려조의 정통성을 부여하는 기획을 "삼국사기"란 저작을 통해서 완성한다. 그 체계에서 7, 8, 9세기의 신라(대-신라)와 발해(5)는 일단 뛰어넘는 존재가 되고 '후-3국'(후-고구려, 후-백제, 후-신라)에서 '3국'으로 바로 소급(D)하는 후-3국 3국 소급설 즉 '3국 소급설'이 자리 잡는다. 고려조 전기의 소급설은 이후 고려조 후기의 재-소급(D)설로 이어진다. 고려조에서 나온 '소급 및 재-소급'(손동완 2018)이란 역사 기획(A/ 4)은 이후 한반도 국가 또는 그 지역 민족 집단의 기원(D)과 관련한 논의에서 큰 영향력을 행사한다. 고려설(손동완 2018)이라 할 수 있는 그 이론은 이른바 전통설(C)의 근간을 이룬다.

고려조의 역사 기획의 산물인 "삼국사기"는 이후 한민족의 기원(D)에 관한 이론(기원 이론) 연구사에서 볼 때 다양한 형태의 결합설(C)에 토양을 제공한다. 그래서 한민족 집단은 고구려, 백제, 신라가 결합해서 이뤄진다(3국 결합설), 부여, 고구려, 백제, 신라, 가야가 결합해서 이뤄진다(3국 결합설의 연장선상이다) 또는 3한계, 예맥계(고구려는 예맥계에 속한다)가 결합해서 이뤄진다, 3한계, 예맥계, 숙신계, 흉노계가 결합해서 이뤄진다(앞의 설의 연장선상이다) 등등 조합이 가능한 모든 설들이 무차별적으로 제시되고 있다. 그러한 결합설은 역으로 한반도의 한민족 집단(7)이 그 기원(D)이 불분명하다는 것을 잘 보여주고 있다(B/ 4).

한반도 3조(C)의 두 번째 국가이자 그 지역에서 대-신라와 조선조를 연결하는 중요한 역할을 한 고려조는 "삼국사기"란 저작을 통해서 자신의 위상을 정립한다. 무엇보다 "삼국사기"란 문헌은 고려조의 정통성을 드러내기 위한 역사 기획(A/ 4)의 수단으로 나온 것이 사실이다. 그 체계에서 고려조는 당연히 그 이전의 발해(698~926)를 그 자신의 기원(D)으로 설정하지 않는다. 북한 조선사(5)의 최대의 모순은 여기서 나온다 할 수 있다. 고려조는 정치적인 필요성 때문에 그 앞 시대인 발해(5)와 대-신라(676~935)를 뛰어넘고 그 이전 시대의 북국(고구려)을 끌어 쓰긴 했지만 남국(C/ 동국 한국 남국)의 정체성을 부인하진 못한 것(위)이 엄연한 팩트라고 해야 한다.

4 역사 기획

이상에서 언급한 단군 담론/ 기자 담론/ 3국 담론은 모두 일종의 '역사 기획'을 그 바탕에 깔고 있다. 그 가운데 고려조 전기에 나오는 후-3국 3국 소급(D)설의 3국(아래)이란 역사 기획은 현재까지도 한민족 집단(7)의 기원(D)에 관한 논의에 지대한 영향을 미친다. 3국은 3조선(아래)이란 기획으로 이어진다. 한편 조선조 후기에 나온 남-북국(아래) 이란 개념도 대표적인 역사 기획이다. 남-북국설이란 기획은 북한(3)의 또 다른 역사 기획인 북국 계보론(아래)의 주요 구성 요소가 된다. 역사 기획은 과거의 일로만 머무르지 않는다. 현대의 북한에서 이뤄지는 그 국가의 정통성 확보를 위한 역사 기획은 우리의 상상을 초월한다.

(3국)

중국 역사의 3국(220~280)은 그다음의 서진(265~317)이 통일하고 그 역사를 기록한다. 반면 한국사/ 조선사(북한)의 3국(기원전후~676)은 그다음의 대-신라(통일-신라/ 후기-신라)(676~935)가 통일해서 그 역사를 기록한 것이 아니다. 이른바 한국사/ 조선사의 3국은 오랜 시간이 흐른 후에 후-3국(901~935)을 통일한 고려조(935~1392)가 후-3국의 기원(D)을 (대-신라와 그 북쪽의 발해를 뛰어넘고) 한반도(7)와 만주(9)에 걸쳐 있었던 세 국가(신라, 백제, 고구려)로 끌어 붙이면서 3국이란 명칭을 부여한 데서 나온 것이다. 고려조(935~1392)는 물리적으로 3국(기원전후~676)을 통일해서 그 역사를 기록할 수도 없고 한참 뒤에 다른 명분으로 '3국'을 만들어 낸 데 불과하다.

한반도 지역의 첫 번째 통합국가(D)인 대-신라(676~935)보다 두 번째 통합국가인 고려조(918 또는 935~1392)가 더 부각되기도 한다. 그것은 고려조가 이른바 3국(위)설을 채택해서 현재의 한민족 집단이 가진 역사(D)와 영토(D)에 관한 이중적인 의식(손동완 2018)을 심어준 존재이기 때문이다. 하지만 고려조의 역사 기획에서 벗어나서 본다면 3국보다는 3한(7)이 한민족 집단과 훨씬 더 관련성이 높다. 3한 지역은 기원전 1000년대의 초기 농경(D) 사회를 거쳐서 기원전후 소정치체인 국(D)이 발생하고 오랜 기간에 걸쳐서 통합이 되어 한반도 지역의 첫 번째 통합국가(대-신라)가 나온다. 고려조는 그 국가를 기반으로 해서 나온 그 지역의 두 번째 통합국가다.

그 지역의 첫 번째/ 두 번째 통합국가인 대-신라/ 고려조는 물론 북국(4, 5)이 아니라 남국(C/ 동국 한국 남국)의 범주에 들어간다. 그 두 국가는 그 지역의 세 번째 통합국가인 조선조(1392~1910)로 이어진다. 그 세 국가가 바로 한반도 3조(C)다. 현재의 한민족 집단(7)은 한반도 3조란 긴 기간을 통해서 형성(C/ 형성론)이 된다. 그 기간은 한민족 집단의 형성기(676~1910)(D)라 할 만하다. 그 이전의 시기는 선-형성기(D)에 해당하는데 오랜 기간에 걸쳐서 그 지역의 지역-역사(D) 복합체인 3한 복합체(C)가 성립이 된다. 그 3한 복합체를 근간으로 해서 첫 번째 통합국가의 역사가 진행이 된다.

결과적으로 한국사/ 조선사의 '3국'은 고려조의 역사 기획으로 나온 관념적인 것에 지나지 않는다는 것이 정확한 팩트일 것이다. 한반도(7) 지역을 재-통합한 고려조는 우리가 잘 알다시피 후-고구려(901~935)(고려 → 마진 → 태봉 → 고려로 이름을 바꾼다)를 계승한 국가다. 후-고구려는 대-신라 말기 한강 이북의 반란 세력인데 느닷없이 고구려(5)를 계승한다는 기치를 내세운다. 하지만 고려조는 후-고구려 → 고구려로 올라가는 기원(D) 이론을 택하지는 않는다. 당시의 고려조에게는 후-3국을 통일한 존재라는 통합의 이데올로기(손동완 2018)가 더 중요하고 후-3국을 통합한 그들의 정통성을 강조하기 위한 정치적 의도 때문에 후-3국의 기원(D)인 '3국'이 탄생한다.

(3조선)

10세기에 이른바 후-3국을 통합한 고려조는 그들 국가의 기원(D)을 3국(신라, 고구려, 백제)으로 설정하고 "삼국사기"(1145)란 역사서를 통해서 그것을 확립한다(위). 결국 고려란 국가의 기원은 3국, 특히 그 시조인 혁거세거서간('신라본기' 권1)/ 동명성왕('고구려본기' 권13)/ 온조('백제본기' 권23)가 되는 셈이다. 물론 한반도(7) 지역에서 그 위의 역사도 존재하는 것은 사실이지만 고려조로서는 그 이상의 역사 또는 '3국 각자'의 기원을 추구하는 것은 그다지 중요한 일이 아닌 것이 분명하다. 바로 위에서 말한 바처럼 고려조의 정통성은 후-3국을 통합한 것에서 나오는 것이고 "삼국사기"는 바로 그것을 반영한 역사서이기 때문이다.

당시까지 전해 내려온 한반도(7) 지역의 문헌(대부분 실전되었다)이나 "사기", "한서", "후한서", "삼국지" 같은 중국에서 나온 정사에서 한반도와 주변 지역의 역사가 언급이 되는 것은 당연한 일일 것이다. 특히 한반도 남부의 3한(마한, 진한,

변한)과 동시대 한반도 북부의 위만-조선(-194~-108), 한 4군(-108~313)은 "삼국지"('위지' '오환선비동이전')와 "사기"('조선열전') "한서"('서남이양월조선전') 등에서 기록이 나온다. 그리고 한반도 북부(서북부)를 기준으로 그 외곽의 민족 집단인 예맥계(C)와 읍루계에 관한 기록도 있다('오환선비동이전'). 하지만 "삼국사기"란 고려조의 역사 체계 또는 역사 기획에서는 그 지역들이 그렇게 중요한 부분으로 다루어지지는 않는다.

한편 고려조 후기로 접어들고 정치적 상황이 변화하면서(몽골 간섭기로 접어든다) 그 시대에 나오는 여러 역사서에서는 3국 위의 역사가 점차 중요하게 다루어지기 시작한다(A/ 1, 2). "삼국유사"(권1)에서 가장 잘 알려져 있는 '기이제일'도 기본적으로 3국 이전의 한반도(7)와 주변 지역의 여러 정치체 또는 민족 집단을 열거한 것이라 할 수 있다. 고조선, 위만-조선, 마한에서 북부여, 동부여, 고구려, 변한 백제, 진한까지 두루 나와 있기 때문이다(그리고 예외적으로 후대의 '말갈 발해'가 삽입되어 있다). 그리고 "제왕운기"(권하)에서는 3국 위의 한 4군, 위만-조선, 후-조선, 전-조선 등도 나와 있다(그사이에 부여,

비류, 시라, 고례, 남북 옥저, 예맥 이 열거되어 있다).

그 두 책에서 3국 위의 역사는 맨 위에 단군-조선(A/ 1)(고조선 1)이 올라가 있다. "삼국유사"('기이제일')의 고조선(왕검조선)과 "제왕운기"(권하)의 단군의 개국(開國)이 그것이다. 3국 위의 역사는 고려조 후기의 두 저작을 통해서 단군(A/ 1)으로 올라가는 셈이다. 그것이 이른바 재-소급(D)설이다. 결국 고려조 전기의 3국 소급(D)설은 고려조 후기에 와서 재-소급설로 이어진다. "삼국유사"(1281)에는 단군-조선(고조선 왕검조선조)이 위만-조선과 함께 실려 있다(A/ 1). 하지만 기원전 3000년대의 단군-조선(기원전 2333년으로 되어 있다)과 기원전 2세기의 위만-조선(-194~-108) 사이에 2000년이 넘는 엄청난 기간의 공백이 있다.

"제왕운기"(1287)에 와서 후-조선(기자-조선)이란 개념이 나와서 그 역사적 공백(손동완 2018)을 메운다. 그 책에서 비로소 3조선(단군/ 기자/ 위만)의 초보적인 형식을 갖추고 이후 3조선론이 완성되어 조선조의 "동국통감"(1485) 등의 역사서에

도 올라간다. 조선조에 들어와서는 '단군/ 기자/ 위만'의 3조
선이 완전히 자리 잡는다. 그 가운데 단군-조선(A/ 1)과 기
자-조선(A/ 2)은 이른바 '전-후 조선'을 이룬다. 조선조에 평양
(e)에는 단군/ 기자의 제사를 지내는 외관 관서까지 세워진다
(숭령전/ 숭의전). 전-후 조선에 이어서 3조선의 마지막이 되는
위만-조선(위)은 그 이후의 한 4군과 함께 3한(7) 또는 3국(위)
과의 연결이 모색된다.

(신채호식 역사)

구한말의 인물인 신채호는 한민족 집단의 역사를 '고구려, 부여, 단군'을 중심으로 본다. 그것은 고려조의 '소급 및 재-소급'(손동완 2018)의 역사 기획을 기본으로 하면서도 부분적으로 어떤 측면에 초점을 맞추어 강조한 방식이라 할 만하다. 고려조의 역사 기획이 그나마 후-3국 3국 소급(D)이란 대 전제하에서 통합의 이데올로기(위)에 부합되게 어느 정도 3국의 균형을 이룬 것이라면 신채호의 역사 기획은 그중에서 고구려(5)를 유독 강조한 것이다. 그래서 고구려와 그 기원(D)이라 할 수 있는 부여(C/ 외래설)에 치우친다. 상대적으로 백제와 신라 특히 신라는 과소 평가된다. 백제의 경우는 바다 건너 한반도에서 가까운 중국 대륙 지역을 경략한다는 기사를 강조한다.

신채호는 고려조 후기를 거쳐 조선조에 자리 잡는 3조선(위)에 변형을 가해서 3국 위의 역사를 구성한다. 그는 전 3한/ 후 3한(신채호 1925)이란 개념을 도입해서 각각 3조선/ 3한에 끼워 넣는다. 전 3한이 후 3한으로 이동한다는 일종의 이동설(A/ 2)인데 이른바 전-후 3한론이다. 단군이 창립한다는 전 3한은 '신한, 불한, 말한' 또는 '신조선, 불조선, 말조선'으로 분립한다고 설정된다. 그것은 고려조 후기에서 조선조 전기를 거치면서 성립한 '단군/ 기자/ 위만' 조선의 체계와는 완전히 다르다. 그러한 설정에서는 한 4군의 존재가 걸림돌이 되는데 한 4군을 한반도 밖으로 처리하는 방식을 취해서 한반도 서북부의 위만-조선과 한 4군(C)의 역사를 완전히 도려낸다.

고려조의 전통설(C)은 '소급 및 재-소급'(손동완 2018)설을 그 근간으로 한다. 하지만 그 과정에서 기원전 2세기의 위만-조선에서 단군이 등장하는 기원전 3000년대까지 '역사적 공백'이 문제가 된다(위). 그것을 고려 조선 양조에서는 '가상'의 기자-조선을 넣어서 메꾼다. 그런데 비해서 신채호는 그것을 '가공'의 '신한, 불한, 말한'(신조선, 불조선, 말조선)을 넣어서 메꾸고 있는 셈인데 훨씬 더 극단적인 기획이라 할 수밖에 없다. 신채호의 역사 체계에서는 특히 전 3한(위)론에서 가능한 한 최대의 상상 상의 영토 확장을 도모한다. 구한말에 나오는 여러 민족 종교부터 현대의 아류(구체적으로 거론하지 않는다) 들까지 아직까지 그 확장은 여전히 진행 중이라 할 수 있다.

신채호는 이후 유사(사이비) 역사학(D)이 창궐하는데 결정 적인 역할을 한 인물이라 할 수밖에 없다. 무엇보다 교조적이 고 독단적이라 평가받는 그의 역사학이 근대 사학의 길을 열 었다는 것은 매우 불행한 일이 아닐 수 없다. 다만 한 개인으 로서의 신채호는 기발한 역사 기획을 통해서 이후 한 시대를 풍미하는 흐름을 주도했다는 면에서는 조선조 후기 유득공 에 못지않은 기린아라 할 수도 있다. 물론 고려조의 3국(A/ 3) 설도 엄청난 흐름을 주도한 역사 기획이긴 하지만 그것은 한 개인이 만든 것은 아니고 국가 차원의 역사였다. 그런 점에서 유득공(남-북국설)(아래)과 신채호(전-후 3한설)는 가히 동국(C/ 동국 한국 남국) 역사 연구의 행운아라 할 만하다.

(남-북국)

조선조 후기에는 또 하나의 역사 기획이 제시된다. 바로 유
득공(1748~1807)의 남-북국설이다. 그 이론은 당시에도 몇몇
학자들에게 영향을 끼쳤지만 그것보다는 현대의 북한(3)에서
발전시키고 이후 남한 학자가 그것을 수입해서 교과서에까지
올라간다. 유득공은 정조에 의해 규장각 검서로 발탁된 서얼
출신(원래는 관직 특히 '청직' 진출은 제한된다)의 학자인데 시문
에도 능한 사람이었지만 "경도잡지", "사군지", "발해고", "이십
일도회고시" 등 역사 관련 저작도 남긴다. 그의 업적은 정조
의 배려에 힘입은 바 크다고 할 수 있는데 박제가, 이덕무 등
다른 서얼 출신의 학자들과 함께 규장각의 수많은 문헌을 접
할 기회를 가진 덕분이기도 하다.

"발해고"(1784) '서'에서 유득공은 역사에 대한 간단한 단상
을 남긴다. 기본적으로는 고려조가 '발해의 역사'를 기록하지
않은 것을 한탄하는 내용이다. 고려조가 북국 발해(5)의 역
사를 충분히 기록할 수 있었는데도 그렇게 하지 않은 까닭

341

에 이전의 북국 발해에 대한 권리 즉 역사적 주권(C)을 주장하지 못한다는 것이다. 물론 그러한 주장의 대상은 고려조 당시의 북국인 거란 요(4), 여진 금(4)이다. 결과적으로는 고려조가 '발해의 역사'를 기록하지 않았고 그래서 그 역사에 대해서 주장할 권리가 없다는 얘기가 될 수도 있다. 그런데 거기서 유득공은 후대의 역사가가 주목할 만한 어떤 틀을 제시한다. 바로 '남-북국사'란 개념이다.

그런데 "발해고"는 군고/ 신고/ 지리고/ 직관고/ 의장고/ 물산고/ 국어고/ 국서고/ 속국고로 구성된 책이다. 그 책은 각각 '임금/ 신하/ 지리/ 관제/ 복식/ 물산/ 언어/ 외교 문서/ 속국'의 아홉 개 분야에 대해서 중국, 일본, 한국에서 나온 부분적 자료를 참고해서 쓴 글이다. 모든 장에 "발해고"의 '고'(考) 자가 붙어 있다. 그 가운데 군고/ 신고'는 다른 역사서의 '본기/ 열전'에 해당한다. 그리고 '국서고'에서는 무왕, 문왕 때의 대 일본 외교 문서가 실려 있다. '속국고'는 발해 유민이 세운 정안국(938~986)에 관한 글이다. 그런데 이상의 9개 분야가 아니라 "발해고"의 '서' 즉 서문의 짤막한 글이 유득공을 유명하게 만든다.

남-북국은 물론 현재 우리에게 익숙한 신라와 발해다. 더 자세히 말하면 대-신라(통일-신라 또는 후기-신라)와 발해다. 유득공이 제시한 '남-북국사'는 당연히 당시에 서로 대립하던 남국 신라와 북국 발해를 그 이후의 고려조가 통합한다는 전제가 깔려 있는 이론이다. 하지만 고려조는 그러한 전제를 전혀 충족시키지 못하고 있다. 왜냐하면 고려조는 그 존속 기간 내내 북국인 요, 금, 원(4)과 대치한 것이 사실이기 때문이다. 유득공은 고려조가 북국 발해(5)의 역사를 기록하지 않은 것을 한탄했지만 북국 발해의 역사를 기록했다 하더라도 고려조가 남조와 북조(아래)를 통합한 중국의 수/ 당제국처럼 되는 것은 결코 아니다.

참고로 중국 역사의 남-북조(420~589)는 진한위진(C/ 정통상전송) 다음의 시대인데 중국의 이른바 24사 가운데 "송서", "남제서", "양서", "진서"와 "위서", "북제서", "주서", "수서"와 "남사", "북사"에서 기록되는 매우 버라이어티한 시대다. 다시 말해서 북중국의 이민족 왕조인 북조와 남중국의 한족 왕조인 남조가 병존 대립한 시대다. 남중국의 한족 왕조는 송, 제,

양, 진(陳)으로 비교적 단순하게 이어진다(그 이전이 각각 삼국/ 진의 오/ 동진이다). 하지만 북방의 이민족 왕조는 선비의 북위가 동위와 서위로 갈라지고 다시 북제와 북주로 이어지다 수제국(581~618)으로 합쳐진다. 수제국은 남중국의 한족 왕조(420~589)를 통합한다.

─현재 중국에서는 북방인/ 남방인이란 말이 쓰인다. 대체로 장강을 기준으로 그 북쪽과 남쪽의 집단을 말한다. 물론 둘 다 한족(6) 집단에 속하기 때문에 형질적으로 뚜렷하게 구분되는 것은 아니지만 문화적, 역사적 의미가 그 바탕에 깔려 있다. 한족은 일찍이 황하 유역에서 나와서 남쪽으로 확장되는데 춘추-전국을 지나고 진/ 한을 거치면서 비로소 남방(남중국)이 한족의 영역으로 들어온다. 그 이후 그 지역에는 이른바 6조가 연이어서 자리 잡는다. 6조는 장강 이남인 남방(남중국)의 여섯 개의 한족 왕조를 말한다. 오, 동진, 송, 제, 양, 진(삼국의 오에서 남조의 마지막 진까지다)이 그것인데 "삼국사기"에는 백제가 그들과 교류한 기록이 남아 있다.

(북국 계보론)

신라(대-신라)와 발해의 남-북국 이란 유득공의 도식은 현대의 북한(3)에서 발해와 후기-신라로 편제되고 이후 남한 학계가 그 이론을 수입해서 교과서에도 올라가게 된다(5). 남한 학계가 아무 생각 없이 도입한 '남-북국사'는 북한에서는 그들이 구성한 북국 계보론의 한 부분으로 들어간 것이다. 북한은 남한에 대한 우위를 확립하기 위해서 평양(e)과 양계(3) 중심의 '고조선 → 고구려 → 발해 → 고려 → 리조(조선조) → 북한'이란 계보(D)를 제시한다(사회과학원 1979~83). 이전에도 고려조가 고구려(5)를 끌어 붙인 것은 사실이지만 적어도 '후-3국에서 3국으로'라는 "삼국사기"의 원칙은 확실하게 한 반면 현대의 북한은 고구려뿐 아니라 발해(5)까지 극단적으로 이용한다.

북한은 정치적인 이유에서 북국 중심의 계보론을 수립해서 고구려, 발해를 그 중심에 놓는다. 역사적으로 변방 지역이었던 양계(3) 지역을 주 영토로 하는 북한(조선민주주의인민공화국)은 3한(7) 지역이 아니라 북국(4, 5) 지역을 중심으로 한 역사의 틀을 수립한다. '고조선 → 고구려 → 발해 → 고려 → 리조 → 북한'이란 계보(위)에서 볼 수 있듯이 북한은 북국인 고구려, 발해(5)를 그 중심에 놓는다. 하지만 '고구려 → 발해 → 고려'조로 이어지는 민족 집단(1)이란 것은 존재하지 않는다. 그 이론적 근거라는 3국설(고구려)과 남-북국설(발해)은 양립(손동완 2018) 하기조차 힘들다. 발해란 국가는 남-북국설에서는 필수적인 것이지만 3국설에서는 아예 존재 자체가 없다.

고구려 국가는 당제국과 신라에 멸망 당한 후(668) 부여계 주력 집단은 중원 지역으로 사민(徙民)되어 한족 집단에 동화(D)되고 나머지 집단은 발해로 흡수(D)되어 정체성을 상실한다(5). 비록 부여계 발해인(김한규 2004; 노태돈 2009 a)이 개념적으로는 가능하다 하더라도 그 소수 집단은 이미 정체성을 상실한 지 오래되었다고 볼 수밖에 없다. 왜냐하면 그 집단도 발해(698~926)와 거란 요(907~1125)의 오랜 기간을 거치면서 타 집단에 흡수(D)되기 때문이다. 발해 국가(현재의 요녕성 지역으로 사민된 말갈계가 도주해서 세운 국가다)도 거란 요에 멸망 당한 후에 그 구성원은 다른 집단에 흡수된다.

한반도의 한민족 집단(7)은 그 지역의 첫 번째 통합국가인 대-신라(통일-신라 또는 후기-신라)를 떠나서는 설명할 수가 없다. 북한(3)이 고구려(5), 발해(5)에 대한 역사적 주권(C)을 주장한다 하더라도 그것은 정치적인 구호일 뿐이다. 북한은 남한에 대한 우위를 확보하기 위해서 본토설(C)부터 북국 중심의 계보(D)론까지 가능한 한 모든 수단을 동원하고 있다. 그러한 일련의 움직임은 학문의 활동도 정치에 철저하게 복무하지 않으면 안 되는 북한 체제의 일면을 잘 보여주고 있다. 북한의 평양설(e)과 평양 담론(A/ 5)은 20세기 남한과 북한의 대결을 잘 보여주는 훌륭한 자료가 될 듯하다.

5 평양 담론

한반도의 한민족 집단(7)은 20세기 후반 두 개의 국가로 나뉜 후에 점차 서로 다른 지역적 정체성(regional identity)을 형성 중이다. 그동안 북한(조선민주주의인민공화국)은 남한(대한민국)과 모든 면에서 체제 경쟁을 해 왔다. 이미 경제적인 면에서는 상당한 격차가 난 상황이긴 하지만 몇몇 부분에서는 아직도 경쟁이 지속되고 있다. 먼저 핵무기와 일부 비-대칭 군사력에서 북한은 우위를 점하고 있고 주민 통제란 면에서도 고도의 기술을 보유하고 있다. 다음으로 북한은 학술적인 면에서도 몇몇 부분은 어느 정도 경쟁력을 가지고 있는데 그 가운데 하나가 민족 기원(D) 이란 주제다. 평양 담론은 그 범주에 들어간다.

(고구려 고조선 본토설)

이른바 평양 담론은 북한의 본토설(C)뿐 아니라 북국 계
보론(A/ 4)까지 포함된 하나의 체계라 할 수 있다. 북한은 앞
서 언급한 대로 남한에 대한 우위를 확보하기 위해서 여
러 가지 역사 기획(A/ 4)을 감행한다. 북한 학계는 "조선전
사"(1979~1983)에서 '고조선 → 고구려 → 발해 → 고려 → 리조(조
선조) → 북한'으로 이어지는 계보(D)를 중심으로 역사를 구성
한다. 그들은 기본적으로 (평양의)고구려(5)와 발해(5)를 그 중
심에 놓는다. 그리고 그 위에 고조선을 올려놓고 더 위에 (평
양의)본토설(C)을 또 올린다. 적어도 오랜 기간 이렇다 할 체
계를 보여주지 못한 남한에 비해서 북한은 더 정교한 체계를
갖춘 듯이 보인다.

그러한 북한의 체계에서 우선 고조선과 고구려(5)의 연속
성이 문제가 된다. 그 부분에서 북한은 고구려 고분 벽화에
서 곰과 호랑이가 발견된다는 정도의 사실을 확대해서 보는
정도에 그친다(강용남 1996). 북한 학계는 "삼국유사"에 나오

는 바의 기원전 2333년에 단군이 평양(e)에서 왕검 조선을 세운다는 식의 이른바 단군 기원(A/ 1)설(단군의 평양설)을 강조하고 어느 날 갑자기 평양에 단군릉을 세우기도 한다. 하지만 "조선전사"의 고조선은 엄연히 기원전 1000년대의 국가인데도 불구하고 기원전 3000년대의 단군을 거론한다는 것도 별로 아귀가 맞지는 않는다.

그다음으로 고조선과 이른바 조선옛유형사람(e)과의 관련도 그다지 분명하지 않다. 본토설(C)에서 평양(e)과 그 주변 지역에서 발견되는 구석기시대의 화석 인골에서 이어진다는 바로 그 신석기인인 조선옛유형사람(e)이 어떻게 고조선과 연결되는지 명확하지가 않다. 그것이 같은 신석기시대인 신화 상의 고조선("삼국유사" '기이제일')의 단군(A/ 1)으로 이어지는지 아니면 기원전 1000년대의 이른바 고대 노예 소유제 사회("조선전사")인 고조선으로 이어지는지 알 수가 없다. 다시 말해서 조선옛유형사람이 고조선 1(단군-조선)과 고조선 3(역사상의 조선) 가운데 어느 고조선의 어느 단계로 연결이 되는지 불확실하다.

현재의 북한(조선민주주의인민공화국)은 사회주의 사상에 기본을 둔 사회를 만들었을 뿐 아니라 상당히 극단적인 주체 사상까지 덧씌워서 지구상의 다른 지역 심지어는 이전의 공산권과도 다른 모습을 보이고 있다. 더구나 양계(3)를 주 영토로 하는 관계로 그 핵심부인 평양 중심의 기원 이론(본토설이 그 중심이다)을 구성하고 북국 중심의 정체성을 기획한다. 특히 말갈이 주축이 되는 발해(698~926) 국가를 중심으로 한민족 집단(7)의 정체성을 수립하는 방식은 상당히 생경하다 못해 정체성의 혼란을 가져오기에 충분할 듯하다. 현재 남한은 그러한 북국 중심의 정체성을 맥락 없이 용인 내지 부채질하고 있는 듯하다.

(고구려 발해)

평양 담론의 중추를 이루고 있는 북국 계보론(A/ 4)은 앞서 여러 곳에서 언급한 바와 같이 고구려(5) 발해(5)가 한민족(조선 민족) 집단의 주축(D)이라는 구성을 보이고 있다. 이른바 3국의 하나인 고구려는 그렇다 하더라도 발해(698~926)가 현재의 한민족(조선 민족)의 핵심이 된다고 보는 북한의 역사는 상당히 이해하기 힘들다. "조선전사"에서 발해(5)란 국가의 비중은 우리의 상상을 뛰어넘을 정도인데 '발해와 후기-신라/ '발해 및 고려사 1/ '발해 및 고려사 2'란 연속되는 책(5, 6, 7권)이 그것을 잘 말해준다(5). 물론 고구려와 발해의 관련 문제도 있지만 그것을 떠나서도 발해 문제는 그 이상의 난점이 있다.

발해(5)의 민족적 구성 또는 주민 구성(노태돈 2009 a)이란 면에서 볼 때 읍루계(9)의 말갈이 주축(D)이란 것은 의심할 여지가 없다. 그럴 경우 말갈이 한민족 집단(7)의 주력이 된다는 위험을 감수하고 북한이 발해에 집착하는 이유는 단 한 가지다. 그것은 현재의 북한이 양계(3) 지역을 그 영토로 하고 있는 국가이고 양계 지역을 정통성의 근거로 삼기 위해서는 양계와 한때 같은 범위로 묶였던 북국(4, 5) 지역의 국가 가운데 그나마 연결 고리가 가장 약한 발해를 노리지 않을 수 없기 때문이다. 적어도 거란 요(907~1125)/ 여진 금(1115~1234)/ 몽골 원(1206~1368)에 비해서(모두 중국의 24사에 올라간다) 말갈 발해가 역사 기획(A/ 4)을 가하기에 더 유리했다고 할 수 있다.

그러한 북한의 역사 기획은 남한의 유사 역사학(D) 계열에 속하는 일부 아마추어 수준의 연구자들이 거란 요/ 여진 금/ 몽골 원도 한민족 집단(7)에 속한다고 하는 것에 비해서는 훨씬 더 이성적인 것임에는 틀림이 없다. 하지만 말갈 발해는 "조선전사"에서처럼 그 집단에 목을 매야 할 만큼 한민족 집단과 관련이 있는지는 의문이다. 남한의 그 계열의 연구자들이 민족 집단(1)의 계통과 분류(손동완 2018)에 기본적인 개념조차 없는 듯한 데 비해서 북한 학계가 그 정도 수준은 아니라고 보이지만 자신들의 정통성 확보를 위해서 어쩔 수 없이 그러한 부분을 눈감고 부인한 듯이 보인다. 특히 단혈성(e)을 중시하는 그들 집단의 논리와는 전연 어울리지 않는다.

한편 고구려(5)와 발해(5)의 연속성(D) 문제는 역사적 주권 ⓒ을 주장하는 그 이상도 그 이하도 아니다. 어떤 지역 또는 어떤 국가에 대한 역사적 주권을 주장하는 현상은 이제 논쟁의 대상이 아니라 이해와 상식의 영역에 속한다고 해야 한다. 북한(3)이나 중국(6)같이 권위주의 체제에서 당과 국가의 노선에 학문이 복무해야 하는 체제가 아니라 적어도 학문의 자유는 보장되어 있는 국가에서 그런 부분에 대해서 강박적인 대응을 하는 것은 더 이상 성숙된 자세는 아니라고 해야 한다. 물론 국책 기관이나 국가에서 예산을 따야 생존이 가능한 집단이 있다는 것은 인정하지만 그렇다 하더라도 그러한 방식은 바람직하지 않다.

B 이론

위의 담론(A)이 주로 전통설(C) 관련 논의인 데 비해서 네 개의 글로 이루어진 이하의 '이론'은 당대설(손동완 2018)과 관련한 논의가 많다. 특히 첫 번째 글은 당대설에 대한 간략한 개론이라 할 수 있는데 당대 3설(북방설, 발해연안설, 본토설)을 재-분류한 수정 6설을 소개한다. 두 번째/ 세 번째 글도 당대설과 관련이 있다. 두 번째 글은 발해연안설(위)이 주 구성 부분으로 들어간 혼합설(C)이고 세 번째 글은 북방설(위)이란 체계의 한 부분이던 퉁구스인론을 비판한 것이기 때문이다. 다만 네 번째 글은 전통설(C)과도 관련이 있는데 '하나의 기원'이란 주제를 여러 가지 각도에서 다룬다.

1 수정 6설

전통설(C)과 대비되는 당대설은 20세기에 와서 근대적인 역사학이 도입된 이후 특히 고고학/ 인류학의 발전에 힘입어 나온 기원 이론을 말한다. 북방설, 발해연안설, 본토설이 대표적인데 '당대 3설'이라 할 만하다. 그 가운데 북방설(시베리아설)(부록 1)과 발해연안설(아래)은 남한을 대표하는 이론이고 본토설(C)은 북한을 대표하는 이론이다. 이상의 '당대 3설'을 재-분류한 이론이 '수정 6설'(손동완 2018)이다. 그 가운데 북방설(시베리아설)을 재-분류한 '북방설과 남방설'(c)은 일반 대중에게 비교적 널리 알려져 있다. 이하에서는 북한의 본토설을 재-분류한 이론을 간략하게 다루고 나서 발해연안설을 재-분류한 이론을 비교적 자세하게 다룬다.

(본토설 1설과 2설)

본토설(1설)은 20세기 북한을 대표하는 한민족(조선 민족) 집단의 기원 이론이다. 원래 북방설(부록 1)을 추종하던 북한 학계는 평양(e)과 그 주변 지역에서 구석기시대의 화석 인골이 발견되자 한민족 집단이 평양에서 기원한다는 본토설(본토인설)로 전환한다. 본토설(C)은 그 지역의 구석기인에서 이어지는 이른바 조선옛유형사람(e)이란 신석기인이 한민족 집단의 기원(D)이라 설정한다. 하지만 통상 어떤 민족 집단(1)의 기원을 선사시대에서 찾는다는 것은 상당히 무리한 것일 수밖에 없다. 북한(3)의 본토설은 남한에 대한 우위를 확보하기 위한 일종의 기획인데 문제가 적지 않다(A/ 5).

본토 유형설(2설)은 '최근의 유전자 분석' 그중에서도 미토콘드리아 DNA 분석보다 설명력이 더 크다고 평가받는 Y-염색체 DNA(C/ 용어 1) 하플로그룹 분석에 의거한 이론이다. 동아시아 지역은 주로 O 계열이 본토 유형을 구성한다. 그들은 마지막 빙하기(D)의 동남아시아 집단인데 중국 서부를 거쳐 들어간 O3 계통은 중국⑥ 대륙의 본토 유형에 해당하고 동중국 해안을 따라 들어가는 O2b 계통은 한반도⑺와 일본 열도⑻의 본토 유형에 해당한다. O1 계통은 인도-말레이 열도에 주로 분포한다(대만이 원래의 중심지이다). 반면 빙하기에 '동중국 해안 → 일본 열도 → 사할린 섬 → 아무르강' 루트로 들어간 C 계열(C3)은 만주⑼와 시베리아⑽의 본토 유형에 해당한다.

  이상의 두 학설은 주로 빙하기⒟를 배경으로 해서 나온 이론이다. 아무리 형질 및 유전자⒟적 의미의 논의라 하더라도 구석기시대와 현재의 어떤 민족 집단⑴ 간의 관계를 논한다는 것은 '시간 범위'⒝ 상의 한계가 크다고 할 수밖에 없다. 더구나 그러한 이론은 현재의 한반도⑺란 지형이 이루어지기도 전인 시기를 언급하고 있다. 한반도는 마지막 빙하기 이후 해수면 고도가 상승하면서 드러나는데 중국 대륙과 일본 열도와는 바다로 분리되고 북쪽으로만 육지로 연결이 된다. 물론 현재의 한반도 지형이 이루어진 이후인 신석기 청동기 양 시대를 배경으로 한 이론(북방설과 남방설)⒞ 역시 같은 '시간 범위' 상의 한계가 있다.

〈발해연안설 1설과 2설〉

당대 3설의 하나인 발해연안설은 남한에서 북방설(부록 1)
을 대체하는 이론으로 등장한다. 그 이론에서는 시베리아(10)
보다 한반도에서 훨씬 더 가까운 발해연안(아래)에서 들어가
는 집단이 이후 한반도(7)의 주력 집단이 된다고 설정한다. 발
해연안설은 크게 봐서 두 가지로 나누어 볼 수 있다. 하나는
그 지역의 신석기 문화와 관련한 이론이고 다른 하나는 그 지
역의 청동기 문화와 관련한 이론이다. 여기서는 발해연안의
신석기 문화와 관련한 이론은 발해연안 1설, 그리고 발해연안
의 청동기 문화와 관련한 이론은 발해연안 2설이라 분류하기
로 한다. 시대를 중심으로 나눈 분류가 훨씬 더 명쾌한 면이
있다.

발해연안(아래)에서는 중국(중원)의 황하 유역 못지않게 이
른 시기에 신석기 문화가 나온다. 남한 학계 일부에서 발해연
안 신석기 문화(C)와 한반도(7)의 연결을 시도하지만 한반도
(7)의 즐문(빗살무늬) 토기가 발해연안에서 들어간 것일 가능

성이 있다는 주장(이형구 1989) 정도에 그치고 결과적으로 그다지 성공적이지 못한 듯하다. 설사 한반도의 즐문 토기(D)가 발해연안에서 들어간 것이라 하더라도 그 문화를 가지고 들어간 집단이 한민족 집단의 기원(D)이 된다는 것은 또 다른 문제다. 한반도의 즐문 토기 사용 집단은 그 이후의 무문 토기(D) 사용 집단에 흡수된다는 것이 정설이다(B/ 2).

그 외에도 발해연안의 이른바 홍산 문화와 한반도(7)의 관련을 제시하는 이론도 있다. 하지만 그 문화가 요하 문명이라 불릴 정도로 발달된 면을 보인다 하더라도 그 문화와 한반도 지역은 큰 관련이 없다는 것이 진실일 것이다. 무엇보다 한반도/ 일본 열도/ 연해주 지역은 신석기시대가 수렵, 채집, 어로 단계에 머무르기 때문이다(노혁진 1994). 그렇다고 한다면 발해연안 신석기 문화(C)에 주목하는 발해연안 1설은 사실상 성립하기 어려운 것이 분명하다. 현재 홍산 문화 등을 한반도의 한민족 집단(7) 쪽으로 당기려는 유사 역사학(D) 신봉자들이 활동하고 있긴 하지만 언론의 관심을 끄는 데만 능한 아마추어 수준이 대부분이다.

반면 발해연안의 신석기 문화(ⓒ)보다는 그 지역의 청동기 문화가 한반도(⑦) 지역과의 관련성이 훨씬 더 크다고 할 수 있다. 이미 발해연안의 청동기 문화는 북방설(부록 1)과 관련해서 논의가 된 적이 있지만 그보다는 더 구체적으로 발해연안의 청동기 문화(아래)를 가지고 한반도로 들어가는 집단을 적시해서 이론을 전개하는 편이 훨씬 더 설득력이 있을 것이다. 먼저 4중 혼합설(B/ 2)의 요녕계(요녕 청동인)가 그 대상으로 부상한 바 있는데 그 이론도 한계가 없지 않다. 다음으로 이른바 조선계(아래)란 집단이 다시 그 대안으로 나오는데 그 이론(조선계설)은 이하에서 더 자세히 논의하기로 한다.

(조선계설)

발해연안설 가운데 '1설'보다는 '2설'이 훨씬 더 한반도(7) 지역과 관련성이 크다는 것은 이미 말한 바와 같다. '2설'은 여러 가지 형태로 나타나지만(위) 조선계설(손동완 2018)이 가장 포괄적인 이론 구조를 가지고 있다. 그 이론은 이른 시기 만주(9)의 민족 집단 가운데 예맥계(C) 그중에서도 기원전의 일정 시기에 요동과 한반도 서북부에서 활동한 조선계란 집단이 중심이 된다. 주로 기원후에 두각을 나타내는 부여계(B/ 2)와 구분되는 그 집단은 더 정확히 정의하자면 '예맥- 요녕- 조선계'인 셈이다. 그 집단은 발해연안 신석기 문화(C)가 아니라 청동기 문화와 관련이 있는데 철기시대로 이어진다.

조선계설은 한마디로 말해서 발해연안(아래)에서 기원하는 조선계란 집단이 이후 한반도(7)의 주축(D) 집단이 된다는 이론이다. 그 집단은 요동/ 한반도 서북부에서 각각 그 수장이 조선후("위략")/ 조선왕("사기" '조선열전')으로 불렸는데 조선계란 명칭은 거기서 나왔다. '역사상의 조선'(손동완 2018)이라 할 수 있는 그들 집단은 이른바 3조선(A/ 4)론이 나온 뒤에는 기자-조선(A/ 2)으로 왜곡이 된다. 가상의 기자-조선이 아닌 실제의 조선(역사상의 조선)은 이후 위만-조선(-194~-108)으로 넘어간다. 여하튼 조선계설은 위만-조선 멸망 후에 한반도 북부(서북부)에서 남부(중남부)의 3한 지역(7)으로 들어가는 조선계 집단이 있다고 가정한다.

그 이론에서는 조선계 집단이 기원전후 3한 지역(7)에서 성립되는 국(D)이란 소정치체의 중핵이 되고 그 국이 이후 한반도 정치 세력의 중심이 된다는 것이 전제되어 있다. 그 이론은 조선계란 집단이 실제로 존재해서 그들이 국의 중핵 세력이 되는가, 가 우선 검증되어야 한다. 그런데 무엇보다 고대 국가설까지 있는 위만-조선이란 국가의 유민이 3한 지역 초기 국가(D)인 국을 형성하는 집단이란 것은 역사 발전 단계(D)가 잘 맞지 않는다는 우려가 있다(손동완 2018). 그뿐 아니라 그 집단이 3한 지역에서 국(D)을 성립시키는 역할을 하는지(이현혜 1984) 국의 집합인 3한(마한, 진한, 변한)을 성립시키는 역할을 하는지(박대재 2006)도 분명치 않다.

이상의 조선계설은 일종의 대-조선(C)론에 해당한다. 대-조선(great Chosun)론은 간단히 말해서 그 조선계 집단이 확장이 되어 현재의 한민족 집단(7)이 이뤄진다는 것이다. 하지만 남한의 대표적인 3한 연구자들이 한반도 지역의 기원전후에서 7세기까지의 역사를 대-조선이란 개념으로 일관성 있게 설명하는 예가 없다. 비록 조선 유민(아래) 또는 조선계를 설정은 하지만 대-조선(C)이란 시각에서 그 시대를 설명하지 않거나 못한다는 것이 문제다. 그래서 문자 그대로의 조선계설이 한민족 집단의 실질적인 기원 이론이 될 수 있을까 하는 의구심이 든다. 참고로 대-조선론 이외에도 대-부여론(C)도 있다.

(한족계설)

조선계설(위)의 다른 한 면이라 할 수도 있는 한족계설(손동완 2018)은 위만-조선(-194~-108)을 구성하는 다른 한 집단인 한족(한족계)과 관련 있는 이론이다. 한족(6)은 기원전 1000년대에 황하 문명을 배경으로 나와서 기원전후까지 급속히 주변 지역으로 확장이 된다. 남쪽으로는 춘추-전국을 지나면서 초나라(호북성), 오나라(절강성과 강소성 일부) 지역까지, 그리고 진 한제국을 거치면서 민월, 남월 지역(복건성, 광동성)까지 진출해서 현지의 여러 민족 집단을 흡수(D)한다. 한편 북쪽으로는 전국 시대 때 현재의 북경 지역인 연나라를 거쳐서 한제국 때에는 요서/ 요동은 물론 한반도 서북부 지역(위만-조선과 그 이후의 한 4군)까지 들어간다.

한족계설의 한족계는 위에서 설명한 한족(6) 가운데서 기원전후 시기에 한반도 북부(서북부)에서 한반도 남부(중남부)로 들어간다는 집단을 지칭한다. 주로 위만-조선과 한 4군(C)의 한족 집단 가운데 그 국가의 정치적 변고로 인해서 남쪽으로 들어간다는 집단인 셈이다. 그들 집단은 대략 기원전 200년을 전후해서 한반도 남부(중남부) 지역으로 들어간다는 다른 한족 집단(아래)과는 구분이 된다. "삼국지"('위지' '오환선비동이전')에는 진제국의 정치적 파란(진역)을 피해서 3한(한국)으로 간 사람의 존재를 말하고 있다(진한전). "삼국사기"('신라본기' 혁거세 거서간 38년)에도 '진난'(秦亂)을 겪다가 동쪽으로 간 사람에 관한 기사가 나온다.

참고로 바로 위에서 인용한 두 기사는 모두 당시 3한 지역 (7)의 중심 역할을 한 마한과의 관계에서 기술되고 있는 것이 특징이다. 특히 "삼국사기" 기사에서는 마한왕은 진한(신라)과 변한 두 나라가 마한의 속국이라고 말하고 있을 정도다. 그것은 당시의 3한 지역은 마한이 선진적인 정치체였음을 잘 말해주고 있다. 그 기사에서 마한 왕이 진한을 문책하자 사신인 호공이 조목조목 반박을 하고 있다. 다만 '진난'과 관련한 기사 바로 앞에는 '진한 유민/ 변한/ 낙랑/ 왜인'이란 민족 집단이 등장하는데 그 가운데 '진한 유민'이 구체적으로 '조선 유민'(아래)과 관련이 있는 집단인지 여부는 분명치 않다.

여하튼 이 단락의 주제인 한족계는 위에서 말한 기원전 200년 전후의 집단이라기보다는 대략 기원전 100년과 그 이후의 집단이다. 말하자면 한반도 서북부에서 위만-조선 (-194~-108)을 구성하던 한족(6) 집단 가운데 일부가 한반도 중남부로 들어간다고 상정이 된다. 그들은 말하자면 조선계 (위)와 대비되는 집단이다. 위만-조선 멸망 후에 그 국가를 구성하던 조선계는 물론이고 다른 한 축인 한족계도 3한 지역으로 흩어진다는 것은 충분히 예상할 수 있다. 또한 한 4군 특히 낙랑군이 와해된 후에도 일부 한족 집단 또는 '조선계-한족 융합'(오영찬 2006) 집단이 3한 지역으로 흩어졌을 가능성도 배제할 수 없는 상황이다.

고려조 후기의 저작인 "삼국유사"/ "제왕운기"도 기원전후 한반도 서북부와 그 중남부인 3한 지역과의 정치적 관계를 나름대로 파악하고 있다. 거기서 위만-조선과 관련된 부분은 자세한 언급이 없지만 한 4군과 관련된 부분은 꽤 상세하게 논의가 된다. 그것은 두 역사서 모두에 나오는 '한 4군이 3한으로 나누어진다'는 시각이다. 다만 두 책의 저자는 '한 4

군'이 '3한'으로 나누어진 것을 그다지 긍정적으로 보지는 않는다. 왜냐하면 그 두 책에서는 각각 '법령이 점차 번거로워졌다'(法令漸煩)("삼국유사" '기이제일' 72국 조), '풍속이 점차 얄팍해졌다'(風俗漸醨)("제왕운기" 권하)는 것을 그 원인으로 지목하고 있기 때문이다.

그런데 한반도 서북부의 한 4군이 한반도 중남부의 3한(7)으로 나눠진다는 것은 바로 이해가 되진 않는다. 그 사이에는 무언가 연결점이 있어야 하는데 "삼국유사"의 그 부분 바로 앞에서 '조선 유민이 나뉘어서 70여 국이 된다'는 기사를 먼저 싣고 있다. '조선 유민'이 한반도 서북부와 중남부(3한)를 이어주는 역할을 하는 셈이다. 그것과 일맥상통하는 기사가 '조선 상(相) 역계경이 진국(3한)으로 간다'("삼국지" '오환선비동이전'), '조선 유민이 산곡지간(山谷之間)에 나뉘어 산다'(6촌 기사)("삼국사기" '신라본기' 혁거세 거서간) 등이다. 하지만 조선 유민이 조선계인지 한족계인지 알 수 있을 만큼 자세한 내용은 없다.

한족계설은 조선계설(위)의 아픈 손가락이기도 하다. 왜냐하면 조선계가 한민족 집단의 기원(D)이 된다는 그 이론은 바로 한족계가 그 기원에 된다는 것으로 '돌변'할 수 있기 때문이다. 대-조선(great Chosun)론(위)도 아차 하면 대-한족(great Han)론이 되어버릴 수도 있다는 말이다. 더구나 위만-조선은 조선계와 한족의 연합 국가의 성격이 강하고 그 이후인 한 4군 특히 낙랑군에서는 '조선계-한족 융합'(오영찬 2006)의 경향이 심화된다. 결국 위만-조선 또는 낙랑군의 어떤 집단이 3한으로 들어가서 현재의 한민족 집단의 기원이 된다는 가설은 그 현실성 여부를 떠나서도 여러 가지 논쟁거리를 내포하고 있는 셈이다.

하나의 예로 한민족 집단의 Y-염색체 DNA(C/ 용어1) 하플로그룹 분석에서 O3가 최대치인 45%를 차지하고 있는데 그 높은 비중이 기원전후와 그 후의 한족계 집단의 영향이라 볼 수 있다는 주장도 나올 법하다. 한족(6)은 전형적인 O3 유전자 집단인데 앞서 말한 바 한족의 형성과 확장이란 시각에서 진 한제국을 지나면서 연나라를 거치고 요서/ 요동을 거쳐서 한반도 서북부로 들어가는 한족 집단이 다시 한반도 남부(중

남부)로 확산된다는 가설도 전혀 불가능한 것이 아닐 수 있기
때문이다. 물론 그 이전의 신석기시대 북중국의 앙소/ 용산
문화와 관련되는 집단을 대안으로 볼 수도 있지만(북중국설)
관련 연구가 충분하지 않다(10).

(발해연안 또는 요동)

발해연안은 주로 발해 바다(황해의 북서쪽으로 깊숙이 들어간 바다다)의 북쪽 부분을 말하는데 현재의 중국 동북(만주) 요녕성의 요하 유역과 그 인근의 내-몽골자치구('성급')의 일부도 포함된다. 다만 발해연안을 넓게 해석해서 발해와 황해(서해) 연안 모두를 포함하는 지역으로 보는 것은 상당히 무리한 접근이다. 여하튼 20세기 고고학의 발전과 더불어 발해연안 지역의 유물과 유적이 발굴됨에 따라 남한 학계에서 절대적인 지위를 누리던 북방설(시베리아설)의 시베리아(10)의 강력한 대안으로 그 지역이 부상한다. 북방설(부록 1)의 시베리아 지역과 발해연안설의 발해연안 지역은 이른바 외래설(C)의 주요 부분을 이룬다(손동완 2021 a).

오랫동안 발해연안의 여러 문화는 베일에 가려져 있었지만 20세기 후반 고고학의 발달과 더불어 그 모습을 드러내고 많은 부분이 밝혀진다. 그 지역은 구석기시대의 유적 즉 금우산 동굴 유적(요녕성 영구시), 묘후산 동굴 유적(요녕성 본계시)이 발굴되고 그 이후의 여러 가지 신석기 문화도 모습을 드러낸다. 그뿐 아니라 중국(중원)과는 다른 청동기 문화가 나온다. 그 가운데서 신석기 문화보다는 청동기 문화가 한반도 쪽과 관련이 있다(위). 북방설(부록 1)의 '고-아시아족/ 퉁구스인'이란 도식이 같은 진영의 연구자에 의해서 '고-아시아족/ 예맥'이란 도식(김정배 1973, 2006)으로 전환된 것도 발해연안의 청동기 문화와 무관하지 않은 듯하다.

　고고학의 논의에서 토기 특히 즐문 토기가 어디서 전래되는가는 중요한 논점이 되어 왔다. 남한에서는 북방설/ 발해연안설에서 각각 즐문(빗살무늬) 토기가 시베리아(10)/ 발해연안에서 들어간다고 보고 있지만 확실한 것은 없다. 현재는 즐문 토기가 시베리아에서 들어간 것이다(Fugida 1930)/ 발해연안에서 들어간 것이다(이형구 1989)라는 것은 그다지 핵심적인 논쟁이 아닐 수도 있다. 통상 토기는 신석기 농경 문화를 상징하는 대표적 유물로 간주되었지만 동아시아 지역에서는 이미 15000년 전에 농경(D)과는 상관없이 토기가 제작된 것으로 확인되어 토기의 위상이 예전 같지는 않다.

발해연안설(위)은 초기에는 발해연안의 문화가 한반도(7)와 어떤 관련이 있을 것이라는 정도의 추측을 벗어나지 못하고 구체적인 집단과의 관련성은 제시하지 못한 면이 있다. 그러다가 두 가지 이론이 나온다. 하나는 발해연안에서 한반도(7)로 들어간다는 집단(요녕 청동인)이 한반도의 무문인(D)과 혼합되어 복합사회(2)를 이룬다는 이론(노혁진 1994)인데 아직은 가설에 불과하다(B/ 2). 다른 하나는 발해연안(요동)과 한반도 서북부 그리고 다시 한반도 중남부로 이어지는 집단이 있을 수 있다는 이론인 조선계설(위)인데 그렇다 하더라도 그 집단이 이후 한반도 지역의 중핵이 되는지는 의문이 아닐 수 없다.

이후 발해연안 지역은 요동이라 통칭이 된다. 서양의 중국 연구자 특히 역사학 분야의 연구자들 가운데는 요동을 상당히 중시하는 사람도 있다. 중국(중원)을 내-아시아(Inner Asia) 특히 만주(9)와의 관련 속에서 볼 때 요동이 중요한 전략적 위치를 점한다는 것은 수긍할 만하다. 특히 이후의 동아시아 지역 패권과 관련해서 소홀히 할 수 없는 지역인 것도 분명하다(아래). 다만 한국 학계 일각에서 요동이란 용어가 만주 지역 전체를 의미하는 '넓은 의미'로 사용될 때도 있다(김한규 2004). 그리고 "제왕운기"(권하)에서는 요동을 조선(기원전의 이른바 '3조선'을 말한다)을 말하는 용어로도 사용되기 때문에 주의해야 한다.

기원전후에 걸친 한제국(-206~220)에서 서진(265~317)까지 상당 기간 한족(6)의 지배를 받던 요동 지역은 이후 북국(4, 5)의 영토로 편입이 된다. 그 지역은 선비 집단의 지배를 거친 후 고구려(대략 400년 전후)의 지배 영역이 된다. 고구려(5)가 멸망한 다음에는 발해(698~926)(5)의 영토로 편입되고 이어서 요(907~1125)와 금(1115~1234)의 지배를 받고 그 후에는 원제국(1206~1368)의 지배하에 들어간다(4). 이후 한족 왕조인 명제국(1368~1644)의 영향하에 있던 그 지역은 다시 청제국(1616~1911) 때 북국의 영역으로 들어간다. 적어도 1000년 이후로는 요동을 지배한 세력이 중국을 지배한다는 말이 전혀 일리가 없는 것은 아닌 듯하다.

2 4중 혼합설

한민족 집단(7)과 관련해서 나온 여러 가지 혼합설(C) 가운데 가장 주목할 만한 것이 바로 4중 혼합설(손동완 2018)일 것이다. 그 이론은 간단히 말해서 한반도의 한민족 집단이 '즐문인+무문인+요녕계+부여계'로 이루어진다는 접근이다. 한 연구자의 시대구분 이론(노혁진 1994)에서 추출한 그 이론은 한반도와 주변 지역의 신석기, 청동기, 철기시대의 몇몇 민족 집단을 취사선택해서 나름대로 조합한 것이라고 할 수 있다. 다른 혼합설이 10000년 전(마지막 빙하기에 해당한다)의 시기로 거슬러 올라가는 것과는 달리 그 혼합설은 기원전 1000년대를 중심으로 논의가 진행된다. 적어도 그런 면에서는 상대적으로 긍정적이라고 볼 여지도 있다.

(즐문인과 무문인)

동아시아(동북아시아)에서 한반도/ 일본 열도/ 연해주 등의
지역은 신석기시대가 수렵, 채집, 어로 단계에 머무른다. 다시
말해서 그 지역의 신석기시대는 서아시아 지역 또는 동아시
아의 중국(6) 같은 농경 단계가 아니다. 한반도(7)의 신석기인
은 즐문인이란 용어로 불린다. 즐문인 즉 즐문(빗살무늬) 토기
사용인은 시베리아(10) 지역에서 들어간다는 설(Fugida 1930)과
발해연안(B/ 1) 지역에서 들어간다는 설(이형구 1989)설이 나와
있지만 확실한 것은 없다. 여하튼 그들 집단은 이후 한반도의
무문인 집단에 흡수가 된다(노혁진 1994). 무문인은 무문(민무
늬) 토기 사용인인데 그들이 어디서 온 집단인지는 분명하지
않다.

한반도의 무문인은 엄밀한 의미에서 청동기인은 아니다. 다
만 그것과는 상관이 없이 현재 남한 학계에서는 그들이 활동
한 기원전 1000년대를 청동기시대로 분류한다. 말하자면 한
반도의 청동기시대는 비-청동기인인 무문인에서 시작이 되

는 셈이다(윤무병 1975). 4중 혼합설(즐문인+무문인+요녕계+부여계)에서는 기본적으로 기원전 1000년대의 무문인이란 집단이 주축(D)을 이룬다고 볼 수도 있다. 왜냐하면 즐문인을 흡수(D)한 무문인 집단이 이후 요녕계(아래)와 부여계(아래)란 두 집단과 어떤 방식으로 혼합이 되어 현재의 한반도의 한민족 집단(7)이 형성된다는 게 그 핵심이기 때문이다.

4중 혼합설은 발해연안(B/ 1) 지역에서 한반도로 들어간다는 청동기인(요녕 청동인)이 무문인과 혼합되어 복합사회(2)를 이룬다고 본다(노혁진 1994, 1996). 대략 기원전 600~300년 사이에 그 두 집단이 혼합된다는 설명인데 '한국식 농경-청동 문화기'란 시대구분까지 부여한다. 한반도의 청동기시대(손동완 2019/ 주석 13)는 특히 시대구분(C) 상의 편차가 심한데(기원전 15세기 심지어는 20세기까지 거슬러 올라가기도 한다) 이른바 '한국식 농경-청동 문화기'가 진정한 의미의 청동기시대가 되는 셈이다. 또 하나 복합사회(2)란 용어는 한반도 무문인이 이루는 복합사회(1)(Rhee & Choi 1992)과는 다른 개념이다.

(요녕계)

발해연안(B/ 1)에서 한반도로 들어가서 기원전 600~300년
사이에 복합사회(2)를 이룬다는 '요녕 청동인'은 위의 도식에서
요녕계란 용어로 불렀다. 요녕계의 요녕은 두 가지 의미를 가
지고 있다. 그 용어는 그들이 현재의 중국 동북 요녕성(이른바
'동북 3성'의 하나다)에서 한반도로 들어가는 집단이란 그들의
출신지를 잘 말해줄 뿐 아니라 그들이 이른바 요녕식 동검을
사용하는 집단이란 것도 동시에 말해주기 때문이다. 요녕식
동검은 '만주식 동검' 또는 '비파형 동검'이란 불리기도 한다
(B/ 3). 그 동검은 중국(6)(여기서는 상 즉 은나라를 말한다)의 청
동기 문화(A/ 2)와는 구분되는 발해연안 지역의 청동기 문화
를 대표하는 유물이다.

앞의 요녕계(요녕 청동인)는 예맥계(C)의 하위 집단에 해당
한다. 기원전후의 만주(9) 지역의 주요 민족 집단(동호계, 예맥
계, 읍루계) 가운데 하나인 예맥계는 크게 봐서 요녕계와 부여
계 두 하위 집단으로 나눠진다. 그 가운데 철기시대의 부여계

(아래)는 상대적으로 분명한 흔적을 남기는 편이다. 반면 청동기시대의 요녕계는 얼마 전까지만 해도 그 존재가 베일에 가려 있었다. 그러다가 발해연안의 선사 유적이 발굴되고 연구가 축적이 되면서 그 모습을 드러낸다(B/ 1). 4중 혼합설은 그들과 한반도 전역과의 관련성을 제기한 경우에 속한다. 하지만 그러한 논지는 좀 더 증명이 되어야 하는데 그 이론을 내놓은 연구자도 그 부분은 인정하고 있다(노혁진 1996).

참고로 대략 기원전 300년을 기준으로 그 이전에 이미 한반도 전역으로 들어간다고 상정되는 집단(요녕 청동인)보다는 기원전 4~300년경에 발해연안(특히 요동) 지역에서 한반도 서북부로 들어간다는 집단이 더 잘 확인이 되는 편이다. 요동/한반도 서북부에서 그 수장이 각각 조선후("위략")/ 조선왕("사기" '조선열전')이란 이름으로 불리는 집단(조선계)이다. 그 집단은 정확히 말해서 청동기시대에서 철기시대에 걸쳐서 활동하는 '역사상의 조선'(고조선 3)인데 위만-조선의 한 축을 이룬다. 그 집단에 초점을 맞춘 이론이 이른바 조선계설(B/ 1)이다. 참고로 한족계설(B/ 1)은 조선계와 대비되는 의미의 한족계에

382

주목한 이론이다.

여하튼 4중 혼합설이 기원전 1000년대의 집단인 무문인(위)을 중심으로 한민족 집단(6)의 민족 형성(C/ 형성론)을 탐색한다는 것은 시사하는 바가 없지 않다. 하지만 그 학설은 요녕계와 부여계(아래)의 비중이 과도하게 책정이 된다는 문제가 있다. 요녕계가 한반도 전역에서 활동하고 복합사회(2)를 이룬다는 설정(위)은 가설에 불과하다. 그뿐 아니라 그 이후의 부여계가 과연 정복자 기원(C) 유형으로 들어가는 집단인가 여부도 따져보아야 한다. 한반도 남부(중남부) 지역은 오랜 기간 비교적 독립적인 지역 단위를 이루면서 그 자체의 발전 단계(D)를 밟는데(7) 부여계보다는 3한계(C)가 한민족 집단의 형성에 더 핵심적인 역할을 한다고 할 수 있기 때문이다.

(부여계)

   한국 고고학계에서 철기시대는 대체로 기원전 300년경에
시작된다는 것이 대체적인 의견이다. 4중 혼합설은 기원전
300년 이후의 시기를 주로 부여계를 중심으로 설명하고 있
다. 말하자면 철기 문화를 가진 부여계인 고구려(5)가 한반도
의 북쪽에서 먼저 국가 형성 단계로 가고 부여계로 추정되는
백제와 신라의 건국 집단(B/ 4)이 한반도(7)로 들어가서 기존
의 세력을 장악하여 국가 형성 단계로 간다고 보고 있다(노혁
진 1994). 여기서 말하는 건국 집단의 건국은 물론 "삼국사기"
의 건국을 염두에 둔 용어다. "삼국사기"의 '신라본기'(권1)/ '고
구려본기'(권13)/ '백제본기'(권23)에는 각각 이른바 신라/ 고구
려/ 백제의 건국 집단이 기술되어 있다(B/ 4).

   이른바 백제와 신라의 건국 집단(건국 세력)은 일종의 정복
자 기원(C) 유형으로 한반도 남부(중남부)로 들어가서 그 지역
의 기존의 '한국식 농경-청동 문화'(위)를 흡수해서 국가 형성
단계로 간다고 설정이 된다. 하지만 그들 집단을 부여계로 설

정하는 이론은 좀 더 자세히 분석해 볼 필요가 있을 것이다. 졸본–부여(D)(이후의 고구려)에서 출발해서 한강 유역으로 들어간다는 십제(D) 집단은 그나마 부여계라고 할 수도 있다. 하지만 신라의 건국 집단을 부여계라 추정하는 것은 문제가 없을 수 없다. 더구나 신라의 경우는 그 지배층을 구성하는 집단이 단일한 집단이 아니라는 것이 중론이다.

이른바 백제의 건국 집단도 국가 단위의 정치체를 세우는 집단이 아니고 국(D) 정도의 소정치체(십제)를 세운 집단이라고 보아야 한다. '백제본기'(C)에 따르면 졸본–부여에서 출발하는 부여계의 한 집단(온조 집단)이 한강 유역으로 들어가서 십제(D)란 국을 세운다고 한다. 그들 집단은 그 당시 한반도 서남부에서 세력을 확보하고 있던 마한(이른바 3한의 하나다)의 한켠인 한강 유역에서 자리 잡는다. 십제는 이후 인천 지역의 미추홀이란 국(비류 집단)을 흡수해서 '백제 연맹체'를 이룬 다음 점차 기존의 '마한 연맹체'를 남쪽으로 밀어내고 이후 고대 국가(영역 국가)로 발전한다. 하지만 백제란 국가는 기본적으로 3한(7)의 국가이다(노태돈 2009 a).

백제란 국가와 관련해서는 건국계(B/ 4) 또는 후기-건국계 (B/ 4)설이 다 나와 있다. 그 가운데 "삼국사기"에 나오는 건국 계설은 그 자체가 3한 지역의 십제(또는 백제)가 부여계 문화 를 받아들여서 그들 기원(D)의 권위를 확보하려 한 것일 수도 있다(C/ 백제본기). 다시 말해서 신라의 마립간 집단(356~500) 이 북방(시베리아) 문화를 받아들여서 그들의 기원을 차별화 한 것과 같은 맥락일 수도 있기 때문이다. 여하튼 그 국가는 북쪽의 고구려(5)와 동쪽의 신라 사이에서 지리적인 불리함을 끝내 극복하지 못하고 멸망 당하고 흡수(D)되어 그나마 얼마 남지 않은 부여계의 유산마저 사라진다.

대-부여(great Puyeo)(C)란 개념은 3한 지역(7)으로 들어가는 부여계가 이후 한반도 정치 세력의 주축(D)이 되고 최종적으 로 한반도의 한민족 집단(7)의 기원(D)이 된다는 것을 전제한 다. 그 이론은 대-조선(great Chosun)(C)론과 대비되는 의미다. 하지만 기원전후 3한 지역으로 들어간다는 부여계인 한강 유 역의 십제(온조) 집단은 고대 국가(영역 국가)로 발전하지만 결 국은 다른 집단에 흡수(D)되고 만다. 대-조선 또는 대-부여보다는 오히려 대-사로(great Saro)론이 현재의 한민족 집단(7)과의 관련성이 더 높은 이론일지 모른다(C/ 대-부여, 대-조선). 경주 평야의 사로계(D)는 진한 지역을 통합해서 고대 국가로 발전하고 다른 고대 국가인 백제를 통합한다.

(부여계론)

기원전후 만주(9)의 주요 민족 집단(동호계, 예맥계, 읍루계) 가운데 예맥계(C)의 주요 하위 집단인 부여계는 일찍이 다른 집단으로 흡수(D)된다(아래). 그래서 현재 그 집단의 유전자 분석조차 가능하지 않을 정도다. 반면 동호계는 현존하는 후속 집단인 몽골계(특히 다얀 칸 가계)의 유전자 분석을 통해서 Y-염색체 DNA(C/ 용어 1) 하플로그룹 분석상 C3 유전자에 속하는 것으로 확인이 된 바 있다. 읍루계(숙신계)도 역시 그 후속 집단인 만주족에 속하는 유명 가계의 유전자 분석을 통해서 C3 유전자로 확인된 바 있다. C3 유전자는 빙하기에 '동중국 해안 → 일본 열도 → 사할린 섬' 루트를 통해 아무르강 유역으로 들어간 집단으로 추정된다.

예맥계의 하위 집단인 부여계가 알타이언어(C) 사용 집단에 속하는지 여부도 알 수가 없다. 반면 만주의 동호계와 읍루계(숙신계) 계통의 집단은 알타이언어 사용 집단이다. 알타이언어(TMT) 가운데 몽골어(M)는 현재 동호계의 후속 집단인 몽골계가 사용하는 언어이고 퉁구스어(T)는 읍루계의 후속 집단이 사용한다(그 가운데 남부 어군에 속하는 만주어는 퉁구스어 최다 인구가 사용하는 언어였지만 현재는 사용자가 없어서 거의 사어가 된 상황이다). 참고로 첫 번째 T인 투르크어를 사용하는 집단은 대부분 몽골 고원을 거쳐서 중앙아시아로 이동해서 현재 한반도 주변 지역에는 그 언어를 사용하는 집단은 거의 없다.

이전에는 언어학계에서 알타이언어 계통도(성백인 1996)를 내세워서 '알타이 조어 → 원-한국어 → 예맥어(부여어)와 3한어'란 도식을 제시하긴 했지만 그것은 순전히 이론적인 것에 불과하다. 그 체계에서는 만주(9)의 예맥계(부여계) 집단과 한반도(7) 남부(중남부)의 3한계를 하나의 집단에서 갈라져 나온 것으로 보고 있지만 그것은 이후의 역사 기획(A/ 4)이 반영된 가설에 불과하다. 고려조는 정치적인 목적을 위해서 자신들의 기원이 3국(A/ 3)이란 3국설을 내놓고 그것을 "삼국사기"란 역사서로 확정 지운다. 그 결과로 북국(4, 5)의 영역에 속하는 부여계 계통의 국가와 남국(한국)의 영역인 3한계 계통의 국가가 모두 다 고려조의 기원(D)으로 엮이게 된다.

한때 만주(9) 지역에서 최초의 통합국가(D)(고구려)를 세운
바 있는 부여계가 일찍이 명맥이 끊긴 데는 지리적인 요인도
적지 않게 작용한다 할 수 있다. 그 지역은 중국(6)과 한반도
(7) 그리고 만주의 다른 외곽(D) 지역에 둘러싸여 있어 오랜
기간 안정적으로 영역을 유지하기에는 불리한 곳이었다. 부
여계의 원류라고 할 수 있는 부여(국가)의 궤적도 그 지리적인
불리함을 잘 말해주고 있다(C/ 외래설). 동아시아에서 오랜 기
간 살아남아 역사 공동체(D)를 유지한 집단은 중국(6)(문화적
으로 압도적인 역량을 가진 집단이다) 외에는 주로 외곽 지역의
몽골, 한국, 일본 등이다. 동호계(9)와 읍루계(9)에 비해서 부
여계는 지리적인 불운이 작용했다고 할 수밖에 없다.

이른바 부여계 계승론(손동완 2020 a)(기원 이론/ 9)도 부여계가
한민족 집단의 주축(D)이 되는 집단이 아니라는 것을 방증한다.
한반도 국가(동국)가 부여계를 대표하는 고구려(9) 국가를 정치
적으로 계승한다는 논의는 후–삼국 기에 이른바 후-고구려(고

려 → 마진 → 태봉 → 고려)의 정통성을 주장하기 위한 장치로 시작
된다. 그것은 이후(고려조 전기)에 3국(A/ 3)설이란 매우 정치적인
역사 기획(A/ 4)으로 이어진다. 이상의 정치적 계승론뿐 아니라
부여계 문화 즉 고구려 문화를 계승해야 한다는 현재의 남한과
북한의 문화적 계승론(아래)도 부여계가 한반도의 한민족 집단
의 주축이 아니라는 것을 역으로 잘 말해주고 있을 따름이다.

참고로 이른바 문화적 계승론자가 내세우는 문화적 계승
의 구체적인 내용은 대부분이 지엽적인 것에 지나지 않는다.
그들은 주로 고분 벽화, 산성, 왕릉 등등을 단편적으로 언급
하는 데에 그친다(이형구 2004). 그뿐 아니라 좀 더 심층적인
내용이라 할 수도 있는 고구려의 음양 오행 사상(사회과학원
1979~1983)이란 것(주로 북한에서 강조하는 내용이다)도 중국 문
화의 변용이란 것은 말할 것도 없다. 결국 부여계의 문화가
대-신라(통일-신라 또는 후기-신라)를 이은 고려 조선 양조를
통해서 형성되는 한민족 집단(7)에게 핵심적인 그 무엇인지
여부도 여전히 문제가 된다. 3한(7) 지역의 문화와 그 유산이
훨씬 더 중요하다고 보아야 하기 때문이다(이종욱 2006).

3 반 퉁구스론

이미 구한말에 한반도(7)를 방문한 서양인들이 한민족 집단의 기원(D)에 관해서 관심을 보인다. 이어서 일본 학자들이 그 부분에 대한 연구를 진행하는데 한반도의 한민족 집단(7)이 퉁구스계(T)일 것이라고 추측하는 견해가 다수를 이룬다 (김정배 2006). 일찍이 '고-아시아족/ 퉁구스인'(각각 신석기/ 청동기시대)란 도식(전장석 1959)이 나온 이래 퉁구스인론은 상당 기간 영향력을 행사한다. 그러한 도식에 충실할 경우에는 결과적으로 한민족 집단은 '유사 퉁구스계'(T')로 파악이 되는 셈이다(손동완 2018). 한민족 집단의 기원에 관한 이론(기원 이론)에서 아직까지도 퉁구스론의 그림자가 짙은 편이다.

(퉁구스계)

한민족 집단(7)이 퉁구스인에서 기원(D)한다는 이론은 퉁구스계란 민족 집단에 대한 기초적인 이해만 있다 해도 나올 수 없는 주장이다. 만주(9)와 시베리아(10)에 걸쳐서 분포하는 퉁구스계는 알타이언어(C)인 TMT(C) 사용 집단의 하나다. 퉁구스계는 어원, 어윙키, 솔론, 네기달 등과 같이 북부 어군에 속하는 언어를 사용하는 집단과 나나이, 울치, 우디허, 오로치, 만주족 등 남부 어군에 속하는 언어를 사용하는 집단으로 나뉜다(김주원 2006). 그들은 대부분 아무르강을 기준으로 그 북쪽과 남쪽에 해당하는 극동 연방관구(러시아)와 흑룡강성(중국)에 분포한다. 다만 어윙키(에벤키)족은 그 두 지역뿐 아니라 시베리아 연방관구(러시아)까지 비교적 넓은 지역에 분포한다.

알타이언어 사용 집단 가운데 퉁구스계(T)는 대부분 삼림 지역과 그 주변의 하천에서 수렵 또는 어로 생활을 하는 소규모의 집단(몇천 명 또는 몇만 명에 불과한 집단도 흔하다)이다. 만주족이 상대적으로 큰 집단(1,000만 명 전후의 규모다)에 속한다. 그래서 '만주-퉁구스'란 용어가 쓰이기도 한다. 만주족을 비롯한 퉁구스계는 한반도(가)에서 비교적 가까운 지역에 분포하는 민족 집단이라서 한반도 지역과의 교류(ⓒ)가 상대적으로 빈번했던 것은 사실이다. 또한 만주족(여진)은 북방계 한민족(ⓒ)의 일부를 이루기도 한다. 하지만 그것과 한민족 집단(가)이 퉁구스계에서 기원(D)한다는 것은 전혀 다른 이야기다.

무엇보다 청동기시대 시베리아(10)의 퉁구스인이란 존재는 그다지 분명하지 않다. 통상 일반 대중과 아마추어 연구자들은 바이칼론(ⓑ)에 경도되어 한반도의 한민족 집단(가)이 시베리아(10)에서 기원(D)하고 한민족 집단의 형질(D)이 빙하기의 시베리아에서 형성되는 것이라는 인식을 가지고 있다. 그리고 빙하기(D)의 그 집단과 이른바 청동기시대 시베리아의 퉁구스인(위)과 현재의 한민족 집단이 일관적인 관련이 있을 것이란 추측을 하지만 그것은 굉장히 순진한 생각이라 할 수밖에 없다. 현재의 시베리아의 에벤키족은 퉁구스계 가운데 특이한 분포를 보이는 집단이고 북방설(부록 1)에서 큰 비중을 차지하는 시베리아의 퉁구스인(위)은 모호한 개념일 뿐이다.

　아직까지 한국 학계는 이전의 퉁구스론의 영향으로 퉁구
스계란 집단에 대해서 미련을 버리지 못하고 있는 듯하다. 국
사편찬위원회 홈페이지의 검색창(한국민족문화대백과사전)에
도 한민족의 기원과 관련해서 아직까지 퉁구스계가 언급될
정도다. 하지만 북한 학계는 말할 것도 없고(북방설에서 본토설
로 전환한다) 남한 학계에서도 퉁구스론 비판이 나온 지 이미
오랜 기간이 지났을 뿐 아니라(김정학 1964; 김정배 1973) 최근
의 유전자(D) 분석에 의거한 아무르설(b)까지 나온 상황에서
퉁구스론을 아직까지 고집한다는 것은 거의 학문적인 퇴행에
가까운 행위라고 볼 수밖에 없을 듯하다.

(고-아시아족/ 예맥)

각각 신석기/ 청동기시대의 '고-아시아족/ 퉁구스인'이란 도식(위)은 '고-아시아족/ 예맥'(김정배 1973, 2006)이란 틀로 전환이 된다. 그것은 여전히 고-아시아족설을 한 부분으로 채택하고 있긴 하지만 퉁구스론을 전면 부인한다는 면에서는 상당한 의미가 있다. 물론 그 이론은 예맥에 관한 세부적 논의에서 상당한 문제점을 드러내는 것은 사실이다. 예를 들면 그 연구자는 예맥을 무문인(B/ 2)과 같은 집단으로 보는 '무문인 즉 예맥'설을 주장하는데 만주(9) 지역의 예맥과 한반도(7) 지역의 무문인은 두 개의 완전히 다른 집단이다(C/ 예맥계). 그렇다고 하더라도 예맥을 부각시킨 것은 특기할 만하다.

여하튼 '고-아시아족/ 예맥'이란 도식은 북방설(부록 1)을 완전히 다른 방향으로 돌려놓고 있다. 원래의 북방설(시베리아설)이 신석기 청동기 양 시대 모두 시베리아(10)에서 한반도(7)로 들어간다는 집단을 설정한 데 비해서 그 이론은 시베리아뿐 아니라 '비-시베리아'(9)를 상정하는 것이기 때문이다. 말하자면 청동기시대의 예맥을 도입한 위의 학설은 결국은 비-시베리아인 발해연안(B/ 1)을 염두에 둔 이론이라 할 수 있다. 일찍부터 발해연안 지역에서는 중국(6)의 핵심부인 중원 지역과는 다른 문화가 꽃핀다. 그 지역에서는 구석기, 신석기, 청동기시대의 유물과 유적이 다 나오지만 위의 이론에서는 청동기 문화와 관련지어 논의가 된다.

이른바 발해연안 지역에서는 이미 기원전 2000년대에 초기 청동기 문화가 나오고 이후 기원전 1000년대에는 청동 동검을 표지(標識)로 하는 문화가 등장한다. 주로 의례용으로 사용이 되는 그 동검은 주로 지배층의 무덤인 지석묘, 석관묘 등에 부장된 것이 발견된다. 그 동검은 '요녕식 동검' 또는 '만주식 동검' 또는 '비파형 청동 단검' 등의 명칭으로 불린다. 기원전 1000년대에 그 동검을 사용한 집단은 요녕성의 요하를 경계로 하는 두 지역인 요서/ 요동 양 지역에 모두 분포한다. 요서와 요동을 나누어서 예맥계 이외의 집단과 연결시키는 논의도 있지만 그 부분은 아직도 불확실한 점이 많다.

'고-아시아족/ 예맥'이란 위의 도식의 예맥(예맥계)은 발해연안(B/ 1)의 집단을 의미한다고 보아야 한다. 예맥계(C)는 크게 봐서 기원전에 주로 활동하는 요녕계(B/ 2)와 기원전후와 그 이후에 활동하는 부여계(B/ 2) 두 집단으로 나누어 볼 수 있다. 위 도식의 예맥은 청동기시대 집단이기 때문에 당연히 발해연안의 집단으로 보아야 한다. 반면 부여계는 주로 기원후에 만주 외곽(D)에서 활동한 집단이고 철기시대 집단이기 때문에 위의 도식과는 별 상관이 없다. 참고로 철기시대의 만주 외곽(D)에서 활동하는 집단은 동호계, 예맥계, 읍루계(숙신계)가 대표적인 민족 집단이고(9) 그 세 집단은 몇 가지 명칭으로 분류가 되기도 한다(4, 9).

(절충론)

여기서 절충론은 바로 북방설(부록 1)과 발해연안설(B/ 1)을
절충하는 북방론자의 이론을 말한다. 북방론자(아래)의 일부
는 한반도의 청동기 문화는 시베리아(10)보다는 발해연안(B/
1)의 청동기 문화와 직접적인 관련이 있을 수밖에 없다는 현
실을 인정하고 시베리아와 발해연안의 청동기 문화를 절충하
는 입장을 보인다. 참고로 전형적인 북방설(시베리아설)의 이
론은 2단계 교체설로 집약되는데(이선복 1991) 한반도(7)의 신
석기 문화(즐문 토기)는 물론이고 청동기 문화도 시베리아(10)
에서 전래되고 민족 집단과 관련해서는 구석기인이 고-아시
아족(위)으로/ 다시 고-아시아족이 퉁구스인(위)으로 교체된
다고 보고 있다.

북방설과 발해연안설을 절충하는 이론(김정학 1990)은 주로
청동기 문화를 중심으로 논의가 진행된다. 우선 시베리아(10)
의 청동기 문화와 발해연안(요녕)(B/ 1)의 청동기 문화가 어떻
게 든 계승관계가 있는 것으로 보고 동북아시아의 청동기 문

화가 '시베리아 → 몽골 → 만주 → 한반도'로 이어진다고 가정한다(일종의 유목민 가설에 해당한다). 그리고 그것을 가져오는 민족 집단도 알타이족이란 낡은 개념을 그대로 사용하고 있다. 아마 그것은 알타이언어(C) 사용 집단인 TMT(C)를 말하는 듯한데 이전의 러시아 학자가 제시한 신-시베리아족으로 이해하는 것 같다. 절충론자는 이상의 전제 위에서 '내-몽골'과 '요녕' 두 지역을 적시해서 이론을 펼친다.

말하자면 원래의 시베리아 청동기 문화 집단이 각각 내-몽골과 요녕(발해연안)으로 들어가서 두 지역에서 각각 다른 방향으로 사회가 발달한다는 가정이다. 내-몽골에서는 목축 위주의 생산양식이 지배적이고 요녕에서는 농경 위주의 생산양식이 주를 이룬다는 것이다. 한 걸음 더 나아가서 그 집단이 내-몽골(오르도스 지역) 지역에서는 몽골족이 되고 요녕 지역에서는 조선족이 된다는 식의 설명을 한다. 원래 북방설(시베리아설)은 한민족 집단이 유사 퉁구스계(T')에 해당한다고 보는 데 반해서 절충론에서는 갑자기 유사 몽골계(M')로 바뀌는 셈이다(손동완 2018). 그것도 북방설의 주요 전제인 한반도 지역의 고-아시아족과의 관련에 대해서는 별 설명도 없다.

또한 요녕 지역의 조선족('조선계'를 '조선족'이라고 지칭하고 있다)은 그 지역에서 읍락 국가를 세우는데 고조선(고조선 3)이 그 맹주이고 그때 민족 단위(한민족)가 성립되고 한국어도 그때 성립한다는 것이 마지막 단계의 가설이다. 요하를 중심으로 그 동쪽 지역인 요동의 민족 집단이 예맥계(C) 그 가운데서도 조선계(B/ 1)라고 보는 것이 가능은 하다. 하지만 그 집단은 요동에서 한반도 서북부로 이동하고 그곳에서 위만-조선과 한 4군(C)의 지배를 받으면서 오랜 기간 '조선계-한족 융합'(오영찬 2006)이 되고 이후 정체성을 상실한다. 그렇다면 조선계가 요동에서 민족 단위(한민족)로 되고 한국어도 그때 성립된다는 것은 전혀 사실이 아니다.

여하튼 북방론자의 한 사람이 북방설(시베리아설)의 주요 입장을 수정한 절충론(손동완 2020 b, T 5)은 현재 남한의 국사편찬위원회의 검색창(encykorea.aks.ac.kr)(한국민족문화대백과사전)의 '한민족' 항의 '계통과 형성 과정'(1 계통)에 거의 그대로 나와 있다. 물론 기존의 북방설(부록 1)이 그대로 나와 있는 것보다는 낫기는 하지만 문제가 많은 절충론이 그대로 답습되고 있는 것은 이 분야의 연구 수준을 여실히 보여주는 것이라 할 수 있다. 한때 독도 문제 등으로 활약하던 사회학자가 그 이론을 그대로 베껴서 대중적인 전파에 나선 것도 이 분야 연구의 현주소를 잘 보여주는 것이라 씁쓸하긴 하다.

여담으로 남한 학계에서는 기존의 북방론자(김정학 1964; 김정배 1973; 한영희 1996) 외에도 북방 연구자 집단이 존재한다. 그들은 초반에는 미국에서 고고학/ 인류학을 배워오지만 최근에는 러시아로 유학 가서 시베리아(10) 지역의 유적 유물과 그곳에서 축적된 관련 자료를 직접 보고 연구한 사람들이다. 그중의 일부는 언론 등을 통해서 적극적으로 북방 시베리아 문화(a)를 소개하고 한반도(7)와의 관련성을 조명한다. 그들은 전공 자체가 북방(시베리아) 연구라서 한민족 집단의 기원 이론에 관해서 기본적으로는 북방설(시베리아설)에 동조하는 입장일 수도 있다. 하지만 기존의 북방론자에 비해서 균형 감각을 유지하는 편이다.

예를 들면 북방 연구자 그룹의 좌장에 해당하는 한 연구자
는 선사시대 한반도의 문화에 대해서 기본적으로 다-기원적
인 입장을 취한다(최몽룡 2006, 2008 a, 2008 b). 대략 늦은 시
기(주로 청동기시대와 철기시대를 말한다)의 시베리아 문화 일부,
특히 스키타이-오르도스계의 동물 문양(a) 등이 한반도(7)와
약간의 관련이 있다는 입장을 취한다. 말하자면 기존의 북방
설이 보여주는 것처럼 시베리아 문화가 한반도 지역에 전면
적인 영향을 끼친다는 견해를 적극 주장하지는 않는다. 또한
한 연구자는 시베리아(10)뿐 아니라 비-시베리아(9)에 대한 연
구의 지평을 넓혀가고 있기도 하다(강인욱 2012).

4 하나의 기원 문제

한반도의 한민족 집단(7)은 누구인가(서설)라는 문제를 둘러싸고 아마추어 수준 연구자들의 여러 가지 잡다한 주장이 나오고 있다. 그 바탕에는 극단적인 민족주의가 깔려 있고 종교적 근본주의가 작용하는 경우도 있다. 버젓한 학자들과 멀쩡한 고위층 인사까지 언론의 관심을 끄는데 급급한 선정적인 민족주의 성향에 휩쓸려서 혼탁한 양상을 보이고 있다. 그러한 데서 벗어나려면 이 분야에서도 20세기를 거치면서 이루어 온 수준 있는 역사 연구를 충분히 반영해야 할 듯하다. 이하에서는 한민족이란 집단이 '하나의 기원'에서 나온다는 주장을 검토해 보려고 한다. 그 주제와 관련된 몇 가지 논의도 아울러 살펴본다.

(정복자 기원)

한반도(ᄀ) 지역은 그곳의 주축(D) 집단이 잘 드러나지 않는
다. 그것은 그 지역의 민족 집단(l)이 고도의 문명(C)을 바탕
으로 성립한 것이 아니란 것도 한 원인일 것이다. 지구상에서
이집트(이집트인), 그리스(그리스인), 로마(이탈리아인), 중국(한
족) 정도가 그러한 유형에 들어간다. 예를 들면 이집트는 나일
강 유역의 문명을 기반으로 해서 이미 기원전의 거의 3000년
의 오랜 기간에 걸쳐 민족 집단이 형성되는데 이후 계속되는
이민족 지배(마케도니아, 로마 제국, 아랍, 프랑스, 영국)에도 불구
하고 그 정체성을 유지해 왔다. 기원전 1000년대 유럽의 그리
스와 로마 문명도 그리스인과 로마인(이후의 이탈리아인)이란
민족 집단을 형성시킨다.

유사 역사학(D)에서는 고조선이 고도의 문명을 이룬 사회
라고 주장하고 있지만 그것은 그들만의 희망 사항일 뿐이다.
"삼국유사"에 나오는 바의 기원전 2333년에 시작된다고 하는
고조선(왕검조선)은 신화(A/ l)를 근거로 한 서사이지 유물이

나 유적으로 뒷받침되는 문화가 전혀 없고 더구나 문명과는 거리가 멀다. 한반도와 일본 열도 지역은 이른 시기의 신석기 문명이 나오지 않는다. 그 두 지역의 신석기시대는 아직 수렵, 채집, 어로 단계에 머무른다(노혁진 1994). 다만 일본 열도에서 비교적 이른 시기에 토기가 나오지만 농경(D)과는 상관이 없는 특이한 경우이고 한반도 지역에서는 기원전 1000년대에 와서야 본격적인 초기 농경(D)이 진행이 된다(7).

한편 한반도(7) 지역에는 뚜렷한 정복자 집단도 없는 듯하다(아래). 그런 만큼 그 지역에서 주축(D) 집단이 잘 드러나지 않는 것은 당연한 일일지도 모른다. 지구상에는 정복자 기원(C) 방식으로 쉽게 설명이 될 수 있는 지역이 적지 않다. 예를 들면 서아시아 특히 북인도는 기원전 15세기에 들어가는 아리안족의 정복자 집단이 주축이 되어 현재 인도 아-대륙의 사회와 문화를 이룬다. 유럽도 게르만족을 비롯한 여러 집단이 정복자로 들어가면서 각 지역의 민족 집단이 형성된다. 현재의 신대륙은 당연히 정복자 기원 유형이다. 주로 유럽에서 들어가는 집단의 후손 또는 그들과 선주민의 혼합 집단(예를 들면 메스티소)이 주축을 이루기 때문이다.

중앙아시아는 대부분 투르크계의 정복자 집단에서 기원하는 민족 집단이 많다. 알타이언어(C) 사용 집단인 TMT(C) 가운데 투르크계(T)는 몽골 고원을 거쳐서 중앙아시아 쪽으로 들어가기 때문이다. 그들 가운데 가장 멀리 이동한 집단이 바로 아나톨리아 반도의 터키인데 현재 유전자적으로는 소수화되지만 주축 집단인 그들의 언어(터키어/ Turkish)가 사용된다. 동아시아 지역도 중국의 한족(6)은 원래는 기원전 1000년대에 고도의 문명(C)을 바탕으로 성립하는 민족 집단이지만 그 후 화북에서 화중/ 화남까지 정복자 기원(C) 유형으로 확산된다. 현재의 태국도 중국 서남부의 태족(6)이 인도-차이나 반도로 정복자로 들어간 경우다.

한반도 지역은 적어도 전형적인 정복자 기원 유형을 보이지는 않는다. 물론 기원전후 한반도 북부(서북부)에서 남부(중남부) 쪽으로 들어간다는 집단이 설정되기도 한다. 이른바 소문자 n 3(C)가 그들인데 조선계(B/ 1), 한족계(B/ 1) 그리고 한강 유역의 십제(D) 세 집단을 말한다. 조선계, 한족계는 위만-조선(-194~-108) 멸망 후에 그곳에서 3한 지역(7)으로 들어간다는 두 집단을 말한다. 하지만 그 두 집단과 한강 유역의 십제(부여계)가 한반도 남부(중남부)에 정복자 기원(C) 유형으로 들어가서 이후 그 지역의 주축 집단이 되는지는 의문이 아닐 수 없다. 한강 유역의 십제는 마한의 일부로 시작하는데 크게 보면 "삼국사기"의 건국 집단(아래)에 해당한다.

〈건국계와 후기 건국계〉

현재의 한민족 집단(7)은 그 주축(D)이 되는 집단이 잘 밝혀져 있지 않다. 그렇다고 해서 한반도 지역의 유력 집단들이 그들의 기원(D)을 추구하지 않은 것은 아니다. 10세기 고려조가 그들의 기원을 3국(A/ 3)으로 설정한 것이 대표적이다. 고려조를 세운 세력들이 그들의 정통성을 강조하기 위해 만든 통합의 이데올로기(A/ 3)는 고려조의 기원을 3국으로 놓고 그것을 "삼국사기"(1145)란 역사서로 확정한다. 그 책에서는 3국의 건국 집단인 건국계가 기술이 되고 있다. 하지만 '신라본기'(권1)/ '고구려본기'(권13)/ '백제본기'(권23)의 그 집단은 사실상 국(D) 단계의 소정치체이지 문자 그대로 건국을 하는 국가 단계의 정복자 집단은 아닌 것이 분명하다.

이른바 "삼국사기"의 건국계가 아니라 그 이후의 정복자 집단에 의해서 문자 그대로의 건국이 이루어진다는 가설이 바로 후기 건국계(손동완 2018)설이다. 3한 지역(7)에서는 우선 4세기 신라의 마립간 집단(356~500) 또는 백제의 근초고왕

(346~375)을 그 후보로 넣을 수 있을 듯하다. 신라의 마립간(a) 집단은 여러 곳에서 언급이 된 바 있다. 그리고 백제의 13대 근초고왕은 '백제본기'(C)의 온조-초고왕 계가 8대 고이왕에서 12대 계왕까지의 다른 한 계열을 넘어서 다시 이어진다는 바로 그 왕이다. 왕실이 교립(交立)하는 상황에서 내물왕이나 근초고왕같이 전환점이 되는 왕은 주목을 받을 수밖에 없다.

조금 더 앞 시대인 백제의 고이왕(234~286)도 주목을 받는다. 그 왕은 바로 위에서 언급한 온조-초고왕 계와 이후의 근초고왕계 사이에 끼어 있는 다른 한 계보(8대 고이왕, 9대 책계왕, 10대 분서왕, 한 대를 뛰어넘어 12대 계왕)의 맨 앞에 있는 왕이다. 16좌평 16관등제를 확립하고 목지국을 병합한 것으로 되어 있고 목지국 진왕설, 우씨설(왕실의 부여씨 또는 해씨설과 대비된다), 맥계(말갈) 관련설, 구이설(온조, 비류가 아니라 구이가 백제의 시조란 설) 등의 논의와도 얽혀 있는 고이왕이지만 그 앞의 계보에 충실할 경우 68세에 즉위해서 120세까지 왕위에 있는 걸로 되어 있어 주의를 할 필요가 있다.

바로 위에서 언급한 마립간 집단 또는 '백제본기'의 집단들이 이른바 후기 건국계에 해당하는 집단인지는 더 많은 논의가 필요한 상황이다. 물론 그 이론이 기원후의 한반도 지역의 역사 발전 단계(D)와 부합하는지도 따져보아야 한다. 일본(⑧)에서도 이른바 기마민족설이 줄곧 제기되어 왔다. 대략 4세기 만주의 송화강 중류의 한 민족 집단이 한반도를 거쳐서 일본으로 가서 야마토 시대를 연다는 정복자 기원(C) 유형의 가설이다(대체로 그 집단을 부여계라 보기도 한다). 하지만 기마민족설은 20세기 초반 일본의 제국주의 고고학자의 북방 기원설 또는 임나일본부 설과도 연결되어 있다는 혐의가 있다.

(결합설 문제)

한민족 관련 연구에서 유독 결합설이 두드러진다(손동완 2020 b). 결합설은 여러 가지 형태가 있는데 한민족 집단(7)은 고구려, 백제, 신라가 결합해서 이루어진다. 또는 신라, 발해가 결합해서 이루어진다 등이 대표적이다. 그러한 결합설은 기본적으로 3국설/ 남-북국설 등의 역사 기획(A/ 4)에 기대서 나온 것이다. 또한 3한계(C), 부여계(B/ 3)가 결합해서 한민족 집단이 이루어진다는 방식도 있는데 그것은 고구려, 백제, 신라가 결합해서 이뤄진다는 설의 다른 버전에 불과하다(아래). 결국 3국(A/ 3)설 등의 역사 기획과 그것에 기댄 여러 가지 결합설도 한민족 집단이 기원(D)이 불확실하고 주축(D) 집단이 잘 드러나지 않는다는 것을 잘 보여준다.

이른바 '예, 맥, 한 결합설'(손동완 2019/ 주석 10)도 3한계, 부여계가 결합해서 한민족 집단이 이루어진다는 설의 다른 방식에 불과하다. 왜냐하면 예, 맥, 한의 한은 3한계(C)를 말하고 예, 맥은 부여계와 관련성이 높은 집단이기 때문이다(C/

예맥계). 3한계와 부여계는 이른바 3국설의 3국(A/ 3)의 구체적인 민족 집단을 의미한다는 것은 바로 위에서 언급한 바와 같다. 다만 3한계는 한반도의 한민족 집단의 핵심이 되는 집단이지만(7) '예, 맥, 한 결합설'에서는 세 가지 집단 가운데 하나로 열거되고 그 위상도 예, 맥에 비해서 더 낮게 치부되는 경우도 적지 않다. 오히려 '예, 맥'이 현재의 한민족 집단의 주축이 된다는 주장이 횡행하기도 한다(C/ 예맥계).

이상의 역사 기획(A/ 4)에 기댄 결합설은 한민족 집단(7)이 3한계, 부여계가 결합해서 이루어진다는 것을 넘어서 3한계, 부여계, 읍루계가 결합해서 이루어진다는 설로 이어진다. 심지어는 한민족 집단은 3한계, 부여계, 읍루계, 흉노계가 결합해서 이루어진다는 설까지 나온다. 3한계, 부여계에다 읍루계(숙신계)가 추가되는 것은 남-북국(A/ 4)설의 북국 발해(5)의 주력인 말갈이 들어간 것이다. 거기에다 흉노계까지 동원된 것은 가능한 모든 조합이 다 열거되는 결합설의 극치를 보여준다. 한민족 집단과 관련한 논의에서 그러한 현상이 벌어지는 것은 무엇보다 주축(D) 집단의 부재란 문제와 무관하지 않은 듯하다.

　한반도(7) 지역은 확실한 기원이 되는 주축 집단이 없는 상황에서 그 지역 집단에 관한 여러 가지 역사 기획(A/ 4)이 연이어서 나온다. 3국설과 남-북국설은 물론이고 3조선(A/ 4)론도 전형적인 역사 기획에 속한다. 3조선론은 전통설(C)의 정점인 단군(A/ 1)의 이른바 단군-조선을 기점으로 해서 '단군/ 기자/ 위만' 조선이란 구성으로 완성된다. 구한말의 신채호는 그 3조선을 '전 3한'이란 틀로 바꾸고 '후 3한'과 대비해서 '전-후 3한'(A/ 4)이란 방식의 역사 기획을 시도한다. 근대 이래 유사 역사학(D)의 시조 격인 그는 '전 3한'을 상상 상의 영토 확장을 위한 편리한 도구로 만드는데 현재도 수많은 아류들이 활동 중이다.

(단군과 원형)

고려조 후기의 "삼국유사"(1281)와 "제왕운기"(1287)는 한반도(7)와 주변 지역의 여러 집단이 단군(A/ 1)에서 나온다는 담론을 제시한다. 그 두 저작에서는 한반도와 주변 지역의 여러 집단이 열거되는데 위만-조선, 마한, 2부, 72국, 낙랑국, 북대방, 남대방, 말갈 발해, 이서국, 5가야, 북부여, 동부여, 고구려, 변한 백제, 진한("삼국유사") 부여, 비류, 시라, 고례, 남북옥저, 예맥("제왕운기") 등이 나온다. "삼국유사"('기이제일')에서는 열거된 민족 집단의 맨 위에 고조선(왕검조선)의 단군을 올려놓는다. "제왕운기"(권하)에는 "삼국유사"보다 더 명시적으로 그 집단들은 '그 세계가 역시 단군에서 이어진다'(A/ 1)고 말하는데 거기서 단군은 일종의 원형(prototype)의 모습을 보인다.

'하나의 원형'에서 여러 가지 집단들이 나오고 그들이 다시 결합해서 현재의 한민족 집단(7)이 이루어진다는 구성은 우리에게 비교적 익숙한 것이기도 하다. 단군-기원의 여러 집단이 결합 또는 재-결합해서 한민족 집단이 이루어진다는 '단군-기원의 하위 집단의 결합 또는 재-결합설'(손동완 2019/ 주석 10)이 대표적이다. 앞서 나온 '예, 맥, 한 결합설'(위)도 그것과 유사한 구성을 보인다고 할 수 있다. 그것은 '예, 맥, 한의 공통 집단'(위의 단군에 해당한다)에서 나오는 예, 맥, 한이란 집단이 결합 또는 재-결합해서 현재의 한민족 집단이 이루어진다는 구성이다. '예, 맥, 한 결합설'에서는 다만 그 원형에 해당하는 집단이 감춰져 있을 뿐이다.

'예, 맥, 한 결합설'은 위에서 말한 바처럼 예, 맥, 한의 상위에 이론상의 존재인 '예 맥 한의 공통 집단'이 전제되어 있다. 그것은 언어학계에서 예맥어(부여어)와 3한어 위에 공통 언어를 설정하는 것과 비슷한 맥락이다. 그 공통 언어는 이른바 원-한국어(proto-Korean)다. 결국 예, 맥, 한은 언어학의 예맥어(부여어)와 3한어에 해당하고 '예, 맥, 한 공통 집단'은 '원-한국어'에 해당하는 셈이다. 언어학계에서는 이른바 알타이 조어(proto-Altaic)에서 원-한국어가 나오고 원-한국어에서 예맥어(부여어)와 3한어가 갈라져 나온다고 설정한 바 있다(아래).

그것은 기본적으로 한국어가 알타이언어(C)에 속한다는 이론에 근거한 것인데 현재는 상황이 다르다.

알타이언어는 인도-유럽어에 비해서 훨씬 더 오래전에 분기된 언어라서 귀납적인 방법으로 그 계통을 연구하기가 무척 힘들다. 그래서 순전히 연역적인 방법을 사용하는데 그것은 상당히 바람직하지 못한 방법이다(김주원 2006). 위의 '알타이조어 → 원-한국어 → 예맥어(부여어)와 3한어'란 구성은 이른바 '알타이언어 계통도'(성백인 1996)를 설정하는 손쉬운 방법을 원용한 것에 지나지 않는다. 현재 언어학계에서는 한국어가 알타이언어와 직접적인 관련은 없다는 쪽으로 정리가 되어가고 있다(김주원 1991, 2006). 동아시아 지역의 한국어는 상당히 큰 규모의 고립어(고립어 2)인데 그 기원(D)이 분명하지 않다.

이상에서 논의한 바처럼 한반도와 그 주변 지역의 여러 집단이 그 계통이 단군(A/ 1)에서 이어진다는 주장이나 예, 맥, 한이 이른바 '예, 맥, 한 공통 집단'(위)에서 분기된 것이라 설정하는 연역적인 방법은 심각한 문제를 내포하고 있다(위). 더

구나 단군/ '예, 맥, 한의 공통 집단'이란 존재가 '단군-기원의 하위 집단의 결합 또는 재-결합설'(위)/ '예, 맥, 한 결합 또는 재-결합설'(위)을 완벽하게 만들어 주는 것은 결코 아니다. 왜 냐하면 단군이나 '예, 맥, 한의 공통 집단'은 순전히 이론상의 존재에 불과하기 때문이다. 무엇보다 그러한 원형(위)을 전제 하는 방식의 민족 집단 연구는 그 자체가 문제가 많다고 할 수밖에 없다.

무엇보다 이른 시기의 한반도(7)와 주변 지역의 민족 집단 이 하나의 집단이 아니란 것은 더 이상 말할 나위도 없다. 현 재의 한반도란 지역도 3한 지역(7)과 양계(3) 지역으로 오랜 기간 2원화(이삼성 2009)되어 있었던 것이 사실이다. 한반도 와 주변 지역의 민족 집단이 하나로 묶인 것은 고려조(918 또 는 935~1392)를 세운 집단이 그들의 정치적인 목적을 위해서 3 국(A/ 3) 소급(D)이란 역사 기획(A/ 4)을 감행한 뒤의 일이라고 보아야 한다. 더구나 3국 위로 다시 재-소급(D)해서 단군을 설정하고 일종의 원형(위)을 제시한 것은 고려조 후기의 상당 한 정치 논리가 포함된 구성물이라 할 수밖에 없다.

부록 3
용 어

'부록 3'은 C, D 두 부분으로 되어 있는데 C는 30개의 해설이고 D는 '찾아보기'에 해당한다. D는 본문(1~10)에 나오는 용어를 중심으로 되어 있다. '부록 1'/ '부록 2'에서 C, D로 표시된 부분도 해당 부분을 참조하면 된다. 또 하나 본문과 부록의 손동완 2019, 2020 a, 2020 b, 2021 a, 2021 b, 2021 c는 각각 "한민족의 기원"(개설)(2019)/ "한민족의 기원"(해설)(2020 a)/ "한민족의 기원"(해설 2)(2020 b)/ "한민족의 기원"(지역론)(2021 a)/ "한민족과 북방-기원"(손동완 2021 b)/ "한민족과 북방-기원"(2)(2021 c)를 가리킨다. 여기서 오랜 기간 저자의 원고가 출판되는데 수고를 아끼지 않은 대표 김병호/ 편집자 임윤영 두 분께 깊은 감사의 말씀을 드린다.

C 용어 1 (해설)

(결합설)

결합설은 혼합설(C)과 완전히 다른 종류의 것은 아니다. 다만 결합설이 혼합설에 비해서 좀 더 추상적인 또는 사변적인 이론이라 할 수 있다. 왜냐하면 그 이면에 어떤 연역적인 논리가 깔려 있거나 아니면 어떤 역사 기획(A/ 4)같은 것이 작용하고 있기 때문이다. 예를 들면 한민족 집단(7)을 예, 맥, 한이란 집단과 연결시키는 주장은 '예 맥 한 혼합설'이라 할 수도 있고 '예 맥 한 결합설'이라고 부를 수도 있다. 하지만 다른 혼합설(예를 들면 남-북방계 혼합설, 선-후 남방계 혼합설, 4중 혼합설)에 비해서 그 이면에 좀 더 복잡한 논리가 깔려 있다는 면에서는 '예 맥 한 결합설'이라 부르는 것이 더 자연스럽다.

'예 맥 한 결합설'은 한반도(7)와 그 주변의 민족 집단인 예, 맥, 한이 결합해서 한민족 집단이 이루어진다는 이론이다. 그 결합설이 다른 여러 혼합설 또는 결합설에 비해서 좀 다른 것은 예, 맥, 한의 상위에 공통 집단을 상정하고 있다는 것이다 (B/ 4). 다시 말해서 언어학에서 예맥어(부여어)와 3한어의 상위에 공통 언어(이른바 원-한국어)를 설정하고 있듯이 예, 맥, 한의 상위에 일종의 공통 집단을 설정한다. 그래서 그 공통 집단에서 갈라져 나온 예, 맥, 한이 다시 재-결합해서 한반도의 한민족 집단이 이뤄진다는 방식이다. 하지만 그 결합설은 일종의 연역적 방법을 구사하고 있는데 그것은 전혀 바람직하지 않은 방법론이다.

한편 '3국 결합설'과 '남-북국 결합설'은 한반도의 한민족 집단(7)이 고구려, 백제, 신라(3국) 또는 신라(남국), 발해(북국)의 결합으로 이뤄진다는 이론이다. 그러한 결합설은 3국설이나 남-북국설 같은 역사 기획(A/ 4)에 근거한 결합설이란 공통점이 있다. 3국(A/ 3)설(더 정확히 말해서 후-3국 3국 소급설이다)은 고려조가 지향하는 일종의 통합의 이데올로기(손동완 2018)의 한 방식이라 할 수 있다. 남-북국(A/ 4)설은 조선조 후기 유득공(1748~1807)이 설정한 이른바 남-북국사("발해고" '서')에 근거한 이론이다. 그 두 결합설은 당연히 3국 또는 남-북국의 통합이란 것을 전제하지만 대-신라(3국)와 고려조(남-북국)가 그 요건을 충족하고 있는지는 의문이다.

'3국 결합설'/ '남-북국 결합설' 유의 결합설은 심각한 문제를 내포하고 있다. 무엇보다 후대에 설정되는 역사 구도(손동완 2018)에 따라 한반도의 한민족 집단(7)의 범위가 달라지기 때문이다. 다시 말해서 '3국 결합설'에 따르면 한민족 집단은 3한계(C)와 예맥계(C)가 혼합되어 이뤄진다는 결론이 나오지만 '남-북국 결합설'에 따를 경우는 그 집단이 3한계, 예맥계, 읍루계(말갈)가 혼합되어 이뤄진다는 결론에 도달하게 된다. 한반도의 한민족이란 집단이 실제로 어떤 과정을 거쳐서 형성되는가(서설) 와는 상관없이 후대에서 어떤 역사 구도를 짜느냐에 따라서 그 대답이 달라지고 설명이 달라진다는 문제에서 자유로울 수 없다.

또한 위의 두 결합설은 서로 양립(손동완 2018) 가능하지도 않다. 왜냐하면 '3국 결합설'에서는 발해(5)가 완전히 제외되지만 '남-북국 결합설'에서는 발해가 필수불가결한 존재이기 때문이다. 그뿐 아니라 발해를 한 축으로 하는 이론(남-북국 결합설)을 채택할 때도 북국(4, 5)과 남국(C/ 동국 한국 남국)의 문제 또는 역사 공동체 만주(Manchuria)와 역사 공동체 한국

(Korea)의 문제가 발생한다. 또한 고구려(5)와 발해 모두를 채택하는 북한의 북국 계보론(A/ 5)에서는 두 국가 간의 관계 문제도 있다. 그 두 국가는 현재의 한민족 집단으로 연결되는 고려조 이전의 민족 집단은 누구인가(서설)라는 문제와도 얽혀 있다. (주요 출처/ T 5/ 손동완 2020 b, 2021 a)

(계수관)

　고려조(918 또는 935~1392)는 후-3국 기의 호족들을 연합한
형태의 국가인데 점차로 중앙 집권화가 진행되면서 지역 중심
지를 기반으로 하는 지방 통제가 이루어진다. '12목' '12주'(10
도 12주)가 그런 지역에 해당하고(아래) 이후의 경/ 목/ 도호부
도 마찬가지다. 이른바 계수관(界首官)은 그런 지역의 수장(수
령)이다. 그들은 그 계(界) 내의 순찰관이자 행정관이자 군정
관의 역할을 하고 향공(鄕貢), 선상(選上), 상번(上番), 수운의
임무와 농사 또는 교육의 장려까지 맡는다. 참고로 경/ 목/ 도
호부는 남경(서울), 광주목, 충주목, 청주목, 동경(경주), 진주
목, 상주목, 전주목, 나주목, 안서도호부(해주), 황주목, 안변
도호부(영흥), 서경(평양), 안북도호부(안주)이다.

　고려조 전기의 '10도 12주'는 중국의 당제국에서 안사의 난
(755~763) 이후 시행한 군사적 편성의 지방 행정 제도를 모방
한 것이다. 고려조 성종 14년(995)에는 전국을 '10도 12주'로 편
제하고 12절도사가 파견되는데 예를 들면 중원도(아래)는 충

주의 창화군(軍)/ 청주의 전절군에 절도사가 파견되는 형식이다. 그 당시는 더 정확하게 말하자면 전국을 66개의 단위로 편제한 것인데 12절도사/ 7도단련사/ 11단련사/ 21방어사/ 15자사가 파견되고 12절도사(12주)가 일종의 계수관의 역할을 하는 방식이다. 도는 원래 군사적인 성격의 것이었지만 고려조의 5도 양계/ 조선조의 8도를 거치면서 일반 행정적인 것으로 바뀐다.

10도는 관내도, 중원도, 하남도, 강남도, 영남도, 산남도, 해양도, 영동도, 삭방도, 패서도를 말한다. 각 도의 위치는 절도사가 파견되는 지역(12주)을 보면 대략 알 수 있다. 관내도는 양주, 광주, 해주, 황주/ 중원도는 충주, 청주/ 하남도는 공주/ 강남도는 전주/ 영남도는 상주/ 산남도는 진주/ 해양도는 나주, 승주가 그것이다. 다만 영동도는 동경(경주)유수사/ 패서도는 서경(평양)유수사가 절도사 대신 파견된다. 10도는 당제국 후기의 10도를 모방한 것이란 것은 위에서 말한 바와 같은데 중국은 역사적으로 36군(진제국), 9주(한제국), 10도(당제국)을 거쳐서 원제국의 11행성(행중서성)이 나오는데 현재의 성

(省)은 바로 행성의 성이다.

고려조의 광역(D) 행정 구역은 성종 때 '12목'(983) '10도'(995)를 거쳐서 이후 5도 양계로 정착이 된다. 그런데 도는 원래는 군사적인 색채가 강한 것이었지만 점차 변화되어 일반 행정적인 것이 된다는 것은 이미 언급한 바와 같다. 5도에는 안찰사 또는 안렴사(조선조의 관찰사도 여기서 시작되는 것이지만 좀 더 집권적인 성격으로 바뀐다)가 파견되고 산하에 주/ 현이 설치되어 각각 지사/ 현령이 파견되고 다시 그 예하에 속현이 설치가 된다. 조선조에 비해서 고려조는 지방관이 파견되지 않는 속현이 상대적으로 많은 편이다. 각 주/ 현에는 주/ 현군도 배치가 된다(주/ 현군은 중랑장, 낭장, 별장 아래 행군이 배속된다).

양계(3)를 제외한 5도는 서해도, 교주도, 양광도, 경상도, 전라도인데 조선조 8도에서 평안도, 함경도를 제외한 6도의 기본적인 형태가 들어가 있다. 경상도(10도 기준으로는 영남도, 영동도, 산남도/ 이하 동), 전라도(강남도, 해양도)는 거의 그대로다. 서해도(관내도의 일부)는 현재의 황해도에 해당한다. 교주도(삭방도)는 현재의 강원도에 해당하는데 춘주도/ 동주도/ 회양도/ 교주강릉도의 여러 가지 이름으로 불린다. 양계 가운데 동계(3)는 교주도 외곽 지역이 확장된 것이라 할 수 있다. 양광도(관내도의 일부와 중원도, 하남도)는 현재의 경기도와 충청도를 합한 것에 해당하는데 우리에게 조금 생소한 편에 속한다.

조선조에서도 도(8도)와 군현 사이에 큰 지역(고을)의 수장(수령)인 부의 부윤(특히 광주, 경주, 의주)/ 대도호부의 대도호부사(안동, 강릉, 안변, 영변)/ 목의 목사(충주, 청주처럼 '주' 자가 붙는 지역인데 20여 개의 목이 있었다) 등이 고려조의 계수관 같은 역할을 한다. 고관인 부윤(종2품)이 파견되는 (경기)광주, 경주, 의주를 제외하면(전주, 평양, 함흥은 관찰사가 겸직한다) 대도호부사와 목사가 요충지를 맡고 있는 관직에 해당한다. 대도호부는 상대적으로 낯선 존재이지만 현재도 지역 중심지 역할을 하는 안동과 강릉 두 곳과 우리에게 '영변의 약산 진달래꽃' 또는 '영변 원자로'로 잘 알려져 있는 영변 및 안변이 거기에 해당한다.

부윤/ 대도호부사/ 목사는 군직도 가지는데 병마절제사(부윤)/ 병마첨절제사 등의 군직을 가지고 유사시 그 관할권 내의 수령들(병마동첨절제사 또는 병마도위의 군직을 갖는다)을 지휘한다. 조선조의 지방 행정 제도는 광역(D)인 도와 그 아래의 이른바 부목군현으로 나누어지는데 사실상 부목군현도 두 가지 위계로 나누어진 셈이다. 유사시의 군직이란 측면에서는 부윤/ 대도호부사/ 목사가 파견되는 지역 중심지인 부/목과 그 주변의 군/ 현은 위계가 뚜렷하다. 그런데 도호부사(도호부의 수령이다)는 그 위상이 부윤/ 대도호부사/ 목사와는 다른데 군과 현 가운데 비교적 큰 곳이 인구수에 따라 일괄적으로 승격하고 수적인 제한도 없는 듯하다.

계수관이란 면에서 볼 때도 고려조와 조선조는 상당한 연속성(D)이 있다. 그뿐 아니라 제도(D)상의 여러 가지 면에서 양조는 연속성을 보이는 경우가 적지 않다(2). 여담으로 조선조의 양계(평안도와 함경도) 외의 6도는 그 지방관들이 대부분 문관으로 임명되고 임진왜란 때 육군이 단기간에 한양과 평양을 내준 것도 그 제도가 한 원인이 된다. 그뿐 아니라 조선조에서는 대부분 문관인 각 도의 관찰사가 병사(병마절도사)를 겸직하고 관찰사의 감영이 병영(병마절도사영) 역할을 대신한다. 겸임이 아닌 전임인 병사가 주둔하는 병영은 울산, 창원, 해미, 강진, 영변 정도다. 영변의 병영은 이후 안주로 옮겨진다. (주요 출처/ R 5의 3/ 손동완 2021 a)

(고도의 문명)

동아시아(또는 동북아시아) 지역에서 중국 대륙의 한족(6)은 '고도의 문명'을 바탕으로 성립되는 민족 집단(1)에 해당한다. 중국 대륙은 여러 지역에서 문명이 발생하지만 황하 유역의 황하 문명을 바탕으로 해서 하, 상(은)을 지나고 서주와 동주(춘추-전국)를 거치면서 한족이 하나의 정체성을 가진 민족 집단으로 형성(C/ 형성론)되기 시작한다. 물론 하나라(대략 기원전 2000년)는 아직까지 국가 단계로 인정받지 못하고 있고 이하동서(夷夏東西)설같이 대륙의 동쪽과 서쪽을 다른 문화로 보는 입장도 없지 않다(Fusinian 1935). 하지만 기원전 1000년 대를 지나면서 한족 집단이 형성된다는 것은 분명해 보인다.

한족은 동주(춘추-전국)와 진 한제국을 거치면서 황하 유역인 화북 지역에서 남쪽으로는 화중/ 화남 지역까지 확장되고 북쪽으로는 현재의 북경 지역(연나라)을 넘어서 요서/ 요동, 한반도 서북부까지 진출하는데 그 과정에서 정복자 기원(C) 유형의 모습을 보이기도 한다. 중국의 한족은 진 한제국 이후 상당 기간 이민족의 지배를 받는다. 특히 북중국은 439년 이래 선비(북조)(수 당제국도 그 계열이다), 거란(요), 여진(금), 몽골(원)의 지배를 받는다. 물론 몽골(원)은 북중국뿐 아니라 전 중국을 지배한다. 이후 명나라를 지나서 다시 여진(후금/ 청)이 전 중국을 지배한다. 하지만 한족은 그 와중에서도 정체성을 유지한다.

저 멀리 이집트도 앞의 중국과 유사한 방식의 '고도의 문명'을 바탕으로 민족 집단이 형성되는 유형에 해당한다. 동아시아 지역의 중국 문명보다 훨씬 더 일찍 시작되는 이집트 문명은 (황하가 범람해서 만든 황토처럼) 주기적으로 범람하는 나일강의 토양이 제공하는 농경(D)을 기반으로 대략 기원전 3000년에서 기원전후까지 여러 왕조가 이어진다. 이른바 4대 문명 가운데 메소포타미아와 인더스강 유역은 그 지역의 민족 집단(I)이 일찍이 다른 집단으로 흡수(D)되는 데 비해서 이집트의 경우는 외곽 지역(상대적인 의미다)에서 거의 3000년에 이르는 긴 기간에 걸쳐 왕조가 유지되면서 앞의 두 지역과는 달리 강한 정체성을 가진 민족 집단이 성립이 된다.

기원전 1000년대 끝자락에 이집트는 그리스(마케도니아)의 지배하에 들어가고 이어서 로마의 지배를 받는다. 그 과정에서 지배자의 언어(그리스어와 로마어)와 종교(로마의 국교가 된 기독교)의 영향을 강하게 받는다. 그리고 7세기 이후에는 이슬람 세력의 지배 하에 들어가서 또 한 번 언어(아랍어)와 종교(이슬람교)의 전향을 겪는다. 이후 오스만 투르크의 지배를 벗어나서 프랑스와 영국의 지배를 받고 나서 20세기에 와서 겨우 독립한다. 이집트가 거의 2000년에 걸친 다른 민족 집단의 지배를 받으면서도 그 민족 집단의 정체성을 유지한 것은 그 이전의 3000년에 걸친 오랜 기간의 역사(D)와 문화(D)가 아니라면 도저히 설명할 수 없는 부분이다.

지중해 연안에서는 이집트 외에도 그리스가 '고도의 문명'을 기반으로 민족 집단이 성립되는 경우에 해당한다. 대략 기원전 8세기 이후 현재의 그리스와 그 주변의 해양 지역에서 수준 높은 헬레니즘 문화가 발달하고 그 문화를 기반으로 정체성을 가진 민족 집단이 성립한다. 마케도니아 시대에는 이집트를 비롯한 지중해 지역과 페르시아와 인도 북부에 걸친 지역까지 영향을 미친다. 그리스는 이후 로마 제국과 동로마 (비잔틴) 제국 그리고 오스만 투르크의 지배를 받지만 현재까지 민족적 정체성을 유지하고 있다. 그리스 문명을 이은 로마 문명도 강한 정체성을 가진 민족 집단을 형성하고 중세를 거쳐서 현재의 이탈리아인으로 이어진다.

여기서 한민족 집단(7)은 '고도의 문명'을 기반으로 형성되는 민족 집단인가를 알아볼 필요가 있을 듯하다. 먼저 한반도(7) 지역에서 문명이 발생하는가 여부가 문제가 된다. 중국 대륙의 황하 유역과 장강(양자강) 유역 등에서 그리고 발해연안(B/ 1)에서 신석기 문명이 발생한다. 하지만 한반도(7)와 일본 열도(8)에는 그에 준하는 신석기 문명은 나오지 않는다. 그 두 지역의 신석기시대는 아직 수렵, 채집, 어로의 단계에 머무르기 때문이다(노혁진 1994). 다만 일본 열도에서 비교적 이른 시기에 토기가 나오지만 농경과는 상관이 없는 특이한 경우이고 한반도 지역에서는 기원전 1000년대에 와서야 본격적인 초기 농경(D)이 진행된다.

유사 역사학(D)에서는 고조선(고조선 1)이 '고도의 문명'을 이룬 사회라고 주장하고 있지만 그것은 그들만의 희망 사항일 뿐이다. "삼국유사"에 나오는 바의 기원전 2333년에 시작된다고 하는 고조선(왕검조선)은 신화(A/ 1)를 근거로 한 서사이지 유물이나 유적으로 뒷받침되는 문화가 전혀 없고 더구나 문명과는 거리가 더 멀다. "삼국유사"의 고조선의 무대는 한반도 서북부의 평양(D)인데 그 지역의 그 시대는 문화(D)적으로는 아직 그런 단계가 아니다. 대략 기원전 2000년은 이집트와 메소포타미아 또는 인더스강 유역을 제외하고는 시베리아 초원 지대의 아르카임 문화/ 중국 대륙의 하나라의 문화/ 발해연안(B/ 1)의 초기 청동기 문화 정도가 눈에 띠는 정도이다.

"삼국유사"(권1 '기이제일')에는 한반도와 주변 지역의 여러 정치체가 나열이 되는데 고조선, 위만-조선, 마한 등등의 순서로 되어 있다. 그곳의 고조선(고조선 1)이란 용어는 기원전 2333년에 시작된다는 신화(D) 상의 단군-조선(왕검조선)을 위만-조선(-194~ -108)과 대비해서 부르는 말이다. 위만-조선은 기원전 2세기 한반도 서북부의 한족(6)과 조선계(B/ 1)의 연합

국가다. 이후 "제왕운기"(권하)에서는 기원전 24세기의 단군-
조선(왕검 조선)과 기원전 2세기의 위만-조선 사이의 역사적
공백(손동완 2018)을 메꾸기 위해서 '가상'의 기자-조선(A/ 2)을
끼워 넣는다. '단군/ 기자/ 위만'의 3조선(고조선 2)(A/ 4)은 조
선조 전기에 역사서에 올라간다.

현재 남한의 유사 역사학(D)은 발해연안의 신석기 문화(C)
에 주목하고 그것을 기원전 24세기의 이른바 단군-조선(A/
1)으로 끌어 붙이기 위해서 혈안이 되어 있다. 대략 기원전
3000년을 기준으로 그 이전에 현재의 내-몽골자치구('성급')
적봉시('지급')의 홍산과 그 부근에는 신석기 문화의 유적이
발굴된다. 여신묘, 적석제단, 적석총의 유물 조합으로 구성되
는 홍산 문화는 '요하 문명'이라 불리기도 한다. 하지만 옥기
와 채색 토기를 중심으로 한 그 지역의 유물과 유적은 한반
도(7) 지역의 유물 유적과 큰 연관성을 찾을 수도 없다. 발해
연안의 신석기 문화(C)는 그것에 대한 역사적 주권(C)을 주장
하는 유사 역사학의 먹잇감이 되고 있다. (주요 출처/ 3 / 손동
완 2020 b)

(대-부여)

대-부여(great Puyeo)는 대-조선(C) 또는 대-사로(C/ 3한계)와
대비되는 용어다. 대-부여론은 부여계(B/ 2)가 한반도의 한민
족 집단(7)의 주축(D) 집단이 된다는 가설이다. 부여계는 예맥
계(C)의 하위 집단의 하나다. 이전의 북부여 지역에서 시작하
는 그 집단은 주로 기원후에 활발한 활동을 펼친다. 더 구체
적으로 말하자면 북부여 지역에서 남쪽으로 내려가서 자리
잡는 졸본-부여(D)와 다시 졸본-부여(고구려)에서 한반도 남
부인 한강 유역으로 들어간다는 십제(온조)(D)가 주요 집단이
다. 그 외에도 "삼국지"('위지' '오환선비동이전')에 나오는 옥저,
동예 등도 부여계와 가까운 집단이라 할 수 있다.

이른바 "삼국사기"의 건국계(B/ 4) 또는 후기 건국계(B/ 4)가
대-부여론의 근거가 될 수는 없다. 우선 기원전후의 건국계
(건국 세력)란 것은 당시의 역사 발전 단계(D)와는 맞지 않을
뿐 아니라 그것을 떠나서도 부여계 계통이라 간주되는 고구
려(권13)와 백제(권23)의 건국계가 이후 한반도의 주축(D) 세력

이 되지도 못하기 때문이다. 이른바 건국계는 고려조의 후-3국 3국 소급(D)설을 위한 장치일 가능성이 높다. 후기 건국계도 아직까지 가설의 단계에 불과하다. 물론 부여계의 집단이 존재한다 하더라도 그들이 한반도의 한민족 집단(7)의 주축일 수 있는가, 는 또 다른 문제다. 그렇다면 현재의 한민족(7)과 부여계의 관계는 상당히 제한적이라고 할 수밖에 없다.

부여계 계승론(B/ 2)이 부각되는 것도 대-부여론이 성립하기 힘들다는 것을 방증한다 할 수 있다. 그러한 논의는 10세기에 후-고구려(901~935)가 부여계 국가인 고구려(5)를 정치적으로 계승한다는 입론에서 비롯된다. 고구려는 당제국과 신라의 연합군에 의해 멸망당하고(668) 부여계의 핵심 집단은 중원으로 사민(徙民)이 되어 이후 한족(6) 집단에 흡수(D)된다. 기타의 부여계는 발해(5)로 흡수되고 그 집단은 다시 거란 요(4), 여진 금(4)을 거치면서 정체성을 상실한다. 후-고구려(901~935)가 부여계 국가를 계승한다는 것은 정치적인 구호일 뿐이고 위의 대-부여론과도 별 관련이 없다.

20세기에 와서는 기존의 정치적 계승론 이외에도 이른바 문화적 계승론(B/ 2)도 강조되는 양상이다. 다시 말해서 북한에서 고구려(5)를 정치적으로 계승한다는 논의가 강화되는 것과 동시에 남한과 북한 모두에서 한민족(조선 민족) 집단이 고구려의 부여계 문화를 계승한다, 또는 계승해야 한다는 논의도 있다. 하지만 부여계 국가(고구려)와 현재의 한반도의 한민족(조선 민족) 집단 또는 한국(조선)이란 역사 공동체(C)와의 관계에 대해서는 꾸준히 의문이 제기되어 왔다(김한규 2004; 임지현 2004; 이전 2005; 이종욱 2006; 손동완 2018). 신채호식의 역사(A/ 4)에서 비롯되는 유사 역사학(D)이 부여계를 강조한다 해도 분명한 한계가 있다.

부여계는 결과적으로 한민족의 형질 및 유전자(D)적 측면에 일부 영향을 끼친 집단이란 것까지는 인정할 수 있다. 더 자세히 말하면 부여계 본류보다는 3한(7) 지역으로 일부 유입되는 부여계 지류가 한민족 집단(7)의 유전적 구성과 좀 더 직접적인 관련이 있다. 그 범주 안에는 기원전후에 한강 유역으로 유입된다는 소수의 십제(D) 집단뿐 아니라 각각 7/ 10세기의 고구려/ 발해 멸망 후에 들어오는 일부 유이민 집단도 해당이 된다고 할 수 있다. 그들 부여계 집단은 다만 기존의 다수 집단에 흡수(D) 동화(D)되어 지역화되는 과정을 밟는다. 현재의 한민족 집단이 부여계를 형질적으로 계승한다고 말하는 것은 상당히 어색하다. (주요 출처/ R 7의 2/ 손동완 2021 a)

(대-조선)

　대-조선(great Chosun)론은 이른바 조선계(B/ 1)가 한반도
의 한민족 집단(7)의 주축(D) 집단이 된다는 가설이다. 대-조
선이란 용어는 대-부여(C) 또는 대-사로(C/ 3한계)와 대비된
다. 조선계는 예맥계(C)의 하위 집단인 요녕계(B/ 2)의 일파인
데 주로 기원전의 시기에 활동한다. 그때의 조선은 '역사상의
조선'(손동완 2018)인데 이후 기자-조선(A/ 2)이란 가상의 존재
가 그 자리를 대신한다. 참고로 고조선이란 용어는 세 가지
용법이 있는데 단군-조선(고조선 1)/ 3조선(고조선 2)/ 역사상
의 조선(고조선 3)이 그것이다. 남/ 북한 바로 앞의 왕조인 조선
조(1392~1910)와 현대 조선민주주의인민공화국(북한)의 조선은
위의 고조선의 세 가지 용법과 직접적인 관련은 없다.

　좀 더 구체적으로 말한다면 대-조선론은 조선계 특히 기원
전 1세기 이후 한반도 북부(서북부)에서 한반도 남부(중남부)
로 들어가는 집단이 3한 지역(7)의 주축(D) 집단이 된다는 이
른바 조선계설(B/ 1)을 근간으로 하고 있다. 그렇다고 한다면

한반도 3조(C)의 모태(D)가 되는 3한 복합체(C)는 조선계 특히 정복자 기원(C) 유형의 조선계가 중핵 집단을 이루고 현재의 한반도의 한민족 집단(7)은 조선계의 후예가 되는 셈이다. 그런데 문제는 3한 연구자 가운데 그 누구도 대-조선 이란 시각에서 1~676년까지의 역사를 설명하지 않는다는 점이다. 그들은 대부분 '3한-3국 절충론'(손동완 2018)을 표방하고 있다.

위의 조선계설은 이론상 몇 가지 문제가 있다(아래). 그뿐 아니라 그 이론이 (예맥-요녕)조선계의 문제로만 끝나지 않는다는 난점도 있다. 왜냐하면 한반도 서북부에서 남하해서 3한 지역(7)으로 간다는 유이민 집단에는 조선계뿐 아니라 한족계(B/ 1)가 섞여 있을 가능성을 배제할 수 없기 때문이다(이현혜 1984; 박대재 2006; 노중국 2007). 어떻게 말하면 양날의 검(손동완 2018)이 될 수도 있는 조선계설은 한민족 집단의 Y-염색체 DNA(C) 하플로그룹 분석상의 O3 유전자 문제와 관련해서 한족계설(B/ 1)로 '돌변'할 가능성이 상존한다. 한민족 집단은 O 계열의 유전자가 다수인데 그 가운데서도 O3 유전자(한족은 대부분이 유전자다)가 45%를 차지한다.

남한의 대표적인 3한 연구자들은 위만–조선 멸망 직후 한반도 북부(서북부)에서 남부(중남부)로 이산한다는 조선계 집단에 주목한다. 그들은 이산한 바의 조선계가 당시 그 지역의 소정치체인 국(소국)(D) 또는 3한(국의 집합인 마한, 진한, 변한)의 성립에 상당한 역할을 한다고 보고 있다(이현혜 1984; 박대재 2006). 하지만 그들 조선계가 한반도 중남부 지역에서 소정치체인 국(소국)을 성립시키는데 역할을 하는 건지(이현혜 1984) 또는 국의 집합인 3한(마한, 진한, 변한)을 성립시키는데 역할을 하는 건지(박대재 2006) 분명치 않다. 당시의 그 지역에서 국과 국의 연맹 또는 병합은 그 단계(아래)가 엄연히 다르다.

　　또한 '사로 6촌'의 신화(신라의 건국 신화 전승의 하나다/ 박상란 2005)를 둘러싸고 '사로 6촌'이 '사로국'으로 간다는 과정에 대한 설명이 그다지 설득력이 있어 보이지 않는다. 왜냐하면 조선계설(위)에서는 청동기 문화 단계의 기존의 소집단인 지석묘/ 석관묘 집단이 사로국으로 가는 과정에서 초기철기 문화와 조선계가 그 배경이 된다고 보고 있기 때문이다(이현혜 1984). 하지만 철기 문화로 접어든 지 이미 오래되었을 뿐 아니라 고대 국가 단계설까지 있는 정치체인 위만-조선 (-194~-108) 출신의 조선계 유이민이 그 과정을 설명하는 적합한 집단일지는 의문이다. 왜냐하면 앞서 지적한 바와 같이 당시 그 지역에서 전개되는 역사 발전 단계(D)와는 괴리가 있기 때문이다. (주요 출처/ R 7의 2/ 손동완 2021 a)

〈동국 한국 남국〉

   한반도(7) 지역은 그 주변의 다른 지역과는 구분되는 역사 공동체(C)가 존재한다. 바로 한국(Korea)이란 역사 공동체다. 그것은 이전에는 중국(China)이란 역사 공동체와 구분되어 동국이라 불리기도 했다. 동국은 '대 중국'의 용어인데 중국 (6)을 기준으로 볼 때 그 동쪽에 있는 역사 공동체로 인식되고 있는 데서 나온 말이다. 고려조의 "동국이상국집", 조선조의 "동국통감"이 대표적인 용법이다. 고려조 후기의 "제왕운기"(1287)도 '권상'에서 중국의 역사를 읊고 나서 '권하'에서 한반도(7)의 역사를 읊는데 '동국군왕 개국연대'(병서 幷序)란 이름이 붙어 있다. 거기서도 동국은 역사 공동체 중국과 대비되는 역사 공동체 한국을 의미하는 용어로 사용된다.

   대략 7세기에서 19세기에 걸친 장장 1200년이 넘는 기간 동안 한반도 지역에서는 대-신라, 고려조, 조선조 세 개의 왕조가 연속된다. 대-신라(이종욱 2002)는 통일-신라(남한) 또는 후기-신라(북한)의 다른 이름이다. 그 기간 중에 북쪽의 만주(9)

지역은 발해, 요, 금, 원, 청 등의 국가로 이어진다(다만 조선조 전기에 해당하는 기간에는 명의 간접 지배를 받는다). 만주의 역사 공동체(아래)는 한반도의 역사 공동체와 구분되어 북국(4, 5)이라 지칭되기도 한다. 반면 대-신라, 고려조, 조선조의 한반도 3조(C)는 만주 지역의 북국과 구분되어 남국(2)이라 불리기도 한다. 말하자면 남국은 '대 만주'의 용어인데 발해, 요, 금, 원, 청의 북국(4, 5)과 대비되어 쓰인다(아래).

발해(5)와 대치한 대-신라(676~935)는 물론이고 요, 금, 원(4)과 대치한 고려조(918 또는 935~1392)도 엄연히 남국(아래)이다. 10세기에서 14세기까지 걸쳐서 거의 500년을 지속하는 고려조는 그 북쪽의 요, 금, 원(4)이란 북국과 맞서 왔다. 다만 마지막에 압도적인 세력을 자랑하는 몽골 원(원제국)의 영향 하에 있다가 거기서 벗어난 지 얼마되지 않아 그 내부의 다른 세력(개혁파)에 의해 왕조가 교체된다. 고려조를 이은 조선조(1392~1910)는 전반부에는 중국의 명과 국경을 맞대지만 그 후반부에는 다시 다른 북국인 후금(청제국)(4)과 대립한다. 다만 그 시기는 발해, 요, 금보다는 원제국 시기와 흡사한 면이 없지 않다(북국 제국)(4).

만주(Manchuria)는 그 지역을 통합한 왕조가 지속적으로 나타났음에도 불구하고 역사 공동체로 바로 묶이기 힘든 면이 없지는 않다. 그 지역은 계통이 다른 민족 집단(3북)(9)이 번갈아 부상해서 통합국가(D)를 세우지만 그 지역의 모든 민족 집단을 완전히 하나로 묶진 못한다는 한계가 있었다. 더구나 마지막 통합국가인 여진 청(4)이 중국 대륙을 지배하다가 결국 문화적 역-정복(D)을 당한 것도 큰 요인이라 할 만하다. 그렇다고 하더라도 그 지역이 오랜 기간 중국 대륙의 중국(China)/ 한반도의 한국(Korea)/ 일본 열도의 일본(Japan) 이란 역사 공동체와 구분되어 인식된 것은 사실이다.

한반도 3조(C)를 거쳐서 형성(C/ 형성론)이 되는 남국(위)의 한민족이란 집단(7)은 사실상 만주의 북국(4, 5)과의 대립을 통해서 그 정체성을 갖게 된다고 할 수 있다. 이른바 '대 북국 체제'(2)가 그 집단의 형성에 상당한 역할을 한다고 볼 수 있기 때문이다. 민족 집단(1)의 형성이란 측면에서 중국보다는 북국이 더 결정적인 역할을 한다고 보는 것이 훨씬 더 합리적일 것이다. 그동안 중국(6)과의 문화(D)적인 관련이 지나치게 강조된 면이 있는데 그보다는 북국(4, 5)과의 정치-군사(D)적 관련이 훨씬 더 큰 요인이라 할 수 있다. 바꾸어 말하면 대 중국 용어인 동국(위)보다는 대 만주 용어인 '남국'이란 범주가 더 많은 것을 설명해 줄 수 있을 듯하다. (주요 출처/ R 6의 4/ 손동완 2021 a)

(발해연안 신석기 문명)

발해연안(B/ 1) 지역은 대략 기원전 6000년에서 3000년 사이의 시기에 신석기 문화가 나온다. 그 문화는 중국 대륙 황하 유역의 문화와는 확연히 구분이 된다. 중국 동북(만주) 요녕성에서는 부신시('지급')의 사해 문화, 심양시('지급'/ 부성급)의 신락 문화, 대련시('지급'/ 부성급)의 광록도 소주산 하층 문화 등이 발굴된 바 있다. 이상의 여러 신석기 문화보다는 내-몽골자치구('성급') 적봉시('지급') 또는 그곳과 인접한 요녕성 조양시('지급') 주변 지역의 흥륭와 문화와 홍산 문화 등이 더 잘 알려져 있다. 대략 흥륭와 문화는 기원전 6000년, 홍산 문화는 기원전 3000년에서 가까운 시기다.

위의 여러 문화 가운데 홍산 문화가 특별한 관심을 받고 있는데 거기서는 독특한 모양의 옥기가 발견될 뿐 아니라 석묘도 발굴되었다. 더구나 우하량에서는 다량의 제사 유적도 발굴이 된다. 특히 우하량(요녕성 조양시 내의 건평현/ 능원시의 경계)의 여신묘와 동산취(요녕성 조양시 몽골족 자치현, 이전의 객

452

좌현이다)의 제단 유적 등이 주목을 받는다. 특히 지모신 숭배의 소조 여신상과 임부상이 유명하다. 중국 학자들은 그러한 유의 '적석 제단/ 여신묘/ 적석총' 조합이 문명의 조건을 충족한다고 해서 그 문화를 '요하 문명'이라 부르기도 한다. 하지만 세부적으로 보면 아직 그 단계까진 아니란 비판도 강하게 제기된다.

　발해연안 신석기 문화 특히 홍산 문화는 어떤 민족 집단(1)의 문화인가가 관심을 끈 적이 있다. 그 문화는 중국의 연구자들도 중국의 중심부인 중원의 민족 집단과는 구분되는 집단이라고 보고 있다. 하지만 발해연안 신석기 문화가 '이'(夷)란 집단과 관련이 있는지는 분명하지 않다(아래). 발해연안(B/1)인 요녕과 거기서 가까운 내-몽골 지역은 역사적으로 동호계(9)의 거주지와 가깝다. 그렇다고 해서 신석기 문화인 홍산 문화 또는 요하 문명을 동호계 관련 집단으로 보는 것은 바람직하진 않다. 왜냐하면 동호계는 기본적으로 기원전후의 개념이기 때문이다. 물론 그 이후의 청동기 문화도 동호계 집단과 관련이 있는지 여부도 다시 논의해야 할 문제일 듯하다.

참고로 동이란 용어는 시대에 따라 용법이 다르다. 현재 중국 대륙의 화동으로 분류되는 지역의 일부(산동성과 그 아래의 회하에서 장강까지)도 한때는 동이의 범위에 들던 때도 있었다. 민국 시대에 나온 낡은 개념인 '이하동서'설(Fusinian 1935)은 중국 대륙 동쪽에는 '이'(은 나라에 해당한다)와 그 후속집단이 그리고 서쪽에는 '하'와 그 후속 집단이 주력을 이룬다고 주장하기도 한다. 기원전후와 그 이후의 동이("삼국지" "위지" '오환선비동이전)는 또 개념이 다르다(C/ 3한계). 또한 범 동이계(동호계 더하기 비-동호계)("삼국지") 범 동이-북적계("구당서" "신당서")란 용법도 있다(4). 3북(동호계, 예맥계, 숙신계)은 범 동이-북적계에 가까운 개념이다(4, 9).

발해연안설(B/ 1)(당대 3설의 하나다)은 초기에는 한반도의 신석기 문화 특히 즐문(D) 토기가 발해연안에서 유래한다(이형구 1989)는 정도의 이론이었지만 점차 그 지역에서 한반도로 들어가는 집단(요녕계 또는 조선계)에 관한 이론으로 발전한다(B/ 1, 2). 현재는 그러한 이론적인 접근보다는 앞서 나온 바의 홍산 문화를 '요하 문명'으로 규정하고 그것의 역사적 주권

ⓒ이 누구에게 있느냐는 쪽으로 논의가 옮겨간 것 같다. 중국⑹은 그 문화를 문명으로 격상시키고 이른바 중화 민족의 먼 기원 격인 황제(黃帝) 쪽으로 연결시키는 공작을 진행한 지 오래고 남한의 유사 역사학ⓓ은 그것을 고조선(고조선 1)(C/ 대 -조선) 쪽으로 당기느라 정신이 없다. 물론 홍산 문화와 단군 신화(A/ 1) 사이의 시간적 공백(거의 1000년이다)도 적지 않다. (주요 출처/ R 2의 1/ 손동완 2021 a)

(백제본기)

십제(D)와 백제(기원전후~660)에 관한 기사는 주로 "삼국사기" '백제본기'(권23~28)에 나오는데 "삼국유사"('기이제일', '기이제이')와 "제왕운기"(권하)에서도 일부 기사가 나온다. 물론 고려조 전기의 저작인 "삼국사기"에 가장 풍부한 기사가 실려 있는 것은 분명하지만 그 초기 기록은 지금까지 많은 논란을 불러일으켜 왔다. '백제본기'도 예외는 아니다. 특히 기원전후 십제에 관한 기사가 집중적으로 실려 있는 (시조)온조왕 조는 300년 전후의 역사까지 소급해서 실은 것으로 악명이 높다. 예를 들면 온조왕 26년의 마한 병합 기사는 초기 기록의 문제를 잘 보여주는 예라 할 만하다. 백제의 마한 병합은 기원 직후가 아니라 빨라도 4세기 이후로 보는 것이 정설이다.

'백제본기'는 주요 왕을 중심으로 보면 시조 온조왕에서 5대 초고왕, 6대 구수왕, 그리고 8대 고이왕, 그 뒤의 13대 근초고왕, 14대 근수구왕으로 이어지고 21대 개로왕, 22대 문주왕, 그 이후의 동성왕, 무령왕, 성왕 또 그 이후의 무왕, 의자왕까지 백제 왕실의 계보와 역사가 나와 있다. 그 초기 기록은 신뢰성에 문제가 있지만('신라본기' '고구려본기'도 마찬가지다) 역사적 사건이 반영되어 있다는 것은 사실이다. 어떻게 보면 더 중요한 것은 계보(D) 그 자체일 수도 있다. 역사상의 왕실의 계보는 물론 안동 권씨 "성화보" 같은 족보조차도 그 시점의 권력 관계가 반영되어 있다. 특히 그 당시 세력을 가진 방계 세력의 정통성 부여가 중요한 요소이기 때문이다.

다른 본기와 마찬가지로 '백제본기'도 초기의 왕실의 교립(交立)이 반영되어 있다는 것이 현재까지 연구자들의 주요 관점인 듯하다. 우리에게 잘 알려져 있는 신라의 '박, 석, 김' 3성의 교립과 마찬가지로 백제도 여러 계통의 세력이 번갈아 가며 등장한다는 해석이다. '백제본기'는 크게 봐서 '온조-초고왕' 계열이 중심축이란 것이 대다수 연구자들의 견해이다. 더 구체적으로는 온조가 위례(한강 북쪽)에 세운 국(D)과 비류가 미추홀(인천 지역)에 세운 국은 연맹 관계였고 초반의 주도 세력은 비류의 국이었지만 이후 온조의 국(십제)에 병합이 된다는 내용인데 그 시점이 200년 전후의 5대 초고왕 대라고 본다.

'온조-초고왕' 계열설은 시조 온조 이래의 5대 초고왕, 6대 구수왕에서 이후 거의 150년을 뛰어넘어 13대 근초고왕, 14대 의 근수구왕으로 이어진다는 설로 발전한다. 그 두 왕은 그 앞의 8대 고이왕 계열이 아니고 그 이전의 5대 초고왕, 6대 구 수왕과 연결되는 계통이고 11대 비류왕(초기의 온조 때의 비류 가 아니다)이 그 연결점이 된다고 파악한다. 13대 근초고왕은 371년 고구려를 침공해서 고국원왕을 전사시킨 왕으로 역사 에서 유명하고 중국(6) 남조의 동진과 활발하게 교류를 한 것 으로 기록되어 있다. 십제(D) 집단에서 발전한 백제 연맹체 그 리고 이후의 한성 백제는 21대 개로왕이 475년 한성이 함락 되어 죽고 22대 문주왕이 그해 웅진으로 수도를 옮긴다.

'백제본기'의 마지막 기사는 의자왕의 아들 부여융(5)에 관 한 것이다. 그리고 그다음에는 "삼국사기" 편찬자인 김부식의 '논'이 붙어 있다. 거기서 그는 3국이 각자 그 위상을 높이기 위해 여러 가지 기원(D)을 끌어들인다는 것을 꼬집고 있다. '하늘에서 금궤가 내려온다'(신라) '소호 금천씨의 후손이다'(신 라) '고신씨의 후손이다'(고구려) '고구려와 함께 부여에서 나온다'(백제) '진·한의 난리 때 중국 사람이 한반도로 들어온다'(신라) 등등 3국의 조상(e)이 어디 어디서 나온다는 유의 여러 설을 나열하고 있다. 다만 3국의 조상이 옛 성인의 후예인데 그런데도 백제가 비도(非道)를 저지르고 대국을 거슬러서 멸망한다는 그렇고 그런 결론을 짓는다.

김부식의 '논'에는 고려조의 이데올로기가 진하게 배어 있다. 그 이데올로기로부터 상대적으로 자유로운 "삼국유사"(1281)조차도 '마한 즉 고구려'('기이제일' 마한 조)론 같은 고려조의 정통성과 관련된 논의가 강하게 주장이 되는 것을 보면 그것은 당연한 것일지도 모른다. "제왕운기"(1287)도 마찬가지다. 그 책 '권하'의 '본조군왕 세계연대'에는 태조 위의 계보가 나와 있는데 거기서는 태조의 조부는 성골장군의 후손인 정화(왕후로 추증되어 있다)와 그 남편인 당제국의 숙종 황제 사이에서 태어난 신분인 것으로 기록된다. 그것을 합리화하기 위해서 당 숙종이 젊었을 때 개성 부근으로 유람한다는 야사까지 동원된다. (주요 출처/ R 3의 2/ 손동완 2021 a)

459

(본토설)

본토설은 현재의 북한(3)을 대표하는 한민족(조선 민족)의 기원(D)에 관한 이론이다. 본토설은 북방설/ 발해연안설과 함께 당대 3설(B/ 1)을 이룬다. 참고로 당대설은 전통설(C)과 대비되는 의미다. 여하튼 본토설(더 정확히 말하면 '본토인설'이라 할 수 있다)은 본토 유래설 또는 본토 기원설이라고도 부르는데 이하에서는 간단히 본토설이라 부르기로 한다. 다만 본토설은 1설과 2설로 구분하기도 하는데 이상의 북한의 본토설은 1설에 해당하고 이른바 '본토 유형설'이 2설에 해당한다(B/ 1). 2설인 '본토 유형설'은 기본적으로 최근의 유전자 분석 특히 Y-염색체 DNA(C) 하플로그룹 분석에 의거한 이론이다.

북한의 본토설(1설)은 인류학 특히 형질 인류학에 바탕을 둔 일종의 모형론이다. 대체로 구석기시대의 고-인골(화석 인골)을 상위에 놓고 계보(D)를 구성하는 방식인데 북한뿐 아니라 중국(6)과 일본(8)에서도 그러한 방식을 사용하고 있다(한영희 1996). 중국에서는 북중국에서 발굴된 산정(山頂)인을 그리고 일본에서는 오키나와에서 발굴된 항천(港川)인을 꼭대기에 놓고 민족 기원을 찾지만 그러한 방식은 문제가 있다. 그것은 조상(e)(A/ 1)이란 것을 상정하는 하나의 방법에 불과할 수도 있기 때문이다. 구석기인은 물론이고 신석기인(아래)을 한반도의 한민족 집단(7)의 직접적인 조상으로 보고 계보를 구성하는 방법도 마찬가지 문제가 있다.

북한의 평양(D) 주변 지역에서는 호모 에렉투스(Homo Erectus)의 흔적도 나온다. 검은모루 동굴 유적(평양 상원)이 바로 그곳이다. 또한 평양과 그 주변 지역에서는 그 이후의 현생 인류의 여러 단계의 유적과 고-인골(화석 인골)이 발굴이 된다. 덕천인(평남 덕천), 역포인(평양 역포구역)으로 불리는 중기 구석기의 호모 사피엔스(Homo Sapiens)/ 승리산인(덕천인이 발굴된 곳의 바로 위층이다), 만달인(평양 승호구역), 용곡인(평양 상원)으로 불리는 후기 구석기의 호모 사피엔스 사피엔스(Homo Sapiens Sapiens)가 그것이다. 북한의 본토설은 그러한 20세기 후반 고고학의 발굴과 고-인골(화석 인골) 연구를 활용한 이론이다.

북한 학계는 그간의 고고 인류학적 연구 성과를 바탕으로 '원인 → 고인 → 신인'(사회과학원 1977) 또는 '고인 → 신인 → 신석기인'(전제헌 1986; 장우진 1987, 1989)이란 발전 도식을 내놓는다. 원인은 물론 호모 에렉투스를 말하고 고인/ 신인은 각각 호모 사피엔스/ 호모 사피엔스 사피엔스를 지칭하는 북한의 용어이다. 위의 도식에서 나오는 신석기인은 북한에서 조선옛유형사람(e)이라 부른다. 북한(3)에서는 한반도의 신석기인이 한반도 내인 북한 지역에서 유래한다고 보고 있는 셈이다. 반면 남한에서는 한반도의 신석기인이 각각 시베리아/ 발해연안/ 앙소 문화 또는 용산 문화 지역에서 유래한다는 이론이 나온 바 있다(각각 북방설/ 발해연안설/ 북중국설이라 부른다)(c).

북한의 본토설은 기본적으로는 평양 담론(A/ 5)의 일부이기도 하다. 북한은 남한과 모든 면에서 경쟁하는 시스템 속에 있는데 그중의 하나가 한민족(조선 민족)의 기원(D)에 관한 이론이다. 초반에 북방설(부록 1)을 채택하던 북한 학계는 어느 순간부터 본토설 특히 평양(D) 지역이 중심이 되는 이론을 지향한다. 평양과 그 주변 지역에서 여러 시대에 걸친 고-인골

(화석 인골)이 발굴되면서 북한은 서둘러서 본토설의 이론을 구축하게 된다. 거기서 한 걸음 더 나아가서 북한은 주체 사상을 보강하는 의미에서 조선 민족은 외부 집단과의 혼혈이 없이 단일, 단혈하다는 단혈성(e)론까지 주장한다. (주요 출처/ T 2/ 손동완 2020 b, 2021 a)

(3한 복합체)

한반도의 한민족 집단(7)은 기본적으로 한반도 3조(C)를 통해서 형성이 된다(서설). 한반도 3조(676~1910)는 대-신라, 고려조, 조선조인데 연속되는 그 세 국가(왕조)는 남국(C/ 동국 한국 남국)의 범주에 들어간다(북국과 대비되는 의미다). 한반도의 3한 지역(7)을 기반으로 하는 남국은 정확하게 말한다면 '3한 복합체'를 바탕으로 해서 나온 것이다. 그 복합체는 기원전 1000년대(1000~1)와 기원후 7세기의 오랜 기간에 걸쳐서 이루어진다. 시대구분(C)이란 측면에서 보자면 3한 복합체는 두 시기를 포함한다. 하나는 기원전 1000년대(1000~1)의 초기 농경(D) 사회인 무문기(D)이고 다른 하나는 기원전후에서 7세기까지(1~676)의 3한 통합기(D)다.

기원전 1000년대(1000~1) 3한 이전의 3한 지역은 한반도 무문인(D)들의 복합사회 1(Rhee & Choi 1992)이 진행된다. 그때의 복합사회 1은 이른바 4중 혼합설의 복합사회 2(B/ 2)와는 다르다. 기원전 1000년대의 복합사회 1은 그 지역의 족장 사회

(chiefdom society)와 관련이 있다. 그것은 대략 화전 농경의 단순 족장 사회 단계와 집약 농경의 복합 족장 사회의 단계를 밟는다. 그러한 한반도 족장 사회의 표지가 바로 지석묘(D)다. 이후 지석묘의 소멸도 중요한데 지석묘 축조의 비-생산성을 극복하려는 한반도 족장 사회의 내적 요인과 족장의 필요에 따라서 생산 경제 단계로 가면서 국(D)이 발생하기 때문이다 (이송래 2002).

한반도 동남부는 서남부보다 더 늦게 국이 발생한다. 그렇지만 기원전후의 그 지역 특히 경주 평야 지역에 대한 기록이 다른 지역보다 더 많이 남아 있어서 국(D)의 발생 과정을 좀 더 자세히 살펴볼 수 있다. 대략적으로 말하면 그 지역의 사로국은 사로 6촌("삼국사기" 권1)이 통합되어 형성된다. 사로 6촌은 족장 사회(추장 사회/ 수장 사회/ 촌장 사회 등으로 불리기도 한다)(위) 단계의 정치체다. 사로국 주변의 골화국(경북 영천), 압량국(경북 경산), 달구벌국(대구) 등은 그 과정을 살펴볼 수 있는 기록이 없지만 비슷한 과정을 거쳐서 국이 성립한 것으로 보인다. 사로국은 이후 그 주변의 여러 국(D)과 연합해서 진한을 이룬다('진한 12국'이라고도 나온다).

낙동강 동편의 진한 즉 진한 연맹체에서는 사로국이 맹주의 역할을 한다. 진한의 사로국(C/ 대-조선)은 국의 연맹을 넘어서서 다른 국을 병합해서 점차로 고대 국가(영역 국가)인 신라로 발전해 간다. 신라는 초반에는 고구려(5)의 보호를 받는 처지에 있었지만 나제 동맹(433)을 통해서 점차 세력을 확장하고 변한 연맹체(가야)를 차례로 흡수(D)하고 다시 다른 고대 국가인 백제를 병합(660)해서 3한 지역을 통합한다. 변한 연맹체는 낙동강 서편에서 성립되는데 전기에는 구야국/ 후기에는 대가야 등이 맹주 역할을 한다. 한반도 서남부는 마한 연맹체가 일찍부터 자리 잡고 있었지만 점차 백제 연맹체가 그것을 대체하고 고대 국가로 발전한다.

3한 지역(7)에서 기원전후 국(D)이 나온 다음부터 7세기까지는 '사로가 신라로' 다시 '신라가 대-신라로' 가는 대-사로(great Saro)라는 관점에서 볼 수 있다. 말하자면 3한 복합체는 그 중핵 집단이란 면에서 볼 때 대-사로의 시각이 유효하다 할 수 있다. 대-사로는 대-조선(C)/ 대-부여(C)와 대비되는 개념이다. 사로가 신라를 거쳐서 대-신라로 가는 과정은 (로마 지배기의)런던 요새가 (광역의)런던을 거쳐서 잉글랜드로 가는 것과 유사하다 할 수 있다. 3한 복합체의 후속체인 한반도 3조(C)는 이후 양계(3)로 확장이 되어 현재의 한반도(7)가 이루어진다. 잉글랜드가 양 지역(웨일즈와 스코틀랜드)으로 확장이 되어 현재의 대-브리튼(Great Britain)이 이루어지는 것과 비슷하다.

지역(D)과 역사(D)란 두 측면에서 한민족 집단(7)을 한민족답게 만드는 그 무엇은 시베리아/ 발해연안/ 부여 / 해양 지역 (손동완 2021 a)이 아니라 바로 3한(7)이라고 해야 한다. 더 정확히 말해서는 3한 복합체(위)다. 특히 3한의 국(D)은 3한 복합체의 기초적 존재라 할 만하다. 왜냐하면 기원전 1000년대(1000~1)의 초기 농경(D) 사회가 발전해서 기원전후에 성립한 국이란 정치체가 오랜 기간의 '연맹과 병합'(이종욱 2002)의 과정을 통해서 고대 국가로 가고 그것이 통합되면서 비로소 3한 복합체가 완성되기 때문이다. 사실상 3한 복합체가 한반도 3조(C)를 통해서 형성되는 한반도의 한민족 집단(7)의 모태 ⑩가 되는 그 무엇이라 할 수 있다. (주요 출처/ R 7의 2/ 손동완 2021 a)

(3한계)

  한반도(the Korean Peninsula) 지역은 역사적으로 2원적으로 파악되어 왔는데(7) 현대에 와서도 다시 남한/ 북한의 두 지역으로 나뉘어진다. 남한이란 명칭은 두 번째의 해양 세력(미국을 말한다)(8)이 동아시아로 들어간 이후 미국/ 구-소련(현재의 러시아 연방) 양 진영의 간섭으로 한반도 국가가 남한/ 북한으로 분단된 이후에 생긴 것이다. 남한 지역은 이전에는 3한 지역(7)이라 불렸는데 그 명칭은 3세기의 한 문헌에서 비롯된다. 바로 중국 서진시대('위진남북조의 진이다)의 진수가 지은 "삼국지"란 역사서다. 그 책은 우리에게 잘 알려져 있는 소설인 "삼국지연의"와는 달리 중국의 이른바 '24사'란 정사에 들어간다.

  역사서에서 집단을 분류하는 것은 드문 일이 아니다. 한반도의 13세기의 문헌에도 민족 집단(1)에 대한 분류가 등장한다. "삼국유사"의 '기이제일'(권1)도 기본적으로는 한반도와 주변 지역의 민족 집단을 분류해서 실은 것이다. 고조선, 위만-조선, 마한, 가야, 부여, 고구려, 백제(변한 백제), 신라(진한)뿐 아니라 2부, 72국, 낙랑국, 북대방, 남대방 그리고 말갈 발해와 이서국(경북 청도에 있었던 '국'인데 일연은 청도 운문사 주지를 지낸 바 있다)까지 나온다. 그 책에서는 어떤 관점에 의거한 것이 아니라 이전의 문헌에 등장하는 집단 이름을 나열한 정도에 그친다. "제왕운기" 권하(동국군왕 개국연대)에서도 부여, 비류, 시라, 고례, 옥저, 예맥 등의 집단이 나온다.

위의 문헌보다 무려 10세기나 전에 나온 "삼국지"('위지' '촉지' '오지'로 되어 있다) '위지'(위서)의 마지막 부분(권30)이 바로 '오환선비동이전'이다. 그 기록은 중국의 중심부인 중원('위지'의 위나라가 위치한 곳이다)의 북쪽과 동쪽의 여러 민족 집단에 관해서 기술한 것이다. 그 앞부분에 해당하는 '오환'과 '선비'는 당시 만주(9)의 주요 민족 집단의 하나인 동호계(9)에 속한다. 그들이 동호계의 초기 집단이고 거란과 몽골은 그 뒤의 집단이다. '오환선비동이전'은 중원에서 비교적 가까운 데 위치한 동호계의 민족 집단보다는 그 나머지 집단을 분류하고 서술한 가치가 더 크다고 보아야 한다.

'오환선비동이전'의 '동이' 부분은 일단은 '오환/ 선비'를 제외한 '비-동호계'를 실은 것이라 할 수 있다. 그 부분은 '부여/ 고구려/ 동옥저/ 읍루/ 예/ 한/ 왜인' 순으로 기록되어 있다. 그 가운데 '부여/ 고구려/ 동옥저/ 예'는 예맥계(C)로 분류되고 '읍루'는 읍루계(숙신계)(9)로 분류된다. 그 나머지인 '한/ 왜인'이 여타 집단인데 만주(9)의 주요 민족 집단(3북)인 동호계, 예맥계, 읍루계(숙신계) 외의 집단에 해당한다. 당연히 중원에서 훨씬 더 먼 지역에 있는 한(3한)과 왜인(일본)이 다른 집단에 비해서 더 확실히 구분이 된다. 참고로 '이하동서'(Fusinian 1935)설의 '이'는 위의 동이(부여/ 고구려/ 동옥저/ 읍루/ 예/ 한/ 왜인)와는 범주가 완전히 다르다(C/ 발해연안의 신석기 문화).

여하튼 한 즉 3한(7)이란 것은 확실한 문헌적 근거를 가진 지역임에는 틀림없다. "삼국지"에는 당시의 한(3한)이 '소국'으로 구성되어 있다고 기술해서 논란을 불러일으킨다. '소국'은 문자 그대로 작은 국가가 아니라 당시 3한을 대표하는 소정치체인 국(D)을 말한다. 국은 그 규모에 따라 대국/ 소국을 불리기도 하지만 국이 일반적으로 '소국'이라 불리기도 한다. 3한 지역(한반도 중남부)은 대체로 기원전 1000년대(1000~1)의 족장 사회(C/ 3한 복합체)를 거쳐서 기원전후 국이 발생하는 것으로 알려져 있다. 그 앞의 촌락/ 읍락 단계를 거쳐서 성립되는 국은 이후 초기 국가(D)로 발전한다. 물론 요동(B/ 1)이나 한반도 서북부에 비해서는 약간의 시차가 있다.

그동안 3한에 대한 연구가 축적이 되면서 국이 '연맹과 병합'(이종욱 2002)의 단계를 거쳐서 점차로 고대 국가(영역 국가)로 발전해 가는 것으로 의견이 모아지고 있다. 한반도 서남부인 마한 지역에서 가장 먼저 국이 성립하지만 한강 유역의 국은 부여계 계통인 십제(D) 집단(뒤의 '백제 연맹체')으로 넘어가고 이후 '마한 연맹체'는 남쪽으로 밀려 내려간다. 한반도 동남부는 낙동강을 경계로 동쪽은 '진한 연맹체'/ 서쪽은 '변한 연맹체'(가야 연맹체)가 들어선다. 여러 연맹체 가운데 두 곳이 고대 국가로 진입하고(백제와 신라) 결국은 신라가 '변한 연맹체'(초기 국가)와 백제(고대 국가)를 흡수(D)해서 7세기경 드디어 3한이 통합이 된다.

3한(?)은 기본적으로 중국의 역사서에서 분류한 민족 집단 (마한, 진한, 변한) 이름이지만 이후 지역(한반도 중남부) 또는 시대(1~300)로 의미가 확장된다. 참고로 그 시대는 삼한시대 외에도 철기시대 2기, 부족국가 시대, 성읍국가 시대, 삼국시대 초기, 삼국시대 전기로 불리기도 한다. 그 가운데 삼국시대 초기(전기)는 기원전후 바로 3국이 성립하는 것을 전제한다는 난점이 있고 부족국가/ 성읍국가는 개념상(부족과 국가는 서로 다른 단계다)/ 실제상(성읍의 존재가 불확실하다)의 문제가 있다. 고고학(철기시대 2기)과 문헌 사학계의 여러 명칭(위) 사이의 불편을 줄이려는 의도에서 원-삼국 시대(김원용 1986)란 용어가 타협안으로 나왔는데 여러 가지 논란이 지속되고 있다.

3한계는 기본적으로 3한 지역(위)의 민족 집단이다. 그들은 바다 건너의 '왜인'과 구분되고 그 북쪽의 여러 민족 집단과도 구별이 된다. 3한계는 대략 1~300년 사이의 3한 지역(한반도 중남부)에서 마한, 진한, 변한의 세 집단으로 분류가 되고 "삼국지" '오환선비동이전'의 '동이'(비-동호계) 부분에 그들에 대한 비교적 상세한 정보가 실려 있다. 그들은 3한 지역의 북

473

쪽, 더 구체적으로 말해서 한 4군에서 이어지는 낙랑군과 대방군, 기원전후의 이른바 소문자 n 3(C)(조선계, 한족계, 십제) 그리고 400년 이후의 북국(광개토왕 이후의 고구려)과의 교류(c)와 교섭(D)을 거치면서 지역(D)적 역사(D)적 정체성을 수립해 간다.

물론 이후의 역사 기획(A/ 4) 특히 고려조에 나온 3국(A/ 3)설("삼국사기")의 영향으로 그러한 3한계의 3한 중심의 역사가 많이 왜곡되긴 했지만 현재는 3한 일관론자(김한규 2004; 임지현 2004; 이전 2005; 이종욱 2006; 손동완 2018)의 연구에 힘입어 상당 부분 그 역사가 복원되고 있는 중이다. 3한계는 3한 지역에서 기원전후를 지나서 7세기까지 3한 복합체(C)를 이룬다. 그 3한 복합체를 모태(D)로 해서 이후 한반도 3조(C)인 대-신라, 고려조, 조선조를 거쳐 한반도의 한민족 집단(7)이 형성(C/ 형성론)이 된다. 어떻게 말하면 3한 복합체(C)가 엄밀한 의미에서 한민족 집단의 기원(D)이 되는 셈이다. (주요 출처/ n/ 손동완 2020 a)

(시대구분)

한국(남한) 고고학의 대표적인 시대구분인 '구석기 → 신석
기 → 청동기 → 초기 철기 → 원-3국 → 3국 → 통일-신라시대'(김
원용 1986)는 기본적으로 선사시대 3시기법(석기/ 청동기/ 철기)
에 근거하고 있다. 하지만 그 도식은 역사학의 시대구분이란
것 그 자체가 가진 한계를 떠나서도 많은 문제를 갖고 있다고
할 수밖에 없다. 왜냐하면 그 방식은 동아시아 다른 나라의
시대구분(아래)에 비해 지나치게 복잡할 뿐 아니라 무엇보다
한국사가 가진 특색이 잘 드러나지도 않는다는 문제가 있기
때문이다. 그래서 3시기법에 근거하면서도 각각의 역사의 특
징이 비교적 잘 드러나는 일본/ 북한/ 중국에 비해서 미진하
다는 느낌을 지울 수가 없다.

예를 들면 일본(8)은 '구석기 → 죠몬 → 야요이 → 고훈 → 아
스카⋯⋯'로 구분이 된다. 일본은 아스카 시대 이래로 역사
시대로 접어들고 여러 국가가 연속된다. 그 이전의 고훈 시대
에 일종의 모태(D)가 되는 집단이 나오는데 죠몬/ 야요이 두

다른 계통의 민족 집단이 혼합되어 나온다는 방식이다. 북한은 '구석기 → 신석기 → 청동기 → 노예 사회 → 봉건 사회……'로 구분한다. 북한은 역사 5단계를 조선사(5)에 적용하는데 노예 사회 이전은 원시 사회에 해당한다. 중국은 '구석기 → 신석기 → 상 → 주……'로 비교적 단순하다. 중국은 이미 청동기 시대에 상, 주 등의 국가가 발생하고 그 이전의 신석기 문화와 청동기 문화도 계기적으로 연속이 되는 편이다.

남한의 시대구분은 이상에서 말한 것처럼 동아시아의 다른 나라에 비해서 시대구분이 해야 하는 역할을 제대로 하지 못한 것 같다. 그뿐 아니라 위의 시대구분 가운데 '초기 철기 → 원-3국 → 3국 → 통일-신라'란 구간은 상당히 혼란스러운 개념의 조합으로 엮여 있다고 할 수밖에 없다. 더 구체적으로 말해서 거기서 가정하는 바의 '3국'이란 기준에서 볼 때 '원-3국' 시대는 사실상 3국으로 가는 과도기(전환기)인 셈인데 그 바로 앞의 이른바 초기 철기시대 또한 전형적인 과도기에 해당하는 시기다(최성락 2002). 그래서 시대구분의 주요 단위가 '(과도기) → (과도기) → 3국 → (불완전한 시대)'란 유례없는 기현상이 일어난다.

남한 학계에서 앞의 시대구분(김원용 1986)에 대한 대안이 제시되는데 크게 두 가지 방향이라 할 수 있다. 그 가운데 하나는 상당히 복잡한 양상을 보이고 있는 그 앞부분을 '신석기 → 청동기 → 철기'로 잠정적으로 단순화해야 한다는 설(최성락 1995)이다. 하지만 그렇게 한다고 해도 크게 달라질 것은 없다. 왜냐하면 그러한 방식의 시대구분 역시 앞서 말한 일본/ 북한/ 중국의 예와는 달리 한국사만의 특징이 전혀 드러나지 않는 '무-특징'적이란 사실을 벗어날 수는 없기 때문이다. 다른 하나는 3시기법에 문화적인 특성을 가미하는 방식이다. 서구권과 일본에 이어서 남한 학계에서도 그 방식이 시도된다.

'수렵 채집인 → 초기 마을 → 거석 도작 청동기 → 철기 교역 개발 → 3국(Nelson 1993)/ '구석기 → 즐목문 토기 → 무문 토기 → 원-3국 → 3국 → 통일-신라……'(Nishidani 1982)/ '즐문 수렵 어로 채집 문화기 → 무문 농경+요녕 청동 문화기 → 한국식 농경 청동 문화기 → 국가 형성기 → 3국(노혁진 1994)이 그것이다.

니시다니와 노혁진의 안은 기본적으로 '즐문 → 무문'이란 구도를 축으로 하고 있다. 그런데 니시다니의 안은 그것에다가 기존의 '원-3국 → 3국'설을 그대로 덧붙인 절충적인 형태에 그치는 반면 노혁진은 그것을 뛰어넘는 독창적인 접근을 시도하고 있다. 하지만 '무문'과 이른바 '3국' 사이에 금속기와 관련한 한 집단(요녕 청동인)이 너무 복잡하게 또는 너무 비중 높게 반영되어 있다는 단점이 있다. (주요 출처/ 한국 고고학의 시대구분/ 손동완 2018, 2019)

(알타이언어)

알타이언어는 주로 유라시아 대륙 북쪽의 민족 집단(1)들이 사용하는 언어인데 다만 북극 주변의 민족 집단(구-시베리아 계통이다)이 쓰는 우랄어 계통의 언어와는 구분이 된다. 그 언어는 인도-유럽어 계통의 굴절어, 그리고 동아시아 시노-티베탄(한-장어) 계통 등의 고립어(고립어 1)와는 다른 교착어에 속한다. 알타이언어는 인도-유럽어에 비해서 각 언어 그룹이 분기(손동완 2019/ 주석 10)된 지가 훨씬 더 오래되어 그 계통을 밝히기가 쉽지 않다. 대략 투르크어(T)/ 몽골어(M)/ 퉁구스어(T) 세 그룹으로 분류가 된다(C/ TMT). 그 가운데 투르크어 사용 집단은 이동한 거리가 긴 만큼 중앙아시아와 아나톨리아 반도까지 유라시아 대륙의 너른 지역에 걸쳐서 분포한다.

한국어와 일본어도 이전에는 알타이언어의 일종이라고 여겨져 왔지만 비교적 큰 규모의 고립어(고립어 2)(여기서는 언어 계통이 확실치 않은 언어를 말한다)인 그 두 언어가 알타이언어에 속한다는 뚜렷한 증거는 없는 듯하다. 다만 언어학의 이른바 알타이언어 계통도(성백인 1996)에서 순전히 연역(a)적인 방법으로 원-알타이어(proto-Altaic)('알타이 조어'라고 할 때도 있다)에서 한국어 또는 일본어가 따로 갈라져 나온다는 식의 설명이 있었을 뿐이다. 그러한 설명 방식과는 상관없이 이른바 원-알타이어(알타이 조어)에서 분기(위)된다는 주 가지는 TMT(투르크어/ 몽골어/ 퉁구스어)일 수밖에 없다.

알타이언어를 사용하는 집단은 빙하기(D)에 동남아시아에서 동북아시아로 들어가는 집단 가운데 이른바 '두 번째 루트'로 들어가는 집단이란 이론인 이른바 아무르설(b)이 주목을 받고 있다. 그 이론은 주로 Y-염색체 DNA(C) 하플로그룹 분석에 의거해서 비교적 이른 시기에 분기한 C 계열의 유전자 집단이 동남아시아에 도달한 후 그 일부가 당시 육지로 연결되어 있던 '동중국 해안 → 일본 열도 → 사할린 섬 → 아무르강' 루트를 통해서 극동 러시아 지역으로 들어간다는 주장이다. 얼마 전에 러시아 연해주에서 발견된 '악마의 문' 동굴인(Siska 2017)도 그렇게 들어간 집단 가운데 한 집단(퉁구스계에 속하는 울치족의 후손)인 것으로 밝혀진 바 있다.

알타이언어를 사용하는 C 계열의 집단은 이후 아무르강 유역에서 그곳에서 비교적 가까운 극동 러시아/ 중국 동북(만주) 등으로 흩어진 것으로 보인다. 다만 퉁구스계의 일부는 좀 더 먼 시베리아 지역으로 가기도 하고(어웡키족) 투르크계는 몽골 고원을 거쳐서 서쪽으로 중앙아시아와 아나톨리아 반도까지 이동한다. 그들 집단은 아무르강 주변을 떠나서 이동한 곳이 대부분 삼림 지역이나 스텝 지역이라서 그런지 농경(D)보다는 수렵/ 유목 생활을 영위한 경우가 대부분이다. 그래서 몇몇 지역의 집단을 제외하면 대부분 그 인구수가 그다지 많지 않다. 현재 아나톨리아 반도의 터키어(Turkish)를 사용하는 집단이 가장 큰 규모다(C/ TMT).

알타이언어(맨 위에서 잠깐 언급한 구-시베리아 계통의 언어와 대비해서는 신-시베리아 계통의 언어로 분류된다)는 현재 그 범주에 들어가는 많은 언어들이 절멸 단계에 와 있다. 따라서 그렇게 되기 전에 그 언어들을 채집해서 자료를 남길 필요성이 커지는데 다행스럽게도 한국의 언어학자들이 상당 기간 그 작업을 수행해서 현재 의미 있는 연구 데이터를 마련한 것으

로 알려져 있다(김주원 2006). 알타이언어는 꼭 그 언어와 한
국어와의 관련 문제를 밝히기 위한 것이라 기보다는 한반도
(7)에서 비교적 가까운 지역의 민족 집단(1)들이 사용하는 언
어라는 것 그 자체도 중요할 듯하다.

한민족 집단(7) 연구에서 북방계(여기서는 주로 '문화'가 아니
라 '형질 및 유전자'적 의미다)란 용어는 남방계보다 분명하게
구분이 되는 편이다. 그것은 그 범주에 들어가는 집단이 주
로 알타이언어 사용 집단과 관련성이 높기 때문이다. 더 자세
히 말하자면 '알타이언어-C3'(손동완 2018) 집단과 관련이 된
다. 특히 알타이언어 사용 집단 가운데서도 퉁구스계(T)에 속
하는 읍루계(숙신계)가 이른바 '북방계 한민족'(c)과 관련성이
가장 높다고 할 수 있다. 물론 한민족 집단이 퉁구스계에 속
하는 집단이라는 퉁구스론(B/ 3)은 성립 가능성이 거의 없다.
다만 한민족 집단의 일부가 북방계이고 그들이 퉁구스계인
읍루계와 관련이 있다.

인도-유럽어(위)가 남부 러시아 초원 지대의 유목민이 동/

서 양방향으로 확산한 것이라는 일종의 '유목민 가설'이 지배
적인 학설인 데 비해서 알타이언어가 어디에서 기원하는가
는 그동안 상당히 불확실한 영역으로 남아 있었다. 처음에는
유사한 방식의 '유목민 가설'(시베리아설)이 나왔지만 아무르설
(b)(Y-염색체 DNA 연구에 기초해서 알타이언어-C3 집단을 상정한
다)을 보면 그 가능성은 낮아 보인다. 최근에는 막스 플랑크
연구소에서 또 다른 가설인 '농경민 가설'이 나온 바 있는데
그 가설은 문제가 많은 알타이언어 계통도(위)를 적용한 데다
알타이언어 사용 집단이 기본적으로 수렵민 또는 어렵민이란
사실을 망각하고 있다. (주요 출처/ k/ 손동완 2020 a)

(역사 공동체)

현재를 기준으로 동아시아(여기서는 '좁은 의미'의 동아시아 즉 동북아시아를 말한다)에는 여러 가지 역사 공동체가 있다. 그 가운데 가장 눈에 띄는 것은 중국(6)일 것이다. 중국(China)이란 역사 공동체는 오랜 역사를 자랑하는데 그 과정이 단순하지 않다. 다만 이른 시기 황하 유역의 문명을 기반으로 나온 한족(6)이 그 중핵이란 것은 확실하다. 그 집단은 이미 기원전에 남쪽으로는 화중/ 화남으로 그리고 북쪽으로는 요서/ 요동과 그 이상으로 확장이 된다. 그 집단은 일찍이 제국의 형태를 갖추지만(진 한제국) 그 북쪽의 여러 민족 집단과 힘겨운 세력 다툼을 할 수밖에 없는 처지에 놓인다.

4세기에 만주 지역의 동호계(9) 계열의 선비족이 오랜 기간 북중국을 지배하고 그 지배 집단이 수 당제국까지 이어진다. 하지만 일찍부터 한화(漢化) 정책을 편 그들 집단은 도리어 문화적으로 역-정복(D)당한다. 이후 송/ 남송을 거치면서 요/ 금의 정복 왕조(D)에 의해 북중국의 일부/ 전부가 지배를 받는다. 이후 원제국(4)은 물론이고 청제국(4) 때는 전 중국이 이민족의 지배를 받는다. 하지만 청제국의 만주족 역시 문화적으로 역-정복당해서 중국이란 역사 공동체는 현재까지 이어진다. 주로 남중국에 근거지를 둔 한족 집단의 영향 하에 있던 베트남(월남)은 대략 10세기 이후에 점차 독립적인 역사 공동체를 이루어 간다.

중국의 서쪽은 고산 지대에서 독특한 문화를 이룬 티베트(서장)와 사막 지대에서 오아시스 문화를 이룬 위구르족 지역(신강)이 있지만(9) 현재는 중국(신-중국)의 일부로 편입이 된 상태다. 중국의 동쪽은 동북 방향의 만주(9) 지역이 이전에는 일종의 역사 공동체를 형성한 바 있지만(김한규 2004) 현재는 중국(신-중국)의 일부인 동북이 되어 있다. 그 아래인 한반도(7) 지역은 오랜 기간 종심(depth)이 꽤 깊은 외곽 지역이란 지리적 장점을 잘 살려서 한국(C/ 동국 한국 남국)이란 역사 공동체를 이루고 있다. 바다 건너에는 외부의 큰 침입을 받지 않고 그들 나름의 문화를 펼친 일본(8)이 역사 공동체를 이루고 있다.

한반도의 한민족 집단(Koreans)과 역사 공동체 한국(Korea)은 뗄 수 없는 관련이 있다. 그 집단은 한반도(7) 지역에서 오랜 기간의 역사적 발전 과정을 통해서 형성(C/ 형성론)이 된다. 그 집단의 존재에서 지역(D)과 역사(D)란 두 측면이 필수불가결한 조건이 된다는 것은 말할 필요도 없다. 그 집단은 기본적으로 3한 복합체(C)를 모태(D)로 해서 한반도 3조(C)를 거치면서 형성이 된다(서설). 한반도 외부의 시베리아/ 발해연안/ 부여/ 해양 지역(C/ 외래설)이 아니라 3한 지역(7)이 그 집단에게 더 핵심적인 것임에 틀림없다. 한반도 지역의 역사적 발전 과정은 물론 정치와 문화 두 요소(아래)가 모두 적용이 된다.

한민족이란 민족 집단이 상대적으로 높은 동질성과 균질성을 보이는 것은 한반도 3조(C) 기간 동안의 정치적 통합(D)뿐만이 아니라 문화적 융합(D)에도 힘입은 바 크다. 한반도의 아-문화(sub-culture of the Korean Peninsula)(손동완 2019/ 주석 14)라고 할 만한 문화 공동체는 한민족을 한민족답게 만드는 그 무엇이 된다. 멀리는 선사시대에서 지금까지 수천 년의 기간 동안, 가깝게는 한반도 3조(C)의 1200여 년간 그 지역에서 문화적 융합이 진행되어 왔다. 한반도 지역의 문화는 그 북쪽인 북국(4, 5)의 문화와는 상당한 차이가 있다. 물론 동아시아의 다른 지역의 문화는 말할 것도 없다.

한반도 지역은 일찍이 농경(D)이 도입되어 선사시대의 오랜 기간에 걸쳐 정착되어 왔다. 그 지역의 농경은 한반도의 아-문화(위)의 핵심적인 부분이 된다. 그 지역은 비교적 이른 시기에 비-수렵(d) 사회로 접어들고 이후 비-유목(d)의 농경 경제란 물질적인 토대 위에서 북국(또는 역사 공동체 '만주')과는 다른 유형의 사회 구조를 형성한다. 반면 북국인 만주(9) 지역은 오랜 기간 수렵 또는 유목 경제에 의존해 왔다. 동부 만주의 삼림 지역은 주로 수렵이/ 서부 만주의 초원 지역은 주로 유목이 그 핵심을 이뤄왔다고 할 수 있다. 농업이 발달한 요동(B/ 1) 지역은 이른 시기에 중국 한족(6)의 지배 영역으로 들어간다.

한편 중국에서 전래되는 불교(D)와 유교(D)도 농경 중심의 3한(7)의 문화 위에 자리 잡고 한민족의 의식 세계 또는 정신

세계를 구성하는 주요한 부분이 된다. 먼저 불교는 3한의 기존 토착 신앙(천신, 지신, 산천신 또는 신궁) 위에 자리 잡고 이후 대-신라와 고려조를 거치면서 한민족 정신세계에서 빠뜨릴 수 없는 한 축이 된다. 다음으로 유교는 고려 조선 양조 지배층의 주요 이데올로기로 정착이 되고 특히 유교적인 정치 체제는 양조에서 핵심적인 역할을 한다. 고려조 이래의 기자-기원설(이른바 3조선의 하나인 기자-조선과 관련이 있다)도 유교 이데올로기가 낳은 대표적인 산물이라 할 만하다(A/ 2). (주요 출처/ 9/ 손동완 2020 b)

(역사적 주권)

　"삼국유사"(권1) '기이제일' 말갈(물길)발해 조의 두 번째 기사는 발해(발해말갈이란 용어도 사용된다)를 '고려잔얼' 즉 고구려의 유민이라고 규정하고 있다. 그뿐만이 아니다. 같은 기사에서 발해를 세운 대조영이 고구려의 장수 출신임을 강조하는 '고려구장'이란 표현도 나온다. 비슷한 시기에 나온 "제왕운기"(권하)에서는 '전려구장'이란 표현도 나온다. "삼국유사"의 '고려구장'보다는 "제왕운기"의 '전려(전-고구려)구장'이란 표현에 훨씬 더 치밀한 전제가 깔려 있다(아래). 여하튼 고려조 후기의 두 역사서에서는 만주(9)의 북국(4, 5)의 하나인 발해(말갈 발해)를 그 이전의 북국인 고구려(5)와의 관련 속에서 바라다보고 있다.

　"삼국유사"('기이제일')에는 이렇다 할 체계 없이 '말갈 발해' '고구려' 등이 여기저기 섞여서 소개되어 있다. 거기서는 후-고구려가 따로 나와 있지 않을뿐더러 후-백제는 '기이제일'이 아니라 '기이제이' 끝부분에 뚝 떨어져서 나온다. "삼국유사"에서 '기이제일'과 '기이제이'는 각각 '권1'과 '권2'에 실려 있다. 반면 "제왕운기"는 양상이 다르다. 그 책은 '권상'에서 중국의 역사를/ '권하'에서는 동국(한반도 국가)의 역사를 읊고 있다. 그중에 '권하'(동국군왕 개국연대)에서는 3조선/ 한 4군/ 신라의 역사가 먼저 나오고 그다음에는 '고구려/ 후-고구려/ 백제/ 후-백제/ 발해' 순으로 구성이 되어 있다.

"제왕운기" '권하'는 앞서 언급한 '고구려/ 후-고구려/ 백제/ 후-백제/ 발해'의 기사 다음에 '본조군왕 세계연대'(고려조)가 배치되어 있다. 그러한 구도를 통해서 고려조가 고구려/ 후-고구려를 이은 존재일 뿐 아니라 백제/ 후-백제를 흡수(D)해서 후-3국을 통합한 존재임을 드러낸다(신라는 위에서 말한 것처럼 고구려 앞에 나온다). 더 나아가서 고려조는 발해까지 껴안은 존재가 된다. 앞서 언급한 바 있는 '전려(전-고구려)구장' 대조영이란 말은 분명히 '후-고구려'(901~935)를 전제하는 것이다. 결국 "삼국유사"와는 달리 "제왕운기"에서는 '고구려 → 후-고구려 → 고려조'의 역사적 연관이 비교적 분명하게 주장이 되고 있는 셈이다.

고려조 후기 "제왕운기" 편찬자가 앞서 본 바처럼 고구려(5) 또는 발해(5)에 대해서 일종의 '역사적 주권'을 주장하는 것은 아주 예외적인 경우는 아니다. 그러한 유의 주장은 세계 곳곳의 역사에서 나타난다. 가까이는 현재 중국(신-중국)(6)이 고구려 또는 발해에 대해서 '역사적 주권'을 주장하고 있다. 그뿐만이 아니다. 러시아도 현재 연해주를 지배하고 있다는 이유로 말갈의 역사(발해)에 대한 종주권을 은연 중에 주장하고 있다. 그것이 유독 현대의 일만은 아니다. 과거에도 중국이 만주(현재 중국 동북으로 편입되었다)에 대한 '역사적 주권'을 주장한 예가 없지 않다. 의외로 "삼국유사"('기이제일') 그것도 고조선 조의 기사에 그것이 나와 있다

고조선 조는 세 개의 기사로 되어 있는데 첫 번째는 '단군-왕검이 조선을 세운다'는 짤막한 기사이고 두 번째가 바로 단군 신화(A/ 1)가 실린 바로 그 유명한 기사인데 그 마지막에 '기자가 조선에 봉해진다'는 기자 설화(A/ 2)의 내용이 살짝 들어가 있다. 세 번째는 앞의 그 기자 설화에 대한 보충 설명에 해당하는 내용인데 "구당서"(권63 열전13)의 배구 조를 인용하

는 형식으로 되어 있다. 거기서 인용된 구절은 원래 배구란 인물이 수양제에게 고구려(5) 정벌의 당위성을 강조하는 내용인데 중국(6)이 그 지역에 대한 '역사적 주권'을 가지고 있다는 식의 주장이다(아래). 이미 오래전에 수 당제국이 고구려를 침략할 때도 그러한 논리를 내세운다.

배구는 역사적인 근거 세 가지를 드는데 "삼국유사"는 그 부분에서 두 가지만을 인용하고 있다. 원래의 배구 조의 기사는 고구려 지역이 고죽국(세주에서는 황해도 해주라고 되어 있는데 기자 설화의 고죽국이 아니다)이다는 것으로 시작되는데 고구려 지역이 '주나라 때는 기자를 봉한 바 있고, 한나라 때는 3군(4군)을 두었고, 진(위진의 진이다)나라 때는 요동을 통합하였다'는 세 가지를 말한다. 결국 고구려(5) 지역은 '기자-조선/ 한 4군/ 요동군' 등으로 이어지면서 원래 중국(6)이 '역사적 주권'을 영유하고 있는 지역이라 정벌이 당연하다는 결론이다. 참으로 어이없는 내용이 맥락 없이 "삼국유사"에 실린 것이다. (주요 출처/ R 3의 5/ 손동완 2021 a)

(예 맥 또는 예맥)

예 맥 또는 예맥(김한규 2004)이란 용어는 예맥계(C) 가운데
서 요녕계(B/ 2), 부여계(B/ 2) 두 하위 그룹에 속하지 않은 집
단을 말한다. "삼국유사"(권1)('기이제일' 마한 조)에도 "삼국사
기"를 인용하는 형식으로 예맥에 관해 서술한 부분이 있다.
거기서는 예맥을 '예/ 맥'으로 인식하고 있다. 다시 말해서 예
맥을 예와 맥으로 나누어서 명주(강릉)는 옛날의 예국이고 춘
주(춘천)은 옛날의 맥국이라고 말하고 있다. 특히 명주 지역에
서는 밭을 갈던 농부가 '예왕 인(印)'을 발견했다는 기사를 덧
붙이는데 그곳이 동예 지역에 속하고 낙랑군에서 그 지역 읍
락의 족장에게 현후 직을 하사했다는 기록을 보면 전혀 신빙
성이 없는 얘기라 할 수는 없을 듯하다.

반면 예맥이 그대로 '예맥'으로 나오는 경우도 있다. 우리에
게 잘 알려져 있는 경주의 황룡사 9층탑("삼국유사"의 두 곳에
서 관련 기사가 나오는데 권1 '기이제일'과 권3 '탑상제사'다)은 '9한
의 침입을 물리친다'는 선덕여왕의 염원을 담은 탑이다. 진흥

왕 때 건립된 황룡사에는 선덕여왕(여왕 외에 신라에는 또 하나의 선덕왕이 있다) 때인 645년 9층탑이 세워진다. 그 후 5번 벼락을 맞고 파손되어 다시 세운 파란만장한 그 목조탑은 결국 1238년 몽골 침입 때 절과 함께 불에 타서 현재 그 터만 남아 있다. 9층탑은 각각 9한을 의미하는데 '일본, 중화, 오월, 탁라, 응유, 말갈, 단국(거란), 여진(여적), 예맥'이다("해동안홍기" 인용). '예맥'은 9한의 하나로 언급되고 있다

앞의 9한을 다시 살펴보면 일찍부터 신라의 해안 지역을 위협해 온 일본(왜)은 물론이고 각각 북중국/ 남중국을 대표하는 중화/ 오월이 있다. 그리고 바다 건너의 해양 도서를 대표하는 탁라(탐라)/ 응유(동중국)와 북쪽의 민족 집단인 말갈/ 거란/ 여진이 있다. 다만 거란과 여진은 권1("해동안홍기" 인용)과 권3("동도성립기" 인용)(위의 괄호 안)은 약간의 차이가 있다. 그리고 마지막에는 '예맥'이 나온다. 9한은 사실상 주변의 여러 민족 집단을 의미하는 것으로 '기이제일'(마한 조)의 다른 기사에 나오는 9이와 비슷한 의미다. 다만 9이는 그보다 앞선 시대인 중국 한제국 때의 주변 인식이 반영되어 있다.

참고로 "삼국유사"는 권1에서 권5까지 총 5권으로 되어 있다. 그 가운데서 맨 처음인 권1은 두 부분으로 나누어져 있다. 하나는 일종의 부록 격인 '왕력제일'이고 다른 하나는 "삼국유사" 전체에서 가장 유명한 '기이제일'이다. '기이제일'의 앞부분에는 한반도와 주변 지역의 여러 민족 집단이 나열되어 있다. 그중에서도 첫 번째 기사가 가장 유명한데 그것이 단군 신화가 나오는 고조선(왕검조선)에 관한 것이기 때문이다. 두 번째가 위만-조선 기사이고 세 번째는 마한 기사이다. 그런데 마한 기사는 다시 두 부분으로 나뉘는데 그 후반부가 '4이/ 9이/ 9한(九韓)/ 예맥' 등의 민족 분류에 관한 내용이다.

"삼국사기" 초기 기록에는 백제 또는 신라의 북쪽 경계에서 말갈이 출몰한다는 기록이 있다. 그저작의 '신라본기'와 '백제본기'의 상당수의 기사가 외부 침입에 관한 것인데 말갈 관련 기사도 수시로 보인다. 하지만 중국 쪽의 기록("북제서")에서 563년에 처음 등장하는 말갈이란 집단이 1~300년 사이에 한반도 남부에서 활동한다고 볼 수는 없다. 초기 기록의 그 집단은 '예 맥 또는 예맥'(위)이라 불리는 예맥계의 잔여 집단을 당시(고려조 전기) 북방 이민족의 통칭(말갈)으로 부른 것이라고 보아야 한다. 이미 조선조 후기의 정약용이 "삼국사기" 초기 기록의 말갈은 실제 말갈이 아니라 가짜인 '위(僞)-말갈'이라고 설파하고 있다("강역고" 권2 '말갈고').

3국 가운데 백제 연구는 비교적 늦게 시작이 된다. 초창기의 백제 연구자들은 앞의 말갈 관련 기사를 어떻게 해석하는가에 대해서 고심한 듯하다. 현재는 상당수의 연구자들이 '백제본기'(C)의 말갈은 맥계 말갈이고 '신라본기'의 말갈은 예계 말갈이라고 말하고 있다(예계/ 맥계에 대해서는 뒤에서 더 자세한 설명이 나온다). 그 가운데서 후자 다시 말해서 '신라본기'의 말갈인 '예계' 말갈은 더 정확히 말하면 동예에 해당한다. 그 말갈이 아슬라주(강릉)와 인접하고 신라의 북쪽에 위치하고 있다는 기사("삼국유사" 권1 '기이제일' 말갈 발해 조의 네 번째 기사)도 그것을 잘 뒷받침해 주고 있다.

북한(3)에서는 요동과 한반도 서북부에서 활동한 기원전의 조선계(B/ 1)가 예계 집단이란 설(이지린 1963)이 나왔지만 현재는 그들을 맥계 집단으로 보는 설(김한규 2004)이 더 우세하다. 또한 부여(C/ 외래설)의 후속 집단이라 간주되는 주몽 집단은 맥계 집단으로 확인이 된다("삼국지" '오환선비동이전'의 '소수맥' '대수맥'이 그들과 관련이 있다). 이른바 부여 지역인 중부 만주 송화강 유역은 예계 지역이란 설이 일찍부터 나왔다. 하지만 그 지역에 자리 잡는 북부여의 지배 집단은 맥계 집단이고 그곳의 기층민만 예계일 가능성이 높다. 여하튼 이후 동해안의 동예가 대표적인 예계 집단으로 알려진다.

지리적으로 만주(9)의 중앙에 자리 잡은 송화강 유역의 예계 집단보다는 한반도 동해안의 동예가 더 오랫동안 자취를 남긴다. 동예 지역은 현재 북한(3) 지역인 원산/ 안변에서 강원도 지역을 관통해서 경북 영덕까지 뻗어 있었다. 그 지역은 기원 직후와 그 이후 시기에 북쪽의 읍루, 물길 또는 고구려(5)에서도 비교적 멀리 떨어져 있을 뿐 아니라 남쪽의 신라의 중심부로부터 상대적으로 멀리 위치해 있었다. 그 지역은 한반도 내에서 또 다른 외곽 지역을 형성하고 있었다고 할 만하다. 고려조에서도 동계로 구분되는 그 지역(3)은 태백 산맥 건너편에서 상대적으로 고립된 곳이고 근대에 와서도 철도 연결 전까지는 타 지역으로 가는 교통이 매우 낙후되어 있었다.

한편 광개토왕릉 비문(414)에도 예란 민족 집단이 등장하는데 한이란 집단과 함께 언급된다. 두 집단의 이름은 물론 광개토대왕과 장수왕이 정복자의 입장에서 남쪽의 민족 집단을 부른 것이다. 좀 더 자세히 설명하자면 44행 1775자로 된 광개토왕릉 비문은 크게 봐서 세 부분으로 구성되어 있다. 먼저 왕실의 세계(시조 추모왕과 2대 유리왕 등이 간략히 언급된다)와 비 건립 경위 등이 나오고 다음으로 정복과 순수(巡狩)에 관한 기사가 나오고 마지막에는 수묘(守墓) 즉 왕릉 관리와 관련된 여러 사항이 언급되고 있다. 예란 용어는 마지막 부분의 수묘하는 인원에 대한 언급에서 나온다.

그 인원은 총 330명인데 신민 220인과 구민 110인으로 구성된다. 그 가운데서 신민 220인은 한/ 예로 충원되는데 정복 전쟁에서 획득한 사람이라고 나와 있다. 광개토왕은 백제와 가야(신라는 동맹국이었다)는 물론이고 거란/ 물길(숙신)/ 동부여/ 예까지 남쪽과 북쪽의 다양한 국가와 집단을 정복하고 그 지역을 순수한다. 그 가운데서 3한계(한)와 예계(예) 계통의 복속민 가운데 220인이 선별되어 이후 수묘의 과업을 부여받은 셈이다. 물론 구민 110인도 비슷한 방식으로 충원된 다른 계통의 집단일 가능성이 있다. 이상에서 고구려 지역의 남쪽에는 3한계(한)뿐 아니라 예계의 집단도 잔존하고 있음을 충분히 알 수 있다.

광개토왕릉 비문의 한/ 예는 "삼국지"('위지' '오환선비동이전')에서도 '한/ 예' 또는 '한/ 예/ 왜'란 방식으로 언급이 된 바 있다. 비문보다 100년 이상 이른 시기의 기록인 그 저작에서 그러한 명칭은 중국의 관점에서 3세기 한반도 중남부와 그 너머의 지역을 보면서 그곳의 집단을 분류하고 나열한 것이다. 그중 한번은 북쪽의 중국 군현과 그 남쪽의 세력과 관련한 기사(한/ 예)에서 또 한 번은 변진에서 생산되는 철과 관련한 기사(한/ 예/ 왜)에서 나온다. 거기서 예는 기본적으로 동예 지역과 관련이 있으면서 아직 다른 집단에 흡수(D)되지 않은 어떤 집단인데 앞에서 말한 '예 맥 또는 예맥'이란 예맥계 잔여 집단의 범주에 들어간다. (주요 출처/ R 3의 4/ 손동완 2021 a)

(예맥계)

예맥(더 정확히 말해서 '예맥계'다)이 한민족이라는 주장을 믿는 사람도 적지 않을 것이다. 예맥이 바로 한민족이란 주장은 '한민족의 예맥 기원설'에 해당한다. 무엇보다 그 이론은 한민족이란 민족 집단이 기본적으로 한반도 3조(C)를 거치면서 형성(C/ 형성론)이 된다(서설)는 사실을 간과하게 만든다. 그뿐만이 아니다. 그 기원설을 주장하는 연구자들은 예맥이란 말을 한국족(Koreans) 또는 알타이-코리안(Altai-Koreans)으로 사용한다(김정배 2006). 그래서 '한민족은 예맥에서 기원한다'는 명제를 '한민족은 한국족에서 기원한다' 또는 '한민족은 알타이-코리안에서 기원한다'는 명제로 바꾸어 버린다. 즉 하나마나 한 논증을 한다(동어반복 즉 토톨로지).

그들은 또한 예맥에 속하는 민족 집단인 요녕계(B/ 2) 또는 부여계(B/ 2)에서 한민족 집단(7)이 기원한다는 논증을 하지도 않는다. '한민족의 예맥 기원설'은 그것이 논증이 되어야 성립될 수 있다. 그들은 대신 예맥(예맥계)이 바로 무문인이고 '예

501

맥 즉 무문인'에서 한민족이 기원한다는 주장을 한다(김정배, 2006). 하지만 기원전 1000년대(1000~1) 한반도 중남부에서 초기 농경(D) 사회를 이룬 무문인(D)과 그 북쪽의 예맥은 전혀 동일한 집단이 아니다. 그 기원설은 한반도(7)의 무문인 집단과 만주(9)와 한반도 북부(양계)에 걸쳐서 분포하는 예맥이란 민족 집단을 어떻게 든 연결시켜야 한다는 목적론적 의도가 너무 앞선 것인 듯하다.

한민족 집단의 '예 맥 한 결합설'(B/ 4)도 남한 학계의 그러한 인식이 반영된 주장이라 할 수 있다. 만주와 한반도 북부 지역에 분포하면서 시대별로 달리 불리던 집단인 예맥계(위) 또는 '예 맥 또는 예맥'(김한규 2004)(C)을 어떻게 든 한민족 집단으로 연결시키지 않으면 한 된다는 강박감이 깔려 있는 주장임에 틀림없다. 더구나 '예 맥 한 결합설'은 그 이면의 논리를 분석해 보면 '예 맥 한'의 상위에 '예 맥 한 공통 집단'이란 것을 전제하는 연역적인 방법에 의존한다(B/ 4). 말하자면 언어학계에서 나온 바의 '예맥어'(부여어)와 '3한어'의 상위에 한국어(알타이-한국어)를 설정하는 방식을 차용하고 있다.

예맥계는 동호계(9), 읍루계(숙신계)(9)에 비해서 일찍이 명맥이 끊어진다. 따라서 그 두 집단과는 달리 자세한 계통이 밝혀져 있지 않다. 참고로 서부 만주의 동호계는 몽골어(Mongolic)를 사용하는 몽골계로 분류되고 동부 만주의 읍루계(숙신계)는 퉁구스어(Tungusic)를 사용하는 퉁구스계로 분류가 된다(C/ TMT). 다시 말해서 만주(9) 지역의 다른 두 집단은 알타이언어(C)(TMT) 사용 집단에 속한다. 반면 예맥계가 그 언어 사용 집단에 속하는지 여부는 분명치 않다. 현재 예맥계는 그 집단의 유전자 분석조차 가능하지 않은 상태다. 만일 예맥계의 계통이 밝혀진다면 다소 연구에 도움을 줄 수도 있겠지만 큰 기대는 할 수가 없는 상황이다.

앞서 잠깐 언급한 바처럼 예맥계는 요녕계(B/ 2)와 부여계(B/ 2) 두 그룹으로 나눌 수 있다. 그 가운데 기원전의 요녕계(조선계)는 더 일찍 명맥이 끊어진다. 그들은 기원전 1000년대(1000~1년) 특히 그 후반에 발해연안(B/ 1)인 요동 지역에서 초기 국가(D)를 이루다가 한반도 서북부로 들어간 후 위만-조선과 한 4군(C)을 거치면서 점차로 한족(6) 집단과 혼합되고 이어서 다른 집단으로 흡수(D)된다. 기원후 외곽(D) 지역의 부여계는 그 일원(고구려계)이 만주 지역을 통합하면서 만주 지역 역사 공동체(C)의 시초를 열지만 고구려(5) 멸망 후에는 정체성을 상실하고 주변 민족으로 흡수되는 길을 밟는다. (주요 출처/ m/ 손동완 2020 a)

(외래설)

한민족 집단의 기원(D)에 관한 이론(부록 2) 연구사에서 외래설에 해당하는 논의도 적지 않았다. 외래설(외래적 정복설)은 한반도(7) 지역의 한민족이란 집단이 한반도의 외부에서 기원한다는 학설이다. 특히 북방설(부록 1)과 발해연안설(B/ 1)이 외래설의 대표 격인데 각각 시베리아(10)와 발해연안(B/ 1)이란 지역을 대상으로 하는 이론이다. 그 외에도 부여(아래) 지역을 주목하는 이론도 있고 해양(8)을 지목하는 이론도 있다. 참고로 외래설 즉 외래적 정복설과 대비되는 용어는 내재론(e) 즉 내재적 발전론이다. '외래설 대 내재론'이란 분류는 다른 곳에서도 언급이 된다.

먼저 시베리아(10)는 북방설(부록 1)의 북방의 실제의 내용이다. 유라시아 대륙의 북쪽에 해당하는 시베리아는 의외로 한민족 집단의 기원 이론에서 중요한 부분이 되어 왔다. 원래는 북방 시베리아(c)의 문화를 중심으로 해서 그 문화를 가지고 들어가는 민족 집단(고-아시아족과 퉁구스인)을 설정하는 이론이었지만 얼마 전부터는 북방 시베리아의 유전자(형질 또는 유전자)를 강조하는 이론이 득세하고 있다. 하지만 현재 그 지역은 한민족 집단의 기원(D)과는 점점 더 먼 곳이 되어가고 있다. 아직까지 그 지역이 사람들로 하여금 가슴이 뛰게 하는 그 무엇이긴 하지만 이제는 진실을 맞이할 때가 된 듯하다. 그 지역 대신 비-시베리아(9)의 다른 북방이 부상하고 있다.

다음으로 발해연안(B/ 1)은 발해 바다에서 그 북쪽 연안인 요녕성의 요하 유역과 그 인접 지역(내-몽골)을 말한다. 한반도의 한민족 집단이 먼 시베리아(10) 지역에서 기원하는 것이 아니라 그보다 가까운 데인 발해연안에서 기원할 것이란 주장이 나오는데 기원전 3000년 그 이전의 신석기 문명('요하 문명')을 주목하기도 한다. 하지만 그 지역의 신석기 문화보다는 청동기 문화가 한반도 지역과 훨씬 더 관련성이 높다(B/ 1). 다만 그 청동기 문화 집단(조선계)은 한민족 집단과 제한적인 관계가 있다는 것도 사실이다. 그 집단(조선계)은 한반도 서북부로 들어가지만 그곳에서 위만-조선과 한 4군(C)을 거치면서 한족(6)과 혼합이 되고 이후 정체성을 잃기 때문이다.

그다음으로 부여는 현재 중국 동북(만주)의 중앙부쯤인 길림성 장춘시('지급' 부성급)/ 길림시('지급')의 어느 지역인데 기원전후 시기에 북부여가 있었던 곳이다. 기원후에 활발히 활동하는 부여계(예맥계의 하위 집단이다)란 민족 집단은 바로 그지역에서 시작된다. 부여계는 만주 지역 최초의 통합국가인 고구려(5)를 세우기도 하고 한반도 서남부에서 백제란 나라를 세운다고도 하지만 각각 말갈계 국가(발해)와 3한계 국가(신라/ 대-신라를 말한다)로 대치되고 이후 그 민족 집단의 명맥이 끊긴다. 현재는 그들이 어느 계통의 민족 집단인지를 가리는 유전자 분석조차 가능하지 않은 상태다(9)(C/ 예맥계).

마지막으로 해양(8)은 한민족 집단이 한반도의 북쪽인 북방이 아니라 그 남쪽인 남방(아래)에서 기원한다는 이론의 남방의 구체적인 내용이다. 한반도의 청동기시대에 남방 해양(8)(c) 문화를 가지고 해로로 한반도로 들어간다는 이른바 해양계가 전제가 된다. 하지만 그 해양이 구체적으로 어느 지역이고 해양계는 어떤 집단인지는 불분명하다. 한민족 집단의 기원 이론에서 '시베리아의 북방' 대 '해양의 남방'이란 고전적인 가설(김병모 1992)은 그 틀 자체가 유명할 뿐 그 구체적인 내용은 그다지다. 해양과 남방이란 용어는 서로 통용이 되고 있기는 하지만 '남방계', '남방계 몽골로이드', '남방계 한민족'이란 말은 주의해서 사용해야 된다(c). (주요 출처/ R 1, R 2, R 3, R 4/ 손동완 2021 a)

(위만-조선과 한 4군)

  고려조 후기의 저작인 "제왕운기"(1287)에는 3조선에서 한 4
군(-108~313)을 거쳐서 3한(3국)으로 가는 과정이 나름대로 정
연하게 나와 있다. 3조선(A/ 4)은 단군-조선/ 기자-조선/ 위
만-조선인데 마지막의 위만-조선(-194~-108)을 정복한 한 4군
이 3조선과 3한 또는 3국을 이어주는 역할을 하는 셈이다. 그
보다 조금 더 이른 시기에 나온 "삼국유사"('기이제일')에서는 '2
부'(평주도독부와 동부도위부를 말하는데 한 4군이 나중에 2부로
편제된다) 다음에 나오는 '72국' 조에서 그 부분이 다뤄진다.
여하튼 "제왕운기"(권하)에서는 한 4군 기사(3조선 기사 다음에
나온다)에서 3한(진/ 마/ 변) 또는 3국(나/ 여/ 제)과의 관련 문제
가 다뤄진다.

  한 4군(-108~313)은 기존의 한국사에서 아픈 손가락이 아닐
수 없다. 신채호 계열의 유사 역사학(D)에서는 북쪽의 한 4군
을 남쪽의 이른바 임나일본부와 동일한 반열에 놓고 그 두 가
지 모두가 이른바 식민 사관을 강제하는 그 무엇으로 몰고 간

다. 그것은 위만-조선(-194~-108)이 그나마 조선계(B/ 1)와 한족(6)의 연합 국가라 할 수 있는 데 반해서 그 후속체인 한 4군은 완전히 중국 한족의 지배를 받는 체제이기 때문일 것이다. 하지만 한 4군은 임나일본부와는 달리 "사기" 같은 중국의 정사뿐만이 아니라 고려조 후기의 "삼국유사" "제왕운기"에도 나오는 만큼 함부로 삭제해 버릴 수 있는 존재는 아니다.

"제왕운기"(권하)에는 '한 4군에서 3한까지'의 과정이 설명이 되는데 상당히 사대적인 면을 보인다. '이치가 스스로 끊어졌다'(理自絶), '풍속이 점차 얄팍해져서'(風俗漸醨)란 말이 상징하듯이 그 과정을 부정적으로 파악하고 있다("삼국유사"에서는 '법령이 점차 번거로워져서' 法令漸煩 로 나온다). 그리고 3한의 70여 국을 '나라를 칭하고'(稱國) '서로 침략한다'(相侵凌)는 식으로 비판적으로 본다. 심지어는 그러한 과정이 한무제의 원래의 뜻이 왜곡되어 백성들을 해롭게 하는 현상으로 보기까지 한다. 그런데 그 저작에서는 3한의 70여 국을 현재의 3한(7) 지역뿐 아니라 그 북쪽의 여러 정치체까지 넣어서 파악한다(물론 그것은 고려조 전기의 3국설의 영향이다).

또 하나 흥미로운 것은 '한 4군에서 3한까지'를 사대적인 관점에서 보고 설명하는 바로 그곳에서 단군-기원(A/ 1)설의 가장 중요한 문헌적 근거가 나온다는 것이다. 3한의 70여국 가운데 대국(부여, 비류, 시라, 고례, 남북 옥저, 예맥)은 '그 세계가 역시 단군에서 이어진다'(世系亦自檀君承)는 구절이 바로 그것이다. "삼국유사"에서도 한반도(7)와 주변 지역의 여러 민족 집단이 열거되지만 그들과 단군과의 관련이 명시적으로 제시되지는 않는데 비해서 "제왕운기"에서는 그 지역의 주요 집단인 대국을 이루는 부여, 비류, 시라(이후의 신라), 고례(이후의 고구려), 남북 옥저, 예맥(C/ 예 맥 또는 예맥)이 단군에서 기원한다고 나와 있다.

여하튼 "제왕운기"에서 3조선과 3한(3국)을 연결하는 과정에서 그 사이에 있는 '한 4군'을 넣어서 설명을 시도한 것은 평가할 만하다. 하지만 '한 4군에서 3한까지'는 위에서 제시한 설명만으로는 부족하다. 왜냐하면 그것은 상당히 유교(D)적인 도덕이 개입된 피상적인 설명일 수 있기 때문이다. 그 사이에 뭔가 실제적인 매개가 필요하다. 이른바 조선계설(B/ 1)과 한족계설(B/ 1)은 그것과 관련이 있다. 조선계설("삼국유사"의 72국 조에서 조선계가 등장한다)은 위만-조선을 이루는 한 축인 조선계의 유민이 한반도 남부인 3한(7) 지역으로 가서 그 지역의 국(D) 또는 국의 집합인 3한(마한, 진한, 변한)을 성립시키는 데 큰 역할을 한다는 이론이다. 한족계설은 다른 한 축인 한족계가 3한의 주축이 된다는 이론이다. (주요 출처/ T 4/ 2020 b, 2021 a)

(전통설)

한반도(7) 지역의 두 번째 통합국가(D)인 고려조(918 또는 935~1392)는 "삼국사기"(1145)란 저작을 통해서 이른바 후-3국에서 3국(A/ 3)으로 바로 올라간다(소급). 사실상 고려조로서는 3국 그 위의 기원(D)을 추구해야 할 이유는 별로 없다. 왜냐하면 고려조에게는 (후-3국) 통합의 이데올로기(손동완 2018)가 무엇보다 중요한 것이고 그들의 기원을 "삼국사기"의 3국으로 규정하는 것만으로도 충분하기 때문이다. 말하자면 '신라/ 고구려/ 백제'의 기원을 각각 그 시조 왕인 '혁거세거서간/ 동명성왕/ 온조왕' 위로 소급해서 올라갈 필요가 없다는 것이다. 하지만 고려조 후기의 정치적 상황은 다른 방향을 요구한다.

고려조는 그 존속 기간 내내 만주(9)와 양계(3)에 걸친 북국(4, 5)인 요, 금, 원과 대치한다. 고려조 전기는 요, 금 양국을 적절한 선에서 잘 관리해 왔지만 후기에는 원(원제국)의 지배하로 들어가게 된다. 그 과정에서 "삼국유사"(1281) "제왕운기"(1287) 두 권의 책을 통해서 앞의 후-3국 3국 '소급'에 이어서 다시 '재-소급'하는 방향으로 간다. 먼저 "삼국유사"(권1 '기이제일')에서 3국 이전의 한반도와 그 주변의 여러 정치체(위만-조선/ 마한/ 2부/ 72국/ 낙랑국/ 북대방/ 남대방/ 이서국/ 5가야/ 북부여/ 동부여)를 나열하고(말갈 발해가 예외다) 그 맨 앞에 왕검조선(단군-조선)을 올려놓는다.

다만 앞의 "삼국유사"에서는 왕검조선을 세운다는 단군(A/1)과 다른 정치체와의 관련이 전혀 제시되어 있지 않다. 반면 "제왕운기"(권하)에서는 단군과 기타 정치체와의 관련이 구체적으로 나와 있다. 하나는 단군과 관련해서(세주) 여러 정치체가 단군의 후예(檀君之壽/ 後)라는 언급이 나온다. 다른 하나는 한 4군(C/ 위만-조선과 한 4군)과 관련해서 한 4군에서 3한(이후의 3국이다)으로 가는 과정을 설명하면서 '부여, 비류, 시라, 고례, 남북 옥저, 예맥'(대국)은 '그 세계가 역시 단군에서 이어진다'(世系亦自檀君承)는 구절이 나온다. 평양(D) 지역의 지역신(김한규 2004) 정도의 위상이던 단군은 고려조 후기의 정치적 상황과 맞물려서 '3국 공통'의 기원(D)으로 설정이 된다.

한민족 집단(7)의 기원(D)과 관련해서 '당대설 대 전통설' 이란 분류도 중요하다(A/ B). 당대설(B/ 1)은 '당대 3설' 또는 '수정 6설'에 해당하는 여러 이론이 있고 전통설은 바로 위에서 설명한 고려조에서 설정하는 두 단계의 이론이다. 다시 말해서 전통설 즉 고려설(손동완 2018)은 구체적으로는 고려조의 전기/ 후기를 지나면서 후-3국에서 3국으로(소급)/ 다시 3국에서 단군으로(재-소급) 올라가는 '소급 및 재-소급'(손동완 2018)설을 말한다. 고려조 전기의 "삼국사기"(1145)가 소급설을 대표하는 문헌이라면 후기의 "삼국유사"(1281) "제왕운기"(1287)는 재-소급설을 대표하는 문헌이다. (주요 출처/ 4, 5 / 손동완 2020 b)

(정복자 기원)

지구상에서 고도의 문명(C)을 기반으로 민족 집단(1)이 형성되는 예는 그다지 많지 않다. 그보다는 정복자 집단이 어떤 지역으로 들어가서 기존의 민족 집단과 혼합(C/ 혼합설)이 되어 형성되는 경우가 훨씬 더 많다. 일종의 정복자 기원 유형인데 지구상의 다양한 지역에서 그러한 유형이 나타난다. 중국(6)처럼 일단 고도의 문명을 기반으로 형성되는 민족 집단이 정복자 방식으로 확산되는 경우도 있다. 중국은 춘추-전국과 진 한제국을 거치면서 한족(6)이 형성되는데 그 과정에서 화북 지역에서 화중/ 화남 지역으로 그 집단이 팽창하면서 범위가 확장되고 마침내 지구상 최대의 인구 집단을 이룬다.

이른바 신대륙은 그곳 민족 집단의 기원(D)이 상당히 분명하다. 대 항해 시대 이후에 유럽인들이 정복자로 들어가서 현재의 집단을 이루기 때문이다. 그 가운데서도 북미 대륙과 호주 대륙은 이주민들이 그곳의 선주민을 거의 말살하는 방식으로 확장되어 현재의 민족 집단 구성을 이룬다. 다만 북미 대륙의 미국 쪽은 노예 무역으로 인해서 흑인 집단이 유입된다. 북미 대륙과 호주 대륙은 유럽에서 들어가는 백인 집단이든, 아프리카에서 들어가는 흑인 집단이든, 겨우 살아남은 선주민 집단이든 그 기원이 상대적으로 분명한 것이 사실이다. 다만 정복자와 기존의 집단이 혼합되는 유형이라 하기는 좀 그렇다.

남미 대륙도 기본적으로 북미 대륙이나 호주 대륙처럼 유럽의 이주민들이 정복자로 들어간 경우이긴 하지만 그 두 대륙과는 약간의 차이가 있다. 왜냐하면 남미 대륙은 다른 두 대륙에 비해서 정복자 집단과 선주민들의 혼합(C/ 혼합설)이 널리 진행이 되기 때문이다. 남미 대륙은 스페인 또는 포르투갈의 백인과 현지의 선주민의 혼혈인 메스티소의 비율이 상당히 높다. 그래서 위에서 정의한 정복자 기원 유형에 더 가까운 편이다. 남미 대륙에는 물론 열대 우림 지역이 많아서 오지에 다양한 부족으로 구분되는 민족 집단이 남아 있고 아프리카에서 유입되는 흑인 집단과 그들과 백인 또는 선주민 간의 혼혈 집단도 있다.

구대륙인 유럽도 전형적인 정복자 기원의 민족 집단 형성 유형을 보이는 곳이라 할 수 있다. 유럽은 빙하기(D)에 살아남은 그곳의 구석기 이래의 집단과 중동 지역에서 유입되는 농경(D) 문화를 가지고 들어가는 신석기인이 혼합되어 그 기층을 이룬다. 기원전 1000년대 그리스/ 로마 문명이 발생하고 이후 로마 제국이 원래의 켈트(골) 계열의 민족 집단을 지배하지만 그 이후에는 주로 북쪽의 게르만인이 정복자로 들어가서 지배자가 된다. 이어서 스칸디나비아의 바이킹 등도 정복자로 들어간다. 영국의 예를 들면 일찍이 로마 제국의 지배를 받은 이래 앵글족, 색슨족, 주트족, 덴마크인, 노르만인 등이 차례로 정복자로 들어간다.

게르만인 지배자들은 이후 문화적으로는 이른바 역-정복(D)을 당한다고 볼 수 있다. 특히 로망스어 권의 지배자들은 종교뿐 아니라 언어도 영향을 받는다. 그들은 로마의 종교인 기독교(가톨릭)로 개종할 뿐 아니라 로마 제국의 공용어인 라틴어가 세속화된 형태의 언어인 로망스어 계열의 언어(이탈리아어, 스페인어, 포르투갈어, 프랑스어 등)를 사용한다. 동유럽으로 들어가는 게르만계 또는 스칸디나비아의 바이킹 계열(러시아, 우크라이나의 루스족)의 지배자도 이후 동로마 제국의 문화에 역-정복당하는데 키릴 문자와 러시아 정교가 그것을 잘 보여준다. 그런데도 유럽 지역의 정복자들은 그들의 기원(D)이 분명한 편이다.

이미 기원전의 이른 시기에 정복자 기원 유형의 민족 집단 형성이 되는 지역도 있는데 기원전 15세기의 북인도가 대표적이다. 당시 북인도의 인더스강 유역(현재는 파키스탄이다)은 메소포타미아, 이집트에 버금가는 이른 시기의 문명이 발생한 지역으로 손꼽힌다. 그 지역으로 아리안족이 정복자로 들어가서 기존의 민족 집단을 지배하는 계급 사회를 이루는데 이후 인도의 카스트제로 이어진다. 그들 집단은 유럽계 언어(그들의 언어인 산스크리트어는 인도-유럽어의 초기 언어에 해당한다)를 사용하는 청동기 문화 집단인데 시베리아 남부의 아르카임 유적과 관련이 있는 집단이란 견해도 나온 바 있다(a).

그 외에도 7세기 이래 아라비아 반도와 북아프리카를 석권하는 아랍 민족, 10세기 중앙아시아에서 중부 유럽으로 들어가는 헝가리의 마자르족, 13세기 중국 서남 지역에서 인도차이나 반도로 들어가는 태국(수코타이)의 태족, 그리고 유라시아 대륙의 투르크족(아래)은 전형적인 정복자 기원 유형의 민족 집단이라 할 수 있다. 10세기까지 중국의 지배를 받다 독립한 뒤에 홍강 유역(하노이 주변)에서 점차 남쪽으로 확장하는 베트남도 일종의 정복자 유형을 보인다. 현재의 메콩강 삼각주 지역(호치민 주변)의 주민은 기존의 인도-차이나 반도 몽-크메르 계통의 민족 집단이 홍강 유역에서 내려오는 주류 민족인 비엣족과 혼합이 된 경우다.

앞에서 예를 든 투르크족은 동아시아 북쪽의 알타이언어 (C) 사용 집단의 하나인데 빙하기(D)에 동남아시아에서 '동중국 해안 → 일본 열도 → 사할린섬' 루트를 통해 아무르강으로 거슬러 올라간 집단(C/ TMT) 가운데 하나다. 그들은 다시 서쪽으로 중앙아시아와 아나톨리아 반도까지 이동하는데 그 지역의 이란계(페르시아계) 또는 아나톨리아인을 정복해서 정복자 기원 유형의 민족 집단을 이룬다. 아나톨리아 반도

(터키)의 예를 들면 투르크계는 유전자상의 비율은 10% 정도에 불과해서 외모는 거의 중동인화된다. 하지만 유전자적 소수화에도 불구하고 그 지역은 그들 정복자의 언어인 터키어(Turkish)를 사용한다. 이후 투르크족은 대부분 이슬람화된다.

한반도/ 일본 열도와 관련해서 정복자 집단을 전제하는 북방 기원(손동완 2020 a, 2021 b, c) 유의 기원설이 끈질기게 제기되어 왔지만 아직까지 이렇다 할 집단을 제시하지 못하고 있다. 그 두 지역은 정복자 기원 유형으로 민족 집단이 형성되는 지역(위)과는 다른 듯하다. 정복자 기원 유형으로 민족 집단이 성립되는 지역에서는 그 집단을 형성하는 주축(D) 집단이 분명히 드러나는 편이기 때문이다. 그렇다고 해서 그 두 지역이 고도의 문명(C)을 기반으로 민족 집단이 형성되는 이집트/ 중국(한족)/ 그리스/ 로마(이탈리아인)와 같은 유형도 아니다. 다만 그런 유형은 아니지만 그 지역(D)을 중심으로 해서 오랜 기간에 걸쳐서 민족 집단이 형성되는 것은 분명하다.

특히 한반도 지역에서는 주축 집단이 잘 드러나지 않는다.

한반도 지역의 한민족 집단과 관련해서 '시베리아계와 해양계'(10), '조선계와 한족계'(B/ 1), '부여계와 읍루계'(또는 고구려와 발해 국가)(5), 심지어는 '단군-조선과 기자-조선'(A/ 1, 2)까지 논의의 대상이 되지만 그들은 모두 엄밀한 의미의 주축 집단일 수는 없다. 만일 한반도가 정복자 기원 유형의 민족 집단을 이루는 지역이라면 어느 한 집단이 상대적으로 분명히 드러났을 것이다. 결국 앞의 집단들이 현재의 한민족 집단의 작은 구성 요소가 되었다 할 수는 있지만 그 집단들은 기본적으로 비-주축(손동완 2018) 집단에 해당된다. 그들에 비해서는 3한계(C)가 상대적으로 더 큰 역할을 한다. (주요 출처/ 2/ 손동완 2020 b)

(정통상전송)

　고려조 후기의 역사서인 "제왕운기"는 '권상'에서 중국의 역
사를 15단락으로 읊고 있는데 마지막에 '정통상전송'이란 단
락이 붙어 있다. 거기서 저자 이승휴(1224~1300)는 일종의 역
사상의 정통을 설정하는 계보(D)론을 제시하고 있다. 대략 전
설시대, 하상주, 진한위진, 송제량진, 수당 5대 조송, 금 원으
로 이어진다. 참고로 우리에게 비교적 익숙한 춘추-전국 시
대는 하상주의 주(서주/ 동주로 나뉜다) 가운데서도 동주에 속
한다. 진한위진의 진한은 춘추-전국 시대를 통일한 진(秦)제
국과 그 뒤를 잇는 한(漢)제국이고 위진의 위(魏)는 바로 "삼국
지"의 위/ 촉/ 오의 위나라이고 다른 진(晉)이 세 나라를 통일
한다.

　진한위진에 이은 송제량진은 중국의 이른바 남조(420~589)
에 해당한다. 진한위진 이후 중국 대륙은 북중국의 이민족
왕조인 북조/ 남중국의 한족 왕조인 남조 가 대치하는 이른
바 남북조(A/ 4) 시대가 전개된다. 이승휴는 북조(북위, 동위,

523

서위, 북제, 북주)를 정통으로 보지 않고 남조(송, 제, 양, 진)를 일단 정통으로 놓고 있다. 중국(6)에서 남조(한족 왕조)를 정통으로 놓는 것은 충분히 그럴 수 있는 상황이라 할 수 있지만 몽골 원(4) 중심의 역사(아래)를 구성하는 이승휴가 북조가 아니라 남조를 정통으로 놓는 것은 약간 이례적인 것이라 할 수도 있다. 남조는 백제와 교류하는데 그에 관한 기록도 남아 있다.

송제량진에 이어서 '수당, 5대, 조송(북송)'으로 넘어가는데 앞의 하상주, 진한위진처럼 별다른 논란이 없는 구간이다. 다만 이승휴는 최종적으로 여진 금(4)과 몽골 원(4)을 정통으로 보고 있다. 여진 금은 중국에서 원에게 길을 열어주는 역할을 하고 있다는 것이 정통 상전(相傳)하는 계보(D)에 들어간 이유일 것이다. 반면 만주(9)의 주요 북국인 요, 금, 원의 거란 요(4)는 계보에 없다. 거란 요 외에도 앞 시대의 이민족 왕조인 북조 특히 북위(386~534)가 정통에서 제외하고 있는 것(대신 남조의 송제량진이 들어간다)은 무엇보다 4세기 이래의 북위가 13세기의 원에게 큰 공헌을 하지 못하기 때문일 것이다.

"제왕운기"(권상) '정통상전송'의 계보(D)는 고려조 후기 몽골 원(4) 지배가 자리 잡아 가는 것을 의미한다. 이승휴는 말하자면 이제현(아래)과 같은 시각으로 몽골을 바라보고 그 시각으로 역사의 정통을 논한다고 할 수 있다. 고려조 후기를 대표하는 문장가 가운데 이규보와 이제현의 몽골에 대한 입장이 다르다고 한다(박종기 2015). '동명왕편'("동국이상국집")을 지은 이규보(1169~1241)는 대 몽골 항쟁기(1231~1259) 이전에 주로 활동한 인물이고 '동명왕편'(1222)은 자주적인 관점을 보인다. 반면 "김공행군기"를 지은 이제현(1288~1376)은 그 이후의 인물이고 원의 체제를 받아들인 다음의 인물인 이제현은 그 체제를 당연한 그 무엇으로 생각한다.

이승휴는 "제왕운기"의 첫머리인 '제왕운기 진정인표'에서 당시의 고려왕(원종의 아들인 충렬왕이다)이 원제국의 '천자의 누이'(天妹)를 비로 맞은 것에 엄청난 의미를 부여한 바 있다. 몽골 원 간섭기의 고려왕 또는 심양왕(만주 요양행성에서 그곳의 고려인을 통치하는 기구의 수장에게 내리는 칭호로 고려왕보다 높은 서열이었다)이 원 황실 내에서도 높은 서열을 차지하고 황실의 후계 구도에도 영향력을 행사한 것은 그러한 혼인이 가져온 결과라고 할 수 있다. 여하튼 고려조와 대치하던 북국 ⑷인 요, 금, 원의 금과 원을 정통으로 놓는 것은 지금의 관점에서는 상당히 놀라운 일일 수도 있다.

'정통상전송'의 북국 중심의 정통론은 당시의 세계 질서의 중심이었던 몽골 원⑷에 충실한 것이고 고려조 후기 몽골 지배하의 역사 인식을 잘 보여주는 것이긴 하지만 씁쓸하긴 하다. 또 하나 이승휴의 같은 저작(권하)의 한 4군 부분에서 보이는 사대적인 경향(C/ 위만-조선과 한 4군)은 바로 그 단락에서 보여주는 자주적인 경향(단군-기원설)과는 잘 어울리지 않는 것이라 할 수 있다. 물론 고려조 후기의 두 역사서(둘 다 단군-기원설의 문헌적 근거가 된다)(A/ 1) 가운데 불교적인 사적을 많이 수록한 "삼국유사"보다는 유교적인 시각이 더 많이 들어간 "제왕운기"가 더 보수적일 수밖에 없다는 한계가 있다.

세계 제국인 원의 치하에서 고려조는 국가를 유지해서 일종의 제후국의 지위를 보장받지만 사실상 국가와 비-국가 사이의 회색지대라는 평가도 받는다(이삼성 2009). 여하튼 고려조는 그 과정에서 원제국의 부마국이 되고 그 조정에서 어느 정도 영향력을 행사하는 위치에 서기도 한다. 그리고 그 구성원들은 그 이전의 대 몽골의 항쟁을 과거사로 돌리고("김공행군기") 초국적인 인식을 가지게 되었는지도 모른다. 그러한 제국의 하위 단위로서의 초국적인 인식은 한때 문학에서도 다뤄진 바 있는데 1990년대 당시 유행하던 세계화 담론과 관련하여 갑자기 몽골 지배하의 고려조가 등장한다. 이어서 몽골과 남한이 연방 국가로 통합해야 한다는 주장(황석영)도 나온 바 있다. (주요 출처/ R 6의 3/ 손동완 2021 a).

(지역론)

지역론이란 용어는 원래 한반도의 한민족 집단(7)의 기원
(D)에 관한 다양한 이론을 좀 더 간략하게 분류할 수 있는 틀
을 제시하려는 의도에서 나온 것이다(손동완 2020 b/ 기원 이론
2/ T 5). 물론 그 틀로 그 분야의 다양한 이론을 다 담을 수는
없겠지만 그 단면을 한번 잘라 볼 수는 있을 듯하다. 한민족
집단이 한반도 외부에서 기원한다는 외래설(C)도 그러한 분
류에 상응하는데 시베리아/ 발해연안/ 부여/ 해양이란 지역
이 바로 그것이다. 그 반대 입장이 내재론(e)이라 할 수 있는
데 그 이론은 한반도(7)의 평양(e) 또는 3한 지역(7)을 대상으
로 하고 있다. 이하에서 그 여섯 지역에 관해서 간략하게 살
펴본다.

우선 평양(e)은 현재의 북한의 수도이자 문화적 중심지인데
한민족 집단(7)의 본토 기원설 즉 본토설(C)의 무대이기도 하
다. 20세기 후반에 평양과 그 주변에서 고-인골(화석 인골)이
발굴되는데 북한 학계에서는 그 지역에서 구석기인이 고인/

신인을 거쳐서 신석기인인 조선옛유형사람(e)으로 진화한다는 도식을 내놓는다(C/ 본토설). 중국, 일본에서도 시도되는 그러한 방식의 모형론은 문제가 적지 않다. 그리고 북한은 그 과정에서 조선 민족(한민족)은 그 혈통이 '단일' '단혈'하다는 단혈성론을 주장한다(e). 그것은 폐쇄적인 북한 사회에서 주체 사상을 뒷받침하는 논리의 하나이기도 하다. 또한 평양은 단군 신화(A/ 1)의 본거지이기도 하다("삼국유사" '기이제일').

다음으로 3한 지역(7)은 대략 한반도의 중남부에 해당한다. 한반도(7) 특히 그 중남부는 중국(중원)(6)은 물론 만주(9)에서도 어느 정도 떨어져 있으면서 종심(depth)이 꽤 깊은 지역이다. 그러한 지리적 장점이 오랜 기간에 걸쳐서 하나의 민족 집단이 형성(C/ 형성론)될 수 있는 조건을 만들어 준 셈이다. 바로 그 지역에서 기원전 1000년대(1000~1) 무문인(D)의 초기 농경(D) 사회를 바탕으로 발생하는 국(D)이 여러 단계를 밟아서 이루어진 최초의 한반도 지역 통합국가(대-신라)가 고려 조선 양조로 이어지면서 정치적 통합(D)과 문화적 융합(D)을 통해서 한반도(the Korean Peninsula)의 한민족(Koreans)이 형성된다.

이상의 평양과 3한(7)을 제외한 시베리아/ 발해연안/ 부여/ 해양 지역은 앞서 말한 바처럼 기원 이론상 외래설(C)의 대상이 된다. 그 가운데 시베리아(10)는 해양(8) 지역과 함께 언급이 되는 경우가 많다. 왜냐하면 그 두 지역은 각각 북방설(부록 1)과 남방설(c)의 대상이 되기 때문이다. 빙하기(D) 이후 신석기 청동기 양 시대의 시베리아/ 해양이란 두 지역은 각각 북방설/ 남방설의 북방/ 남방을 의미하기도 한다. 하지만 '시베리아의 북방' 대 '해양의 남방'이란 고전적인 틀(김병모 1992)은 '틀 그 자체'가 유명할 뿐 그 구체적인 내용은 그다지 설득력이 있는 것은 아니라고 할 수 있다.

한편 발해연안(B/ 1)과 부여(C/ 외래설)는 만주(9)에 속하는 지역이다. 각각 기원전의 청동기 문화/ 기원후의 철기 문화를 통해서 한반도(7) 지역과 연관이 된다고 여겨진다. 하지만 그 두 지역의 예맥계(C) 집단인 요녕계(조선계)/ 부여계는 현재의 한민족 집단(7)과 제한적인 관련이 있을 뿐이라고 할 수밖에 없다. 기원전후 시기의 한반도 북부와 남부(중남부) 사이의 교섭(D)을 가정하는 이론에서 등장하는 이른바 소문자 n 3(C)

집단도 그들 집단과 관련이 있다. 그 가운데 하나인 발해연안의 조선계(B/ 1)는 이후 한 4군(C/ 위만-조선과 한 4군)과 3한 지역을 연결시켜 주는 집단으로 제시되기도 하지만 그 이론은 문제가 적지 않다. (주요 출처/ T 5/ 손동완 2020 b, 2021 a)

(한반도 3조)

　3한 지역(7)에서 오랜 기간에 걸쳐서 이루어진 3한 복합체
(C)는 이후 한반도 3조인 대-신라, 고려조, 조선조로 이어진
다. 한반도의 한민족 집단(7)은 그 세 국가(왕조)를 거치면서
형성이 된다(서설). 동국 또는 한국 또는 남국(C/ 동국 한국 남
국)으로 분류되는 그 세 국가(왕조)는 북쪽의 북국(4, 5)인 발
해, 요 금 원, 청 등의 국가와 대치하면서 점차 정체성을 확보
해간다. 일종의 '대 북국 체제'(2)라 할 만하다. 이상에서 언급
한 한반도 3조란 기간(676~1910)은 한민족 집단의 형성기(D)에
해당한다. 그 이전은 선-형성기(D)라 할 수 있다(2). 한편 '형
성기 이후'에 해당하는 20, 21세기는 한반도에 대륙이 아니라
해양(8) 지역이 본격적으로 영향을 미친다.

　(대-신라) 한반도 남부(중남부)에서 3한 복합체(C)란 모태(D)
가 형성된 데에는 사로(e)란 집단의 역할이 절대적이라 할 수
밖에 없다. 3한 지역은 기원전 1000년대의 오랜 기간을 지나
서 기원전후에 드디어 소정치체 국(D)이 성립한다. 그중의 하

나인 경주 평야의 사로국은 3한 전체를 통합하는 대장정을
한다. 그 기간이 바로 3한 통합기(1~676)에 해당하는데 국의
'연맹과 병합'(이종욱 2002) 그리고 고대 국가로의 도약, 다른 고
대 국가의 병합이라는 긴 과정을 밟는다. 그 기간 역시 단순
히 3한 지역 내의 경쟁뿐 아니라 주변의 동아시아 지역과의
교류(c) 교섭(D)이 이뤄지는 복잡다기한 과정이 있었다.

사로와 그 후예인 신라는 한반도 동남부의 외진 지역에서
출발한다. 하지만 낙동강/ 소백 산맥/ 한강 유역 이란 3중의
방어막에 둘러싸인 지역에서 상당 기간 결정적인 파국을 빗
겨가면서 나름대로 힘을 비축해서 서서히 낙동강을 건너고 소
백 산맥을 넘어서서 그 위로 잠식해간다. 그리고 국제 정세를
잘 활용해서 부여계(B/ 2) 국가를 차례로 무너뜨린 다음 중국
(6)(당)과 만주(9)(발해)와도 적절한 선(대동강에서 원산만까지)에
서 타협하는 방식으로 실리를 취해서 대-신라(676~935) 시대
를 연다. 일단 한반도 중남부를 굳히고 나서 이어서 그 후속
국가(고려조와 조선조)가 양계(3) 지역으로 점차 확장되어 간다.

대-신라(이종욱 2002)란 용어는 물론 대-사로(great Saro)란 개념의 연장선상에 있다고 할 수 있다. 다시 말해서 사로 → 대-사로(신라) → 대-대-사로(대-신라)로 확장되어 간다는 것이 전제가 되어 있다. 무엇보다 대-신라(통일-신라 또는 후기-신라)는 3국(A/ 3)보다는 3한(7)이란 용어와 더 정합성을 가지는 것이라 해야 한다. 반면 '통일-신라'란 용어는 이른바 3국을 통일한 신라라는 미완의 과제에 대한 아쉬움이 담긴 그다지 적절하지 못한 용어인 듯하다. 그리고 후기-신라는 '신라/ 고구려' 그리고 '후기-신라/ 발해'라는 북한의 도식(5)에서 필요한 용어인데 서로 양립(손동완 2018)하기 힘든 3국(A/ 4)설과 남-북국(A/ 4)설을 뒤섞어서 만든 것이다.

(고려조와 조선조) 고려조(918 또는 935~1392)는 그 자신이 그 바로 앞 시대인 7, 8, 9세기의 남국(대-신라)과 북국(발해)을 통합한 국가라고 인식하지는 않았다. 유득공의 주장("발해고" '서')과는 상관없이 고려조는 그 존립 기간 내내 북쪽의 북국(4)인 요, 금, 원과 대치했다는 것이 진실이다. 중국의 수 당제국(중국 대륙의 북조와 남조를 통합한 국가다) 같은 요건을 충족

시키지 못한 고려조로서는 그러한 인식이 당연한 일이었을 것이다(A/ 4). 고려조는 그 앞의 대-신라(676~935)를 이은 후속 국가인 것은 분명하지만 정치적인 이유로 해서 그 자신이 단순히 대-신라를 이은 국가는 아니라는 설정을 한다.

무엇보다 고려조는 이른바 후-3국 기인 후-신라(북한의 '후기-신라'와는 다른데 그 '후기-신라'의 마지막 부분에 해당한다)/ 후-백제/ 후-고구려를 통합한 국가라는 '통합의 이데올로기'(손동완 2018)를 내세워서 정통성의 근거로 삼기 때문이다. 그래서 후-3국의 기원(D)이 바로 3국(A/ 3)이라는 후-3국 3국 소급(D)설을 기획하고 "삼국사기"(1145)란 역사서를 편찬해서 갑자기 기원전 1세기로 거슬러 올라간다. 그 체계에서는 발해(5)는 당연히 제외된다. 그뿐 아니라 고려조가 후-고구려(901~935)의 후신임을 주장해서 사실상 '대-신라 지우기 또는 뛰어넘기'(손동완 2018)를 시도하고 있다.

어떻게 말하면 고려조는 실질적인 3한(대-신라) 계승과 명목상의 후-고구려/ 고구려 계승 사이에서 아슬아슬한 줄타

기를 한 셈이다. 하지만 고려조의 역사 기획(A/ 4)과는 상관없이 현재의 한반도의 한민족 집단(7)은 한반도 남부(중남부)에서 3한 복합체(C)를 모태(D)로 해서 대-신라/ 그 뒤를 잇는 고려조/ 고려조와 상당한 연속성(아래)을 가지는 조선조란 '한반도 3조'(C)를 통해서 형성(C/ 형성론)이 된다는 것은 이론의 여지가 없다. 물론 대-신라와 고려조도 단절적이지 않다. 그것은 고려 태조가 행한 대-신라 말기 각지의 호족과의 혼인과 대-신라 마지막 왕 경순왕(김부 대왕) 대한 대우 등을 통해서도 충분히 알 수 있다.

역사 학계에서는 고려조와 조선조의 관련에 대해서 그동안 역성(易姓) 혁명이란 용어에 매몰되어 그 단절성을 확보하는 데 치중했지만 현재는 그 연속성(D)에 주목하는 이론이 나오고 있다(2). 그리고 고려조가 불교를 중시한 것은 맞지만 정치 체제란 면에서는 일찍부터 유교(D) 이데올로기가 지배해 온 것이 사실이다. 고려조 전기인 광종 때의 과거제 도입은 말할 것도 없고 그 이후의 기자(A/ 2) 관련 인식도 그런 면을 잘 보여준다. 그리고 유교적 관료제는 고려조와 조선조가 거의 별

다른 차이는 없고 제도사(D)란 면에서는 상당한 연속성을 보

여주고 있다. (주요 출처/ R 7의 3/ 손동완, 2021 a)

(한반도 3조 교섭사)

한반도 3조(C)는 676년에서 1910년까지 1200년이 넘는 오랜 기간에 걸쳐서 지속된다. 그 기간은 한민족 집단(7)의 형성기 (D)라 할 수 있다. 그 이전은 선-형성기(D)에 해당하고 20, 21 세기는 '형성기 이후'에 해당한다(2). 한반도 3조의 기간을 좀 더 세분하면 '대-신라기/ 고려 1기/ 고려 2기/ 조선 1기/ 조선 2기'로 나누어 볼 수 있을 듯하다(손동완 2020 a/ t). 각 시기 는 기본적으로는 대륙 방향으로 '중국/ 만주/ 한반도'(김한규 2004; 이삼성 2009; 손동완 2021 b, c) 세 지역과의 관련 속에서 교섭이 진행된다. 다만 '조선 2기'에 와서는 일본(8)과의 교섭 이 증대된다. 이어서 20, 21세기는 대륙 못지않게 해양(8)의 영 향력이 커진다.

(대-신라기) 한반도의 한민족 집단(7)은 한반도 남부(중남부) 3한 지역(7)의 3한 복합체(C)를 모태(D)로 한반도 3조(C)를 거 치면서 형성이 된다. 대-신라(676~935)는 한반도 3조의 초반을 이루는 시기다. 중국의 당제국과 연합해서 고구려/ 백제를 멸

망시킨 신라는 드디어 대-신라(통일-신라 또는 후기-신라)를 이루지만 고구려(5) 영토 이상을 차지하려는 당에 맞서 상당 기간 저 강도의 전쟁을 계속하는 상황이 된다. 하지만 동쪽(대-신라)뿐 아니라 북쪽(돌궐), 서쪽(토번)까지 상대해야 하는 당 제국은 구 고구려 지역에 발해(5)가 들어서면서 적절한 선에서 멈추는 전략을 취한다. 대-신라는 당과 발해 그리고 바다 건너 일본(8)과 큰 마찰 없이 상당 기간 평화기를 구가한다.

(고려 1기) 후-3국 기를 지나 고려조(918 또는 935~1392)가 들어선다. 중국에서는 새로 성립한 한족 왕조인 송(960~1279)이 비교적 약체로 남고 이전의 말갈 발해(698~926)는 거란 요(907~1125)로 넘어간다. 거란 요(4)는 북중국의 연운 16주를 차지하고 남경(현 북경)을 설치한다. 이후 여진 금(1115~1234)(4)이 요를 대신하는데 북중국을 점령하고 수도를 중도(북경)로 옮긴다. 요/ 금 두 나라는 송을 압박하는 과정에서 후방의 고려를 적극적으로 밀어붙이지는 않는다. 고려조의 노련한 외교 정책과 약간의 무력이 받침이 되어 '송/ 요/ 고려' 또는 '남송/ 금/ 고려'는 어느 정도 균형을 이루고 일본(8)도 큰 움직임이

없는 시기다.

(고려 2기) 이후 몽골(원제국 이전인데 1206년 칭기즈칸이 '대-몽골 울루스'를 세운다)이 금을 정복하고 나서 남송(1127~1279)을 정벌하기 전에 고려에 침입한다. 1231년에서 1259년까지 긴 기간 동안의 전쟁 끝에 고려는 몽골 원(4)(원제국/1271~1368)의 제후국으로 남게 된다. 이른바 '원 간섭기'에 접어들면서 어느 정도의 독립을 유지하지만 그 대가도 적지 않았다. 하지만 세계 제국 원의 체제에서 어떤 면에서는 상대적인 평화기였다고 할 수 있다. 충렬왕이 원제국의 황실 일원이 되면서 좀 더 안정적인 지위를 확보했다고 볼 여지도 없지 않다. 이후 원제국이 초원으로 물러가고 명제국이 들어서는 한편 한반도의 왕조도 교체가 된다.

(조선 1기) 명제국(1368~1644)보다 조금 더 늦은 시기에 들어서는 조선조(1392~1910)는 일찌감치 사대 외교 정책을 택해서 국제 정세의 변화에 적응한다. 북쪽의 여진은 이전에 비해서 약체여서 명제국은 '건주위'를 설치해서 여진을 통제 하에 두

게 된다. 그래서 조선조는 전기에는 오랜 기간 동계(함경도)의 여진 부족과 남쪽의 왜구 정도의 소규모의 소란을 제외하면 상당한 평화기를 누렸다고 할 수 있다. 다만 양계(3)(평안도와 함경도)의 육군과 남해안의 수군은 전문적인 무관이나 무관 출신 수령의 관리 하에 있어 상대적으로 나은 상황이지만 기타 내륙의 육군은 형식적인 체제만 갖춘 것이라 불안한 요소를 내포하고 있었다.

(조선 2기) 1592년이 상징하듯 남쪽 일본(8)은 전국 시대를 지나면서 도요토미 히데요시가 일본 전역의 번을 통일하고 나서 명제국 정복의 전 단계로 조선을 침범한다. 그동안 큰 위험 요소는 아니었던 일본이 패권 세력화를 노리는 이른바 해양 세력(8)으로 등장하게 된다. 준비가 거의 없던 내륙의 육군은 처참하게 밀려서 한양과 평양을 단시간에 내어주고 명의 원군이 들어오면서 장기전으로 들어간다. 결국은 일본이 물러나지만 얼마 지나지 않아서 북쪽의 여진(누르하치의 후금)이 명을 교체(1644)하는 과정에서 한반도는 또다시 전화에 휩싸이고 조선조는 또 한 번 국가적 수모를 당한다.

일단 조선을 굴복시킨 뒤 중국(6)을 차지하고 이후 주변의 몽골/ 위구르/ 티베트까지 점령한 청제국(1616~1911)은 후반으로 가면서 약화되어 19세기로 접어들면서 서양 세력에 밀리게 된다. 서양과 맺은 여러 조약들이 말해주듯이 청제국이 쇠퇴일로를 걷는 사이에 앞의 해양 세력 일본(8)은 청-일/ 러-일 전쟁 등을 통해서 세력을 확장하고 급기야는 조선을 식민지화(1910)하여 점차 동아시아의 패권을 차지하게 된다. 일본은 만주국을 세우고 중국(6)을 침공하고 동남아시아까지 들어간다. 예상외로 강력한 해양 세력은 한반도 국가에 고려조 후기의 몽골 원(원제국) 이상의 시련을 안기게 된다.

(이후) 식민지 조선은 이후 일본(8)이 태평양 전쟁에 뛰어들고 또 다른 해양 세력인 미국(8)이 일본을 점령하면서 독립을 얻지만(1945) 남한/ 북한으로 분할된다. 일본은 평화 헌법을 채택하고 미국의 동맹이 되면서 이후 경제적으로 부상한다. 한반도는 구 소련(러시아)의 지원을 받은 북한의 남한 침입(1950)으로 3년간의 내전을 겪게 된다. 이후 미/ 소(구 소련) 또는 미/ 중(중화인민공화국)의 세력 균형 속에 남/ 북은 일부 국

지 도발을 제외하면 평화기로 접어들었다 할 정도로 안정을 찾는다. 이후 김일성, 김정일, 김정은으로 이어지는 북한(3) 정권과 이승만 이래의 남한 정권은 김대중 이후 남북 회담을 비롯한 화해 모드로 가지만 북한의 핵개발로 약간의 소요가 있다. (주요 출처/ t/ 손동완 2020 a)

(형성론)

어떤 한 민족 집단(1)이 누구인가, 라는 문제는 기원(D)보다
는 혼합/ 결합/ 형성(손동완 2020 a) 특히 형성이란 개념으로
설명하는 것이 훨씬 더 효과적일지 모른다. 말하자면 '민족
기원'보다는 오히려 '민족 형성'이란 용어가 더 중요한 것일 수
도 있다. 그렇다고 한다면 한민족의 기원/ 중국 민족(한족)의
기원/ 일본 민족의 기원보다는 한민족의 형성/ 중국 민족(한
족)의 형성/ 일본 민족의 형성이 훨씬 더 많은 것을 말해줄 수
도 있다. 물론 한민족/ 중국 민족(한족)/ 일본 민족은 각각 역
사 공동체(C) 한국(Korea)/ 역사 공동체 중국(China)/ 역사 공
동체 일본(Japan)과 뗄 수 없는 관련이 있고 그들 집단의 역사
(D)를 통해서 각각의 민족 집단(1)으로 형성이 된다.

먼저 중국 대륙의 다수 민족인 한족(6)은 기원전의 화북 지
역에서 황하 문명을 기반으로 성립되어 화중/ 화남 지역은 물
론이고 그 외의 지역으로도 확산이 된다(C/ 정복자 기원). 한
족은 중심 문명권의 민족 집단인 만큼 그 집단의 '민족 형성'

은 상대적으로 분명한 편이다. 그런데 비해서 일본 열도(8)와 한반도(7)는 현재는 상당히 동질적인 민족적 구성을 보이고 있긴 하지만 중국의 한족에 비해서는 '민족 형성' 과정이 분명하지 않은 것이 사실이다. 그 두 지역의 경우는 어느 시기에 어떤 집단이 혼합(C/ 혼합설) 되고 또 어떤 과정을 통해서 현재의 동질적인 민족으로 형성되어 왔는지 좀 더 자세히 들여다볼 필요가 있다.

그나마 일본(8)은 죠몬/ 야요이 두 민족 집단이 혼합되어 형성된다는 이론이 있고 시대구분(C)에도 적용이 된다. 반면 한국의 경우는 어떤 집단과 어떤 집단이 혼합되어 형성된다는 정설이 아직 없는 상태다. 여러 가지 혼합설(C) 가운데서는 4중 혼합설(B/ 2) 정도가 고려할 만하다. 그 외에 '단군-기원의 하위 집단(또는 예, 맥, 한)의 결합설' 또는 3국 결합설/ 남-북국 결합설 같은 이론이 있긴 하지만(C/ 결합설) 원형론을 전제한 연역(B/ 4)적인 방법에 기댄 것이라든가 또는 역사 기획(A/ 4)에 의거하는 것이란 한계가 너무나 분명하다. 그동안 제대로 된 '민족 형성' 이론이 나와 있지 않다고 할 수밖에 없다.

그 문제와 관련해서 선사시대 이래 한반도와 주변 지역의 다양한 민족 집단(1)을 주목해야 한다. 그들 가운데 한반도의 한민족 집단(7)의 형성과 관련이 있다고 여겨지는 집단은 여럿이다. 이른바 시베리아계와 해양계(10), 조선계와 한족계(B/1), 부여계(고구려)와 읍루계(발해)(5) 등도 거론이 된다. 다만 그들 집단이 한민족 집단의 형성 과정에서 어느 정도의 위상을 가지고 있나 하는 것은 잘 따져보아야 할 사항이다. 적어도 위의 집단이 주축(D) 집단이 아닌 것은 거의 확실하다. 그보다는 한반도 중남부의 3한계(C)가 더 핵심적인 역할을 수행한다고 할 수 있기 때문이다. 그들은 한반도 3조(C)로 이어지는 집단이다. (주요 출처/ d/ 손동완 2020 a)

(혼합설)

일반 대중에게는 남-북방계(D) 혼합설이 가장 잘 알려져 있다. 그 혼합설은 문자 그대로는 한반도의 한민족 집단(7)이 남방계와 북방계의 혼합으로 이루어진다는 간단한 주장이다. 여기서 남방계는 주로 남방계 몽골로이드를 말하고 북방계는 북방계 몽골로이드를 말하는데 '형질 및 유전자'(D)적 의미다. 물론 그 혼합설도 어느 특정 지역에서 몽골로이드가 형성이 되고 그들이 다시 두 부류로 분화가 되고 그 각각의 집단이 한반도와 주변 지역에서 다시 혼합이 된다는 여러 가지 전제가 들어가 있는 것이라 할 수 있다. 무엇보다 그 이론은 시대적인 배경이 거의 빙하기(D)와 관련이 되는 그야말로 멀고도 먼 이야기다.

남-북방계 혼합설은 기본적으로 바이칼론(b)이 전제가 된 것이라고 보아야 한다. 하지만 바이칼론은 제대로 증명이 된 이론이라 기보다는 '추위와 형질'(b)이란 대체적인 추측에 따른 것이고 GM 유전자론(Matsumoto 1985)이 그것을 증명하는 이론이라고 보기도 상당히 힘들다. 그리고 앞서 말한 그 복잡한 과정이 제대로 설명이 되고 있지도 않다. 무엇보다 그 혼합설은 이른 선사시대의 일부만 다룬다는 시간 범위(b)상의 한계가 너무나 뚜렷한 이론이라고 할 수밖에 없다. 일반적으로 구석기시대 또는 신석기시대에 어떤 민족 집단(1)의 기원(D)을 논하기는 무척 힘들다는 것이 팩트인데 한반도(7) 지역도 예외는 아니다.

그다음은 러시아 연해주의 '악마의 문' 동굴인이 발견된 이후에 급부상한 선-후 남방계 혼합설이 있다. 그 이론은 동남아시아에서 연해주로 빙하기인 3~40000년 전에 수렵-채집인(이른바 '선-남방계'다)이 먼저 들어가고 10000년 전에 농경민(이른바 '후-남방계'다)이 그다음으로 들어간 후 연해주에서 두 집단이 혼합이 되고 다시 한반도로 내려온다는 주장이다. 무엇보다 그 이론은 서남아시아 또는 유럽 지역에서 통용되는 '구석기 대 신석기'/ '수렵-채집인 대 농경민'(D)이란 구도를 그대로 적용했다는 한계가 뚜렷하다. 더구나 연해주와 한반도(7) 지역은 농경(D)의 전개가 아주 늦은 지역이라서 유럽식의 구도를 그대로 적용하기 힘들다.

이동 루트 문제도 있다. 그 이론은 빙하기의 수렵 채집인과 그 이후의 농경민이란 집단 둘 다 현재의 동중국 해안과 발해연안(B/ 1)과 중국 동북(만주)을 넘어서 연해주까지 이동한다고 가정한다. 하지만 러시아 연해주의 '악마의 문' 동굴인은 빙하기에 거대한 내륙 호수(동해)를 우회해서 이른바 두 번째 루트인 '동중국 해안 → 일본 열도 → 사할린섬 → 아무르강' 루트를 통해서 들어간 '알타이언어-C3'(손동완 2018) 집단의 일부(울치족)다. 참고로 빙하기에는 중국 대륙과 한반도와 일본 열도가 서로 연결된 지형이었다. 그 이론은 동굴인이 발견된 연해주에다 모든 초점을 맞추다 보니 상당히 무리한 전제가 중첩이 된다고 할 수밖에 없다(손동완 2019/ 주석 9).

또 그다음은 4중 혼합설(B/ 2)이 있다. 그 이론은 간단히 말하면 한반도의 한민족 집단(7)이 '즐문인+무문인+요녕계+부여계'로 이루어진다는 접근이다. 한 연구자의 시대구분론(노혁진 1994)에서 추출한 그 이론은 한반도와 주변 지역의 신석기시대와 청동기시대의 여러 민족 집단의 상호 관계를 나름대로 잘 조합한 것이라고 할 수는 있다. 다른 혼합설이 빙하기 이전과 바로 직후(대략 10000년 전)의 이른 시기를 다루는 것과 달리 기원전 1000년대를 중심으로 논의가 진행된다. 그런 면에서는 상당히 긍정적이라고 보이지만 요녕계(B/ 2)와 부여계(B/ 2)의 비중이 과도하게 책정이 된다는 문제가 있다.

위의 이론이 대략 기원전 1000~1년 사이의 집단인 무문인(D)을 중심으로 한민족 집단의 '민족 형성'(C/ 형성론)을 탐색한다는 것은 꽤 진실에 가깝다. 무문인은 그 앞의 수렵, 채집, 어로 단계인 즐문인(한반도의 신석기인은 서남아시아/ 중국처럼 아직 농경 단계가 아니다)을 흡수(D)한다. 다만 기원전의 시기에 한반도의 무문인과 요녕 지역에서 청동기 문화를 가지고 들어가는 집단(요녕 청동인)이 복합사회 2(B/ 2)를 이룬다는 가설은 좀 더 증명이 되어야 한다. 더구나 그이후 부여계(B/ 2)가 북쪽에서 일종의 정복자 집단으로 들어간다는 설명도 문제다. 무엇보다 부여계보다는 3한계(C)가 한민족 집단 형성에 더 핵심적인 역할을 한다. (주요 출처/ T 5/ 손동완 2020 b, 2021 a)

(n 3)

기원전후(고고학상의 시대구분을 적용하자면 철기시대에 해당한다) 몇몇 집단이 한반도 북부(서북부)에서 한반도 남부(중남부)로 들어간다는 이론이 있다. 우선 조선계(B/ 1)와 한족계(B/ 1)가 그 후보군에 꼽힌다(아래). 다음으로 한강 유역의 십제(부여계)가 거론된다. 참고로 부여계는 예맥계(C)의 주요 하위 집단 가운데 하나인데 특히 북부여에서 졸본-부여(고구려의 전신이다)를 거쳐서 한강 유역으로 들어간다는 십제(D) 집단이 지목된다. 그 집단은 이후 한반도 서남부에서 고대 국가(백제)를 세운다고 여겨진다. 이상의 조선계, 한족계, 십제(부여계) 집단이 이른바 소문자 n 3(이전의 g 3 즉 group 3)다.

이른바 조선계설과 한족계설은 서로 짝을 이루는데 한반도 북부(서북부)의 위만-조선 또는 한 4군(낙랑군)이 멸망한 뒤 그 지역의 조선계(B/ 1) 또는 한족계(B/ 1)가 한반도 남부(중남부)로 들어간다는 설정을 하고 있다. 한족계는 문헌적 뒷받침이 약하긴 하지만 현재 한반도의 한민족 집단의 유전적 구성을 보면 그 가능성을 완전히 무시하기도 힘들다. 왜냐하면 Y-염색체 DNA(ⓒ) 하플로그룹 분석상 한민족 집단(⑦)의 유전자는 O3(한족은 이 계열이다) 유전자의 비율이 최대치인 45%를 차지하고 있기 때문이다. 물론 그것을 북중국설(박선주 1996)(⑩)로 설명할 수도 있지만 그것은 이른 시기(신석기시대)를 배경으로 하는 이론이란 약점이 없지 않다.

기원전후 한반도 북부(서북부)와 남부(중남부)의 정치적 상황은 "삼국유사"('기이제일')와 "제왕운기"(권하)의 인식이 그것을 대변한다. 바로 '한 4군이 3한으로 나누어진다'(ⓒ/ 위만-조선과 한 4군)는 언급이다. 당시 한반도 북부(서북부)는 대략 위만-조선을 지나서 한 4군으로 이어지고 그 남쪽인 한반도 남부(중남부)는 3한 지역의 소정치체인 국(ⓓ)이 활동한다. 그런데 한반도 북부(서북부)의 한 4군과 한반도 남부(중남부)의 3한(⑦)의 관계는 그사이에 어떤 설명이 필요한데 앞의 조선계와 한족계가 바로 그사이의 매개가 되는 집단이라 할 수 있다. 다만 졸본-부여에서 한강 유역으로 들어간다는 십제(부여계의 일파라 한다)는 한 4군과는 직접적인 관련이 없다.

3북(3北)이란 용어는 소문자 n 3(g 3)를 지칭한 적도 있지만 (손동완 2020 a/ w) 지금은 주로 대문자 N 3(9)를 말한다. 소문자 n 3가 기원전후 한반도 북부(서북부)에서 한반도 남부(중남부)로 들어간다는 세 집단인 조선계(B/ l) 한족계(B/ l) 그리고 십제(부여계) 집단을 지칭하는 반면 대문자 N 3는 이른바 북방-북국(4) 계의 범위에 들어가는 세 집단인 동호계(9), 예맥계(C)(9), 읍루계(9)를 가리킨다. 그들 집단은 이후 한반도(7)에 강력한 영향력을 행사한다. 양계(3) 지역도 오랜 기간 그들 대문자 N 3의 영향권 아래 있었다. 본서에서 3북이란 용어는 대문자 N 3(동호계, 예맥계, 읍루계)를 가리키는 용어로 사용한다. (주요 출처/ 삼론 2, 3/ 손동완 2018)

(TMT)

알타이언어(C)의 주요 하위 그룹인 투르크어(Turkic)/ 몽골어
(Mongolic)/ 퉁구스어(Tungusic)를 줄여서 'TMT'라 부른다. 그
중에서 첫 번째 T인 투르크어는 가장 넓은 지역에 분포하고
있고 언어의 종류도 가장 많다. 시베리아(10)의 야쿠트어(야쿠
트 공화국) 투바어(투바 공화국) 알타이어(알타이 공화국), 중앙
아시아의 카자흐스탄어(카자흐스탄) 우즈벡어(우즈베키스탄) 키
르키스어(키르키스탄), 중국 신강의 위구르어, 아나톨리아 반
도의 터키어(Turkish), 러시아 연방 볼가강 유역의 츄바시어(츄
바시 공화국) 타타르어(타타르스탄 공화국) 등이 주요 언어이고
그 외에도 수많은 언어가 있다. 이상의 투르크어를 사용하는
집단이 투르크계(투르크족)다.

투르크계는 원래의 아무르강 주변에서 몽골 고원 쪽으로
이동한 집단이다. 이후 그곳을 떠나서 시베리아 쪽으로 들어
간 집단도 있지만(야쿠트 공화국의 야쿠트족이 대표적이다) 대부
분은 중앙아시아를 거쳐서 아나톨리아 반도까지 이동한다.

그 과정에서 이란(페르시아)계 또는 아나톨리아인과 혼합이 되기도 한다. 특히 아나톨리아 반도로 이동한 집단은 형질적으로는 거의 중동 지역인화한다. 그 지역 인구는 그들 투르크계 유전자 비중이 10분의 1 정도에 불과할 정도지만 언어는 정복자인 그들의 언어(터키어/ Turkish)를 사용한다. 그들은 동로마 제국을 정복하고 오스만 투르크 제국을 세운 집단이다.

다른 TMT 계통의 언어 사용 집단(몽골계/ 퉁구스계)에 비해서 투르크계(이전의 돌궐 제국도 여기에 포함이 된다)는 한민족 집단(7)과 큰 관련이 없다(물론 혈연상의 '형제의 나라'도 아니다). 그것은 그 집단이 서쪽으로 이동하면서 한민족 집단과는 이렇다 할 접촉이 없었기 때문이다. 투르크계는 한민족 집단의 형성(C/ 형성론)과는 별다른 관계가 없는 집단이고 흉노계(그들은 계통이 분명하지 않지만 여기서 같이 논의한다)도 한반도(7)와 직접적인 관련은 없다. 다만 한반도의 어떤 집단이 그들의 위상을 수립하기 위해(부여계와는 다른 그 무엇임을 강조한다) 흉노계를 끌어들인 정황은 있다(문무대왕비)(e).

TMT의 두 번째인 M은 몽골어(Mongolic)를 말한다. 몽골어는 이전에 서부 만주의 동호계(9) 집단과 관련이 있다. 그런데 동호계의 초기 집단인 오환/ 선비와 그 이후의 거란(요)은 모두 다른 민족 집단에 흡수된다. 오환/ 선비(선비는 북조의 주력 집단이 된다)는 일찌감치 북중국의 한족(6) 집단에 흡수되고 거란은 여진 금(4)과 몽골 원(4) 또는 북중국의 한족에 흡수(D) 동화(D)되어 정체성을 상실한다. 그 외의 동호계 집단인 서부 만주의 실위 특히 몽올-실위(D) 집단은 투르크계가 떠난 현재의 몽골 고원으로 들어간다. 그들이 이후 그 지역의 여러 집단을 통합(칭기즈칸의 역할이 지대하다)하면서 몽골어 사용 집단이 부상하게 된다.

몽골어는 크게 봐서 할하-오이라트 하위 어군과 몽구오르 하위 어군으로 나누어진다. 할하-오이라트 하위 어군에 속하는 할하-부리야트 계통이 가장 큰 집단이다. 현재의 몽골(몽골리아), 중국의 내-몽골자치구('성급'), 러시아 연방 시베리아 연방관구의 부리야트 공화국의 언어가 거의 다 거기에 들어간다. 몽골어는 북중국과 러시아(칼미크 공화국) 등에서도 사용이 된다. 특히 북중국은 몽구오르 하위어군 계통이 많다. 감숙성의 난주(란저우)시('지급') 주변에는 그 계통의 언어를 쓰는 집단의 자치현(동향/ 보안 등)이 여럿 있다. 난주시 주변은 북중국에서도 C3 유전자 비율이 비교적 높은 지역인데 아마 몽골어 사용 집단과 상관이 있을 것이다.

하지만 몽골어 사용 지역 역시 한반도(7)와 비교적 멀리 떨어진 편이라 현재의 한민족 집단과 혼합이 있었을 가능성은 상대적으로 작다. 다만 몽골 원(이후의 원제국)이 고려를 침공해서 고려조가 원의 제후국이 되어 왕실을 비롯한 상층에는 교류가 적지 않았지만 전체적으로 볼 때는 매우 제한적인 범위의 영향이 있었다고 할 수 있다. 몽골 원(4)은 유라시아 대륙을 정복해서 대 제국 연합을 이루지만 워낙 인구가 적어서 최상층의 지배 계급만을 이루고 색목인(위구르, 탕구트, 아랍인 등)을 그다음의 지배 계급으로 삼아서 통치를 한다. 중국을 지배할 때도 '몽골인/ 색목인/ 한인(북중국)/ 남인(남중국)'의 지배 체제를 유지한다.

TMT의 또 다른 T는 퉁구스어(Tungusic)인데 20세기 전반 동북아시아 언어를 연구한 서양 학자들의 관심을 가장 많이 받은 언어라 할 수 있다(B/ 3). 퉁구스어 사용 집단은 위의 투르크어/ 몽골어 사용 집단과는 달리 원래의 아무르강 유역에서 가까운 지역인 러시아 극동 연방관구와 중국의 흑룡강성에 주로 분포한다. 시베리아 연방관구 쪽으로 들어가는 어웡키족 등은 예외적인 경우라 할 수 있다. 남부 어군에 속하는 만주족이 상대적으로 큰 인구 집단이다. 그 외에는 대부분 수렵 또는 어로 생활을 영위하는 작은 규모의 집단이다. 만주족의 비중이 큰 만큼 '만주-퉁구스어'라고도 부르기도 한다.

한민족 집단의 기원(D) 연구에서 북방설(부록 1)에서는 기원전 이른 시기 시베리아(10)의 청동기 문화를 가지고 한반도로 들어간다는 집단을 퉁구스인(D)이라 상정한 바 있다. 게다가 한민족 집단이 계통적으로 유사 퉁구스계(T')로 간주되면서 퉁구스란 용어는 주목을 받았다. 하지만 일찌감치 학계에서 반 퉁구스인론(김정학 1964; 김정배 1973, 2006)이 나온다(B/ 3). 특히 발해연안(B/ 1)의 청동기 문화 연구가 진척되면서 그 문화를 가지고 한반도로 들어가는 집단(요녕계 또는 조선계)이 부각되면서 퉁구스인론은 거의 폐기된다. 일본 학자들이 시작한 유사 퉁구스계(T')론도 거의 성립 가능성이 없어 보인다 (손동완 2019).

그렇다고는 하지만 현재의 한민족 집단(7)과 가장 밀접한 관련이 있는 알타이언어(C) 사용 집단은 퉁구스계라 할 수밖에 없다. 그들 집단은 주로 만주(중국 동북)와 그 주변을 근거지로 하고 있어서 특히 한반도 쪽과 접촉이 많을 수밖에 없었다. 특히 선사시대의 시베리아(10)가 아니라 역사시대의 동계(3) 지역의 여진계는 한민족 집단의 '형질 및 유전자'(D)에 상당한 영향을 끼친 집단이라 하지 않을 수 없다. 북방계 한민족(c)은 그들 집단과 관련성이 높다. 주로 O2/ O3 유전자형으로 구성되는 한민족 집단은 C3 유전자형의 비율이 10%를 조금 넘는데 퉁구스계 가운데서 여진계가 그 주요 원인일 듯하다. (주요 출처/ 1/ 손동완 2020 a)

(Y-염색체 DNA)

  '이전의 유전자 분석'(b)에 비해서 '최근의 유전자 분석' 특히 Y-염색체 DNA 하플로그룹 분석은 지구상의 어느 지역에 어떤 유형의 민족 집단(1)이 분포하는가에 대한 더 많은 정보를 줄 수 있다. 미토콘드리아 DNA 분석도 '최근의 유전자 분석'이긴 하지만 그보다는 Y-염색체 DNA 분석이 훨씬 더 많은 정보를 주고 있다. 현생 인류의 아프리카 기원설을 증명한 것으로 인정받는 두 DNA 분석이 물론 모든 면에서 완벽한 것은 아닐 수 있다. 특히 그 분석이 인종과 혈통을 다 구분할 수 있는 것은 아니다. 하지만 적어도 지구상의 특정 지역이 빙하기(D)에 어떤 집단이 도착해서 그 지역의 이른바 본토 유형(B/ 1)을 이루는가는 어느 정도 알 수 있다.

  예를 들어 동아시아(서아시아와 구분되는 의미다)의 경우 중국(6) 대륙과 동남아시아 그리고 한반도(7)와 일본 열도(8)는 기본적으로 O 계열의 Y-염색체 DNA 하플로그룹을 가진 집단이 다수를 이루고 있다. 또한 그 지역 가운데서 동남아시아가 다른 지역보다 유전적 다양성이 높다. 그래서 빙하기(D)에 서아시아의 해안을 따라서 동남아시아에 도달한 집단이 그곳에서 머물다가 다시 다른 지역으로 이동한 것을 알 수 있다. O 계열의 하위 집단 O1/ O2 /O3는 동남아시아에서 각각 인도-말레이 열도/ 한반도와 일본 열도/ 중국 대륙으로 들어간다. O2 유전자형은 O2a 형은 인도-차이나 반도/ O2b 형은 '한반도와 일본 열도'에 많이 분포한다.

　동남아시아 특히 버마(미얀마) 지역에서 중국 대륙으로 들어간다는 O3 유전자형은 현재 지구상의 최대의 인구 집단을 이룬다. 중국 대륙에는 여러 종류의 O3 형의 집단이 있지만 그중에서 한족(6)의 비중이 압도적이다. 한족은 황하 문명을 배경으로 나와서 점차 주변 지역으로 확장된다. 그 집단이 화북에서 화중/ 화남 방향으로 가는 추세도 유전자 분석으로 설명이 가능하다.(Wen 2004) 한족의 확장은 기본적으로 춘추-전국과 진 한제국을 거쳐서 한족의 남성이 남쪽의 변경으로 점차 이동하면서 현지의 여성들과 혼인하는 과정이 포함되어 있기 때문이다. 유전적 구성이란 면에서 기본적으로 남성의 이동이 더 결정적이다(다만 총 이동거리는 혼인 때문에 여성이 더 많다).

동아시아의 O 계열은 하플로그룹 분류상 F → K → NO → O 로 이어진다. O 계열은 간단히 말해서 O/ N/ Q/ R 계열과 같은 반열이다. O 계열과 함께 NO에서 갈라지는 N 계열은 주로 북극 주변에 분포하는 민족 집단이다. NO와 동렬인 P에서 갈라지는 Q 계열은 북미의 원주민 대다수가 거기에 속하고 역시 P에서 갈라지는 R 계열은 유럽의 주요 민족 집단을 구성하고 있다. 유럽은 R 계열 외에도 I 계열(IJ 계열의 하위 집단이다)이 있는데 그 두 계열이 유럽 인구의 대부분을 구성한다. 위의 F 보다 알파벳 순서가 빠른 A, B, C, D, E는 아프리카의 집단 또는 초기에 아프리카에서 이동한 집단이다. A, B 계열은 아프리카에서 다른 대륙으로 이동하지 않은 집단이다.

C, D, E 계열은 초기에 아프리카에서 나왔지만 E 계열은 다시 아프리카로 되돌아간다. 한편 C, D 계열은 이른 시기에 아프리카에서 나와서 서아시아의 해안을 따라 이동해서 동남

아시아에 도달하고 거기서 아시아 대륙의 각지로 이동한 집단이다. D 계열은 일부가 티벳으로 들어가고 다른 일부는 일본 열도로 들어가서 현재 일본 민족(8)의 유전자 구성상의 큰 부분을 이룬다. 특히 혼슈 동북부와 북해도는 그들 비중이 가장 높을 정도다. 한민족 집단(7)과 일본 민족(8)의 가장 큰 차이점도 바로 그 유전자의 비중이다. 규슈 지역은 O3/ O2b / D2 유전자 비중이 대략 1/ 3씩을 유지하고 있는데 혼슈, 북해도로 갈수록 D2 유전자형의 비중이 올라간다.

C 계열은 그 일부가 이른바 두 번째 루트 즉 '동중국 해안 → 일본 열도 → 사할린 섬'을 통해서 아무르강(흑룡강)으로 거슬러 올라간다(빙하기에 중국 대륙, 한반도, 일본 열도는 연결되어 있고 다만 수심이 깊은 동해는 거대한 내륙 호수를 이룬다). 아무르강 주변 지역(현재의 극동 러시아와 중국 동북)에 거주하던 그 집단은 이후 몽골 고원/ 중앙아시아를 거쳐서 아나톨리아 반도까지 이동한다. 신대륙으로 들어간 집단 못지않게 먼 거리를 이동하는 그 집단은 아프리카에서 러시아 연해주(극동)까지 이동하고 다시 역방향으로 서아시아(근동)까지 이동한 셈

이다. 그들은 알타이언어(C) 사용 집단으로 분류가 되는데 이른바 TMT(C)에 해당한다.

또 하나 동아시아의 본토 유형에 해당하는 O 계열의 유전자 집단이 '남방계인가 북방계인가'란 문제는 그다지 생산적인 것은 아닐 듯하다(c). 원래 '남/ 북'이란 것은 상대적이 개념이다. 동아시아의 민족 집단(1)이란 면에서 일차적으로는 O 계열을 그 중심으로 놓고 그 북쪽의 북방계(C 계열)를 설정하는 것이 훨씬 더 바람직할 것이다. 구태여 O 계열 가운데서 '남/ 북'을 구분할 필요가 있는지는 심각하게 검토해 볼 필요가 있을 것이다. 만일 그럴 필요가 있다면 기준이 O1 대 O2 O3 인지 아니면 O1 O2 대 O3 인지 아니면 O2의 하위 집단의 하나가 그 기준이 되어야 하는지 알 수 없다. (주요 출처/ 재론 5/ 손동완 2018)(World Map of Y-DNA Haplogroups.png)

D 용어 2

참고 문헌

(저자별)

강만길 1978 (이하 '연도별' 참조/ 아래)

강용남 1996

강인욱 2021

김병모 1981, 1992(1985)

김시덕 2015

김원용 1986

김자현 2019

김정배 1973, 1986, 2006

김정학 1964, 1966, 1990

김주원 1991, 2006

김택규 1996

김한규 2004

김호동 2016

노중국 2007

노태돈 1975, 1988, 1998, 2003, 2009 a, b

노혁진 1994, 1996

도진순 2001

리지린 1963

박대재 2006

박상란 2005

박선주 1996

박종기 2015

사회과학원 1977

사회과학원 1979~83

성백인 1996

손동완 2018

송호정 1999, 2005

신채호 1925, 1948

오영찬 2006

윤무병 1975

이삼성 2009, 2018

이선복 1991, 1996, 2003

이송래 2002

이전 2005

이종욱 2002, 2006

이현혜 1984

이형구 1989, 1990, 1991, 2004

임지현 2004

장우진 1987, 1989, 2000

장우진 리애경 1984

전장석 1959

전재현 1986

정광 2010

조동일 2010

조흥윤 1996

진태원 2011

천관우 1974
최몽룡 2006, 2008 a, b
최성락 1995, 2002
최정필 1991, 2006

한영희 1996

Anderson 1983

Deuchler 1992, 2015

Duncan 2000

Fugida 1930

Fusinian 1935

Jinyufu 1941

Jin(Chen) 2003

Lee & Hasegawa 2011

Matsumoto 1985

Nelson 1993

Nishidani 1982

Nishizima 1983

Rhee & Choi 1992

Schmid 2002

Shirokogoroff 1966

Siska 2017

Smith 1986

Wen 2004

Winston 2004

(연도별)

"상서대전"(권2)

"사기"(권38)

"한서"(권95)

"삼국지"(권30)

"후한서"(권85)

1145, "삼국사기"(권1, 13, 23)

1222, "동국이상국집"

1281, "삼국유사"(권1, 2, 3)

1287, "제왕운기"(권하)(권상)

1325, "김공행군기"

1485, "동국통감"

1777, "흠정만주원류고"(권1~7)

1784, "발해고"(서)

1800, "강역고"(권2)

1925, 신채호 1925, '전후 3한 고', "단재 신채호 전집" 상(개정판, 1977), 형설출판사.

1930, Fugida 1930, '櫛木文土器の分布に就きて', "靑丘學叢" 2.

1935, Fusinian 1935, '夷夏東西說', "慶祝崔元培先生六十五歲論文集"(출판사 미상).

1941, Jinyufu, "東北通史"(출판사 미상).

1948, 신채호 1948, "조선상고사", 종로서원.

1959, 전장석 1959, '조선 원시사 연구에서 제기되는 몇 가지 문제', "민속학 논문집" 2(평양).

1963, 리지린 1963, "고조선 연구", 과학원 출판사(평양).

1964, 김정학 1964, '한국민족 형성사', "한국 문화사 대계" 1, 고려대학교 민족문화 연구소.

1966, 김정학, 1966, '고고학상으로 본 한국 민족', "백산 학보" 1.

1966, Shirokogoroff 1966, *Social Organization of the Northern Tungus*, Oosterhout N H.

1973, 김정배 1973, "한국 민족 문화의 기원", 고려대학교 출판부.

1974, 천관우 1974, '기자 고', "동방 학지" 15.

1975, 윤무병 1975, '무문토기 형식 분류 시고', "진단 학보" 39.

1975, 노태돈 1975, '삼국시대 부에 관한 연구', "한국사론" 2.

1977, 사회과학원 고고학 연구소 1977, "조선 고고학 개요", 과학 백과사전 출판사(평양).

1978, 강만길 1978, "분단 시대의 역사 인식", 창비.

1979, 사회과학원 역사 연구소 1979~83, "조선 전사", 과학 백과사전 출판사(평양).

1981, 김병모 1981, '한반도 거석 문화 원류에 관한 연구', "한국 고고 학보", 10,11(합), 한국 고고학 연구회.

1982, Nishidani 1982, '韓國考古學の時代區分について', "考古學論考"(小林行雄古稀記念論文集), 平凡社.

1983, Anderson 1983, *Imagined Communities: Reflections on the Origin and Spread of Nationalism*, London: Verso.

1983, Nishizima 1983, "中國古代國家と東アジア世界", 東京大學出版會.

1984, 이현혜 1984, "3한 사회 형성 과정 연구", 일조각.

1984, 장우진 리애경 1984, '조선 사람의 형질학적 특징에 관한 연구', "고고 민속 논문집" 9(평양).

1985, Matsumoto 1985, "日本民族の源流", 大陸書房.

1986, 김원용 1986, "한국 고고학 개설"(3판), 일지사.

1986, 김정배 1986, "한국 고대의 국가 기원과 형성", 고려 대학교 출판부.

1986, 전재현 외 1986, "룡곡 동굴 유적", 김일성 종합 대학 출판부(평양).

1986, Smith 1986, *The Ethnic Origins of Nations*, Oxford: Blackwell Publishers Ltd.

1987, 장우진 1987, '조선 사람의 시원 문제에 관하여', "조선 고고 연구" 3(평양).

1988, 노태돈 1988, '고조선사 연구의 현황과 과제', "한국 상고사" 1, 민음사.

1989, 장우진 1989, "조선 사람의 기원", 사회과학 출판사 (평양).

1989, 이형구 1989, '발해연안 빗살무늬 토기 문화의 연구', "한국사학" 10(한국 정신문화 연구원).

1990, 김정학 1990, "한국 상고사 연구", 범우사.

1990, 노태돈 1990, '고조선 중심지의 변천에 대한 연구', "한국사론" 23.

1990, 이형구 1990, '한국 민족 문화의 시베리아 기원설에 대한 재고―한국 고대 문화의 기원에 관한 서설', "동 방 학지" 69(연세대학교 국학 연구원).

1991, 김주원 1991, '한국어 계통과 형성에 대한 연구사적 고찰', "한국 고대사 논총" 1(가락국 사적 개발 연구원), 한국 고대사회 연구소 편.

1991, 이선복 1991, '신석기 청동기 시대 주민 교체설에 대 한 비판적 검토', "한국 고대사 논총" 1.

1991, 이형구 1991, '대릉하 유역의 은말 주초 청동기 문화 와 기자 및 기자 조선', "한국 상고사 학보" 5.

1991, 최정필 1991, '인류학 상으로 본 한민족의 기원 연구 에 대한 비판적 검토', "한국 상고사 학보" 8.

1992, 김병모 1992(1985), "한국인의 발자취"(개정판)(초판 1985), 집문당.

1992, Deuchler 1992, *The Confucian Transformation of*

Korea: A Study of Society and Ideology, Cambridge: Harvard University Asia Center.

1992, Rhee & Choi 1992, 'Emergence of Complex Society in Prehistoric Korea', *Journal of World Prehistory*, 6(1).

1993, Nelson 1993, *The Archaeology of Korea*, Cambridge: Cambridge University Press.

1994, 노혁진 1994, '한국 선사 문화 형성 과정의 시대구분', "한국 상고사 학보" 15.

1995, 최성락 1995, '한국 고고학에 있어서의 시대 구분론', "아세아 고문화"(석계 황용훈 교수 정년 기념 논총).

1996, 강용남 1996, '단군에 대한 고구려 사람들의 리해와 숭배', "력사 과학", 96-3(평양).

1996, 김택규 1996, '세시 구조와 한 문화 복합─한민족 기층 문화의 다원성에 대한 한 고찰', "한국 민족의 기원과 형성" 하, 소화.

1996, 노혁진 1996, '청동기 시대', "한국 민족의 기원과 형성" 상, 소화.

1996, 박선주 1996, '우리 겨레의 뿌리와 형성', "한국 민족

의 기원과 형성" 상, 소화.

1996, 성백인 1996, '한국어 계통 연구의 현황과 과제', "한국 민족의 기원과 형성" 하, 소화.

1996, 이선복 1996, '동북 아시아의 구석기 고고학과 민족 기원론', "한국 민족의 기원과 형성" 상, 소화.

1996, 조흥윤 1996, '한민족의 기원과 샤머니즘', "한국 민족의 기원과 형성" 하, 소화.

1996, 한영희 1996, '한민족의 기원', "한국 민족의 기원과 형성" 상, 소화.

1998, 노태돈 1998, '기자 동래설의 사실 여부', "한국사를 통해 본 우리의 세계에 대한 인식", 풀빛.

1999, 송호정 1999, '고조선 국가 형성 과정 연구', 서울대학교 대학원 박사학위 논문.

2000, 장우진 2000, "조선 민족의 발상지 평양", 사회과학출판사(평양).

2000, Duncan 2000, *The Origins of the Chosun Dynasty*, Seatle: University of Washington Press.

2001, 도진순 2001, "분단의 내일, 통일의 역사", 당대.

2002, 이송래 2002, '복합 사회의 발전과 지석묘의 소멸', "전환기의 고고학" 1, 한국 상고사 학회 편, 학연 문화사.

2002, 이종욱 2002, "신라의 역사" 1, 김영사.

2002, 최성락 2002, '전환기 고고학의 의미와 과제', "전환기의 고고학" 1, 한국 상고사 학회 편, 학연 문화사.

2002, Schmid 2002, *Korea Between Empires 1895~1919*, New York: Columbia University Press.

2003, 노태돈 2003, '발해국의 주민 구성에 대한 연구 현황과 과제', "한국사 연구", 한국사 연구회.

2003, 이선복 2003, '화석 인골 연구와 한민족의 기원', "한국사 시민 강좌" 32호, 일조각.

2004, 김한규 2004, "요동사", 문학과 지성사.

2004, 이형구 2004, "발해연안에서 찾은 한국 고대문화의 비밀", 김영사.

2004, 임지현 2004, '고구려사의 딜레마', "근대의 국경, 역사의 변경", 휴머니스트.

2004, Wen et al. 2004, 'Genetic evidence supports demic diffusion of Han culture', *Nature* 431, 302-305.

2004, Winston 2004, *Human*, London: Dorling Kindersley Ltd.

2005, 박상란 2005, "신라와 가야의 건국 신화", 한국 학술 정보㈜.

2005, 송호정 2005, '대릉하 유역 은주 청동기 사용 집단과 기자 조선', "한국 고대사 연구" 38.

2005, 이전 2005, "고조선과 고구려", 경상대학교 출판부.

2006, 김정배 2006, '한민족의 기원과 형성', "한국 고대사 입문" 1(김정배 편저), 신서원.

2006, 김주원 외 2006, "사라져 가는 알타이 언어를 찾아서", 태학사.

2006, 박대재 2006, '3한의 기원과 국가 형성', "한국 고대사 입문"(김정배 편저), 신서원.

2006, 오영찬 2006, "낙랑군 연구", 사계절.

2006, 이종욱 2006, "민족인가 국가인가", 소나무.

2006, 최몽룡 2006, "한국 고고학 고대사의 신 연구", 주류성.

2006, 최정필 2006, '신석기 시대', "한국 고대사 입문" 1(김정배 편저), 신서원.

2007, 노중국 2007, "'삼국사기' 초기 기록과 '삼국지' '동이
전', "한국 고대사 연구의 새 동향"(한국 고대사 학회
편), 서경 문화사.

2008, 최몽룡 2008 a, '동북 아시아적 관점에서 본 한국 청
동기 철기시대 연구의 신 경향', "21세기의 한국 고고
학" 1(최몽룡 편저), 주류성.

2008, 최몽룡 2008 b, "한국 청동기 철기시대와 고대 사회
의 복원", 주류성.

2009, 노태돈 2009 a, "한국 고대사의 이론과 쟁점", 집문당.

2009, 노태돈 2009 b, "삼국통일전쟁사", 서울대학교 출판부

2009, 이삼성 2009, "동아시아의 전쟁과 평화"(1), 도서출판
한길사.

2010, 정광 2010, "역주 원본 노걸대", 도서출판 박문사.

2010, 조동일 2010, "동아시아 문명론", 지식산업사.

2011, 진태원 2011, '어떤 상상의 공동체? 민족, 국민 그리고
그 너머', "역사비평" 096, 역사문제연구소.

2011, Lee & Hasegawa 2011, 'Bayesian phylogenetic
analysis supports an agricultural origin of Japonic

Languages', *Proceedings of the Royal Society B: Biological Sciences*, 278(1725): 3662-9.

2015, 김시덕 2015, "동아시아, 해양과 대륙이 맞서다", 메디치미디어.

2015, 박종기 2015, "고려사의 재발견", 휴머니스트.

2015, Deuchler 2015, *Under the Ancestor's Eyes: Kinship, Status and Locality in Premodern Korea*, Cambridge: Harvard University Asia Center.

2016, 김호동 2016, "아틀라스 중앙 유라시아사", 사계절.

2017, 함재봉 2017, "한국 사람 만들기"(1), 아산서원.

2017, Siska et al. 2017, 'Genome-wide data from two early Neolithic East Asian individuals dating to 7700 years ago', *Science Advances*, 01 Feb 2017: Vol. 3, no. 2.

2018, 손동완 2018, "한민족의 기원 연구"(용어와 부록), 바른북스.

2018, 이삼성 2018, "한반도의 전쟁과 평화", 도서출판 한길사.

2019, 김자현 2019, "임진 전쟁과 민족의 탄생", 너머북스.

2021, 강인욱 2021, "옥저와 읍루", 동북아 역사 재단.

한민족과 북방-북국

대 북국론
(Against the Northern Countries)

초판 1쇄 발행   2022. 5. 1.

지은이 손동완
펴낸이 김병호
펴낸곳 주식회사 바른북스

편집진행 임윤영
디자인 양헌경

등록 2019년 4월 3일 제2019-000040호
주소 서울시 성동구 연무장5길 9-16, 301호 (성수동2가, 블루스톤타워)
대표전화 070-7857-9719 | **경영지원** 02-3409-9719 | **팩스** 070-7610-9820

•바른북스는 여러분의 다양한 아이디어와 원고 투고를 설레는 마음으로 기다리고 있습니다.

이메일 barunbooks21@naver.com | **원고투고** barunbooks21@naver.com
홈페이지 www.barunbooks.com | **공식 블로그** blog.naver.com/barunbooks7
공식 포스트 post.naver.com/barunbooks7 | **페이스북** facebook.com/barunbooks7